I0280759

ÉTUDES SUR L'HISTOIRE

DES

INSTITUTIONS PRIMITIVES

DU MÊME AUTEUR

Chez M. THORIN, éditeur.

DES CAUSES DE LA DÉCADENCE de la propriété féodale en France et en Angleterre. Traduit de l'anglais. 1877. Brochure gr. in-8°.
1 50

Extrait de la *Revue générale du droit*.

DE L'ORGANISATION JURIDIQUE DE LA FAMILLE chez les Slaves du Sud et chez les Rajpoutes. Traduit de l'anglais. 1880. Brochure gr. in-8°.
2 »

Extrait de la *Revue générale du droit*.

DE LA CODIFICATION D'APRÈS LES IDÉES ANTIQUES. Traduit de l'anglais. 1880. Brochure gr. in-8°.

Extrait de la *Revue générale du droit*.

ÉTUDES SUR L'HISTOIRE

DES

INSTITUTIONS PRIMITIVES

PAR

SIR HENRY SUMNER MAINE

DE L'UNIVERSITÉ DE CAMBRIDGE
MEMBRE DU CONSEIL MÉTROPOLITAIN DE L'INDE
MEMBRE DE LA SOCIÉTÉ ROYALE DE LONDRES

TRADUIT DE L'ANGLAIS AVEC UNE PRÉFACE

PAR

M. J^h DURIEU de LEYRITZ

AVOCAT

ET PRÉCÉDÉ D'UNE INTRODUCTION

PAR

M. D'ARBOIS de JUBAINVILLE

MEMBRE CORRESPONDANT DE L'INSTITUT DE FRANCE

PARIS
ERNEST THORIN, ÉDITEUR
LIBRAIRE DES ÉCOLES FRANÇAISES D'ATHÈNES ET DE ROME
DU COLLÈGE DE FRANCE ET DE L'ÉCOLE NORMALE SUPÉRIEURE
7, RUE DE MÉDICIS, 7
—
1880

TOULOUSE. — IMP. A CHAUVIN ET FILS, RUE DES SALENQUES, 28.

INTRODUCTION

Depuis l'époque où Montesquieu a publié l'*Esprit des lois*, les études de droit comparé et d'histoire du droit n'ont pas cessé d'être cultivées en France ; elle l'ont été dans notre siècle avec une élévation de pensée, avec des qualités de style qui font reconnaître aujourd'hui chez nous de légitimes héritiers du grand maître du XVIIIe siècle. Elles l'ont été en même temps avec cette critique rigoureuse, cette discussion approfondie des textes qui caractérise l'érudition contemporaine. Cependant on peut quelquefois regretter que des travaux, revêtus de formes si élégantes et exécutés avec une méthode aussi sûre, ne soient pas assis sur une base plus large. Jusqu'à ces dernières années, les savants français qui, par la comparaison des législations diverses, cherchent à pénétrer jusqu'aux origines du droit, se sont en général bornés à puiser leurs éléments d'information à quatre sources : le droit romain, le droit germanique, le droit canonique, le droit féodal et coutumier. Aujourd'hui le cercle s'étend : des publications nouvelles mettent beaucoup d'autres documents à la disposition des audacieux qui, par delà le livre de la *Germanie* de Tacite et la loi des Douze Tables, prétendent retrouver les institutions de nos aïeux aux temps les plus reculés de l'histoire. De ces publications, je n'en citerai ici qu'une : c'est le recueil de lois irlandaises dont le gouvernement d'Irlande a déjà publié trois volumes (1). L'Irlande a échappé à la domination romaine, a repoussé l'invasion germanique; elle est tombée sous le joug de la féodalité anglaise au XII° siècle seulement. Si, parmi les textes de droit qu'elle a conservés, il y en a dont on peut soutenir avec plus ou moins de fondement qu'ils soient posté-

---

(1) *Hiberniæ leges et institutiones antiquæ, or ancient laws and institutes of Ireland.* Dublin, 1866, 1869, 1873. 3 vol. in-8°.

rieurs à cette conquête, certains sont incontestablement antérieurs : ils n'ont subi l'action ni de la loi romaine, ni de la loi germanique, ni du droit féodal, et l'influence canonique s'y montre seulement par la concession au clergé de quelques privilèges, tels que la faculté de recevoir des donations.

L'ouvrage de M. Sumner Maine, dont M. Durieu de Leyritz livre au public la traduction, sera le premier traité de législation comparée où le lecteur français verra mis en usage les plus antiques monuments du droit irlandais. En comparant avec les coutumes et les institutions de l'Inde, avec les coutumes et les institutions les plus anciennes de la Grèce, de Rome, de la Germanie et de la race slave, les doctrines juridiques exposées par les textes les plus vieux du droit irlandais, on arrive à constituer un fonds commun d'idées, tout différent des idées modernes ; on peut esquisser l'organisation sociale primitive de la race indo-européenne dont les linguistes, par un procédé analogue, retrouvent la langue depuis si longtemps muette et la religion depuis si longtemps oubliée.

Les amis des études celtiques se réjouiront de voir luire la lumière nouvelle que projette sur les origines de notre race la littérature de l'Irlande, cette littérature si peu connue, et par conséquent si méprisée ! Tant il est difficile à l'homme de concilier son inévitable estime de lui-même avec la foi dans une science qu'il ignore ! On peut espérer que la lecture des *Institutions primitives* inspirera à quelques jeunes gens le désir d'étudier dans la langue originale les textes sur lesquels M. Sumner Maine s'appuie, et qu'ils voudront acquérir d'une façon plus approfondie la connaissance des doctrines juridiques professées par les jurisconsultes d'Irlande et esquissées à grands traits par le savant anglais.

A Dieu ne plaise que je conteste ici l'exactitude des résultats généraux auxquels il est parvenu ! Mais quelques détails pourraient prêter à la critique. M. Sumner Maine, ne sachant pas l'irlandais, comme de très bonne foi il le déclare lui-même, n'a pas lu dans la langue originale les documents qu'il cite ; il a dû se contenter de la traduction anglaise qui, dans l'édition officielle, est imprimée en regard des textes irlandais du *Senchus Môr* et du *Livre d'Aicill*. Cette traduction n'est pas toujours fidèle. En voici un exemple :

M. Sumner Maine veut établir l'importance considérable qu'avait, dans l'ancien droit irlandais, la propriété immobilière collective du groupe dit *fine*, c'est-à-dire de la famille ou de la tribu. Cette importance ressortirait d'une façon bien plus claire, si les textes reproduits en français pages 134, 135 et 136, avaient été traduits directement de l'irlandais. Ces textes, dans la traduction officielle anglaise, parlent du lot de terre, de la terre, *land*, qui aurait appartenu individuellement à chaque membre de la tribu. Or, les mots irlandais rendus par *land*, « terre, » dans cette traduction sont, dans le document original : 1° *fintiu* dérivé de *fine*, « tribu, » et signifiant « propriété de la tribu ; » 2° *orba*, « héritage, succession ; » 3° *selb*, « possession. » La glose irlandaise, qui explique ces trois mots par *fearann*, « propriété immobilière, » est postérieure au texte et représente un état de choses différent de celui que le texte nous montre. Au temps où le texte fut rédigé, la *fintiu* pouvait fort bien se composer de biens meubles, il n'est peut-être pas rigoureusement prouvé qu'elle comprît toujours des immeubles; et quand le texte désigne par les mots *orba* et *selb* des biens appartenant individuellement aux membres de la tribu, on ne peut affirmer que ces biens soient des terres, et que le rédacteur du texte ait entendu parler d'immeubles plutôt que de meubles. Lorsque, par exception, le texte du *Senchus Môr* se sert du mot *tîr*, « terre, » pour désigner la propriété d'un homme, il ne peut y avoir de doute : c'est de propriété immobilière qu'il s'agit : mais l'emploi du mot *tîr* est rare. Ainsi, dans le texte irlandais, la propriété immobilière des individus apparaît beaucoup moins souvent que dans la glose et dans la traduction.

Il faut, dans le *Senchus Môr*, distinguer : 1° le texte fort court qui est la partie la plus ancienne ; 2° l'introduction, plus courte encore, qui est sensiblement postérieure ; 3° la glose, fort étendue, mais bien plus récente surtout que le texte, et qui même, en certains passages, porte l'empreinte d'un contact fréquent avec la race germanique. Indiquée soigneusement par les manuscrits où l'introduction est séparée du texte et où la glose est écrite en caractères plus fins que le reste du traité, cette distinction en trois parties a été respectueusement conservée par les éditeurs. M. Sumner Maine est trop perspicace pour n'en pas avoir compris l'importance ; il en dit même quelque chose, et cependant il s'est quelquefois laissé aller à faire usage de la glose au lieu de s'en tenir au texte et sans la distinguer du texte. Ainsi, il n'est pas exact que la préface du *Senchus Môr* appelle les enchanteurs de Pharaon des druides égyptiens (p. 39). Cette expression appartient à la glose, (t. I, p. 20) qui, dans ce passage, donne un résumé partiel du récit fabuleux, aujourd'hui perdu, des plus anciennes migrations de la race irlandaise. Ce récit était divisé en trois sections : Migration de Miled, Migration des fils de Miled, Migration des Pictes : les titres de chacune de ces trois sections nous ont été conservés par le livre de Leinster (XIIe siècle) dans une liste de cent quatre-vingt-sept morceaux formant alors la partie principale de la littérature épique de l'Irlande. L'analyse contenue dans la glose de la préface du *Senchus Môr* paraît se rapporter à la seconde des trois sections. C'était dans ce document épique qu'il était question des druides égyptiens, et cette expression était, au IXe siècle, connue du moine irlandais qui a annoté le saint Paul de Wurzbourg (f° 30, col. 3, glose 16 dans *Grammatica celtica*, 2e édition, p. 1038, cf. p. 259).

Ces documents nous font sortir du domaine proprement dit de la littérature juridique, et nous introduisent dans un domaine littéraire bien différent. Mais je crois que si à la connaissance de la langue originale du *Senchus Môr* on joignait celle de la littérature irlandaise la plus ancienne, on serait en position de tirer un parti utile de certains passages du célèbre traité de droit irlandais qui peuvent prêter au doute quand on les considère isolément. Tels sont, par exemple, divers textes relatifs au mariage. En voici un : M. Sumner Maine (p. 76) ne paraît pas convaincu que la loi irlandaise admît la cohabitation temporaire des deux sexes. Cependant on ne peut contester l'usage d'un mariage qui durait un an. Le divorce qui terminait ce mariage avait lieu à une fête païenne où les femmes abandonnées passaient dans les bras des nouveaux maris. Cela n'est pas seulement attesté par le *Senchus Môr*, qui nous apprend que ce mariage était ordinairement dissous à la fête du premier jour de l'été, le 1er mai (t. II, p. 390). Un exemple de ce divorce annuel nous est fourni par l'un des plus dramatiques morceaux de la littérature épique irlandaise. Dans l'*Exil des fils d'Usnech*, Derdriu, qui a méprisé l'amour du roi Conchobhar, voit assassiner l'époux qu'elle aime, et, malgré ses pleurs, devient, pendant un an, la femme du prince qu'elle hait ; puis, à une cérémonie païenne, à la fête, non du commencement, mais de la fin de l'été, le 1er novembre, Conchobhar la livre pour un an au meurtrier du mari qu'elle regrette. Il la voit partir, et la poursuit de ses sarcasmes. Derdriu lui répond en se brisant la tête contre un rocher. Ce morceau, complètement étranger à la littérature chrétienne, nous est conservé par plusieurs manuscrits dont l'un remonte au XIIe siècle (1). Le vingt-sixième canon du document intitulé *Synodus sancti Patricii* nous fait connaître le biais au moyen duquel le droit canonique irlandais le plus ancien évitait de frapper des censures ecclésiastiques les hommes qui divorçaient ainsi (2). Il s'agit donc ici d'un usage incontestable, et les doutes du savant anglais ne sont pas justifiés.

Mais je serais injuste si je multipliais ici les critiques de détail; je veux seulement dire que le livre de M. Sumner Maine, qui peut être considéré comme une très intéressante introduction à l'étude du droit irlandais, est, comme on pouvait s'y attendre, fort loin d'épuiser un sujet si peu connu. J'espère qu'après s'être pénétré des vues si justes, si larges et si neuves, que l'auteur nous expose, quelques lecteurs iront

---

(1) Il a été publié d'après ce manuscrit par O'Curry, *Atlantis*, t. III, p. 398-422.

(2) Migne, *Patrologie latine*, t. LIII, col. 822.

chercher dans les monuments originaux de la littérature irlandaise les détails du tableau dont M. Sumner Maine nous a dessiné les grandes lignes en y jetant une lumière féconde par le rapprochement des législations analogues, principalement du droit indou.

H. D'ARBOIS DE JUBAINVILLE.

PRÉFACE DU TRADUCTEUR

Ce livre a paru depuis quatre ans en Angleterre (*), où il parviendra cette année à sa troisième édition. Il aurait mérité de passer plus tôt la Manche. Le grand succès obtenu par l'*Ancien droit* auprès des amis des hautes études dans notre pays invitait, ce semble, l'éminent traducteur de ce dernier ouvrage à nous enrichir encore des *Institutions primitives*, qui suivaient de si près, à Londres, la traduction en France de l'*Ancien droit*, dont elles sont la suite et le complément nécessaires. Pendant longtemps, celui qui écrit ces lignes a espéré chaque jour voir annoncer, sous le nom d'un autre, la traduction que son espoir toujours déçu l'a enfin décidé à entreprendre. En assumant cette tâche, il a moins consulté son aptitude à s'en bien acquitter que son estime

(*) Sous le titre de *Lectures on the early history of institutions*.

pour l'ouvrage et sa conviction d'accomplir une œuvre utile à la pensée française et à cette noble science du droit, qui a peut-être perdu en élévation, dans nos écoles, ce qu'elle a incontestablement gagné en précision et en rectitude dans nos prétoires.

La grande rénovation historique qui a marqué, en France, la première moitié de ce siècle, n'est certes pas restée étrangère au domaine du droit. On a demandé au jeu des institutions politiques et religieuses de Rome le secret de ses institutions juridiques. On a réveillé de leur long sommeil les lois barbares. On a tiré de ses ténèbres le régime féodal, et l'on a pénétré l'esprit de nos vieilles coutumes. On a exploré les origines du droit français. Le progrès a été immense; mais il s'est arrêté là, et cet arrêt, au milieu des investigations si activement poussées autour de nous, est déjà un recul. Nous sommes manifestement dépassés en Allemagne, en Angleterre, en Italie, aux Etats-Unis même, sur le terrain des études sociologiques, et il ne paraît pas que nous ayons encore envisagé le droit, à l'exemple de nos émules, comme un des éléments principaux de la science sociale.

Née d'hier, et vouée par sa nature même à de si lents progrès, que cent années marqueront à peine son âge viril, la sociologie, — dans le sens le plus large et le plus vrai du mot, — n'en sera pas moins pour les générations futures l'un des plus beaux titres scientifiques du XIXe siècle. Le temps n'est plus de ces généralisations brillantes, de ces théories séduisantes mais aventureuses, de ces synthèses parfois puissantes mais arbitraires et prématurées, qui, depuis Campanella et Vico jusqu'à Herder et Saint-Simon, en passant par Bossuet, Rousseau et Condorcet, — pour ne nommer que les illustres, — ont prétendu nous révéler le secret des grandeurs et des décadences de la race humaine. Les procédés sévères et consciencieux de l'esprit d'observation et d'analyse ne sont pas intervenus seulement dans l'étude des phénomènes de la nature : ils ont pénétré également dans le domaine des sciences morales, et celles-ci leur devront et leur doivent même déjà des résultats presque rivaux de ceux auxquels ils ont contribué dans l'ordre naturel. Sous leur action fécondante, on n'a pas vu simplement des sciences reconstituées, comme ici la physique et là l'histoire ; on a vu encore se lever tout un ordre nouveau de connaissances : ici, par exemple, la paléontologie, la biologie, — là, la philologie, la sociologie.

Celle-ci est, en effet, une restauration si complète, qu'on peut bien la dire une création. La science sociale est désormais à la vieille philosophie de l'histoire ce que sont l'astronomie et la chimie modernes à l'astrologie et à l'alchimie de nos aïeux. Un seul mot résume les contrastes de leur méthode respective et mesure l'abîme qui les sépare : la philosophie de l'histoire proclamait avoir trouvé les lois des phénomènes sociaux; la sociologie annonce qu'elle les cherche. Les systèmes *à priori*, les spéculations dogmatiques, les conceptions intuitives, les périodes récurrentes, les cercles et les spirales ont fait place aux investigations longues, minutieuses, prudentes, aux comparaisons soigneuses et intelligentes, à l'étude patiente et approfondie des faits, à l'examen scrupuleux des phénomènes, — et c'est à peine encore si l'induction se croit assez sûre d'elle-même pour émettre une simple hypothèse là où jadis on formulait hardiment une loi. C'est ainsi qu'avant d'édifier aucun système sur les règles qui président au développement moral, matériel et politique des sociétés, on s'efforce de bien connaître, non seulement la suite et le vrai caractère des événements qui constituent l'histoire interne ou externe de chaque société, — domaine propre de la critique historique, — mais encore la genèse des idées morales, religieuses, juridiques, leur filiation à travers les âges, le lent travail de leur développement, et leur influence sur les institutions sociales. De là cette recherche ardente des origines qui passionne l'érudition contemporaine, ces explorations savamment conduites parmi les ruines qui subsistent encore des institutions politiques, religieuses, juridiques, économiques des sociétés anciennes, enfin ces essais de reconstitution de l'état primitif des communautés humaines, qui ont illustré en Allemagne, en Angleterre et jusqu'aux Etats-Unis, les noms des Nasse et des Lubbock, des von Maurer et des Tylor, des Bachofen et des Mac Lennan, des Morgan et des Sumner Maine.

Combien de noms rendus célèbres par des travaux analogues peut-on citer en France? A part quelques écrits purement spéculatifs sur la science sociale dus aux disciples d'Auguste Comte, mais dont l'esprit de système n'a rien à voir avec les travaux d'analyse expérimentale et les enquêtes historiques que je veux seuls rappeler, il n'y a guère, à ma connaissance, que l'étude érudite de M. Paul Viollet sur le *Caractère collectif des premières propriétés immobilières*, et l'œuvre magistrale de M. Fustel de Coulanges, *la Cité antique*, que l'on puisse ranger chez nous au nombre des recherches sociologiques (*). Le mérite est assurément ici de ceux qui suppléent au

---

(*) Deux ouvrages de même nature, mais de mérite inégal, ne peuvent être, quoique écrits en langue française, portés à l'actif de notre pays. *La propriété et ses formes primitives*, savante mise en œuvre, un peu trop systématique peut-être, d'innombrables matériaux, est due à la plume d'un éminent professeur belge, M. de Laveleye. *Les origines de la famille*, œuvre estimable de vulgarisation, a pour auteur M. Giraud-Teulon, professeur à Genève.

nombre. Mais on ne saurait trop regretter qu'il n'ait pas engendré des émules, et que la portée considérable de travaux du même ordre, dans le domaine des institutions sociales, n'ait pas encore frappé des esprits dignes de les entreprendre.

Quel profit, par exemple, pour la science juridique, en France, si les maîtres de notre jurisprudence se livraient sur le droit aux études inaugurées chez nous, par MM. Viollet et Fustel de Coulanges, sur le régime économique et les croyances religieuses archaïques ! Le livre second tout entier et plusieurs chapitres du troisième livre de la *Cité antique* ont pu déjà faire pressentir aux attentifs les rapports étroits par lesquels le droit se rattache à la science sociale, et quelle lumière l'histoire des lois et des institutions juridiques peut jeter sur le développement de la civilisation. Nul terrain n'est plus encombré, que celui du droit, des débris du passé; nulle part plus que dans la jurisprudence on ne rencontre de ces idées qui, selon l'expressif langage de sir John Lubbock, sont empreintes dans nos esprits comme les fossiles dans le roc. Le droit réclame son Cuvier. A la méthode expérimentale et inductive, transportée sur le terrain de la jurisprudence, il appartient de contrôler, par les résultats de ce que j'appellerais volontiers une paléontologie juridique, les théories purement subjectives, les axiomes et les postulats dogmatiques de notre vieux droit philosophique traditionnel. Ce ne sont point des spéculations arbitraires, c'est la genèse et l'évolution mêmes du droit dans le passé qui doivent fournir les données d'une philosophie du droit digne de ce nom. Surprendre cette génération primordiale, suivre ce développement, c'est contribuer, dans une importante mesure, à dégager la grande inconnue des lois sociales.

Telle est l'œuvre à laquelle sir Henry Sumner Maine a consacré ses puissantes facultés de penseur, admirablement servies par une érudition aussi vaste que sûre, aussi sobre que variée, et par une longue expérience personnelle des mœurs, des coutumes et des traditions de l'Inde, ce berceau de la race aryenne. Sir H. Sumner Maine est un des personnages universitaires et administratifs les plus marquants de la Grande-Bretagne. Encore bien jeune, il avait su prendre rang dans cette pléiade d'écrivains de talent qui, avec lord Cecil, placèrent, il y a quelque vingt ans, la *Saturday Review* au nombre des premiers organes de la presse britannique. Professeur de droit civil à Cambridge, il quittait sa chaire, en 1862, au lendemain de l'immense succès de l'*Ancien droit*, — ce livre profond, écrit dans un style de cristal, comme disait John Stuart Mill, — pour aller occuper un fauteuil de membre jurisconsulte au Conseil central législatif de l'Inde, où il était élevé en même temps à la dignité de vice-chancelier de l'université de Calcutta. Il arrivait dans l'Inde au moment des grandes réformes législatives qui ont suivi et complété la promulgation des codes anglo-hindous, et il n'eut pas à prendre part, durant un séjour de sept ans sur les bords du Gange, à l'élaboration de moins de deux cent trente-cinq lois ou actes législatifs. C'est dans ces hautes fonctions qu'il a acquis ou perfectionné cette connaissance merveilleuse des institutions sociales passées et présentes de l'Inde, dont il a su tirer un parti si utile pour la science du droit comparé des communautés aryennes. De retour en Angleterre, en 1869, sir H. Sumner Maine prit place dans le Conseil métropolitain de l'Inde, en même temps qu'il montait dans une chaire de droit à l'université d'Oxford, d'où il vient d'être appelé à remplir à Cambridge d'importantes fonctions universitaires.

Ces détails n'étaient pas inutiles pour édifier les lecteurs français sur la grande valeur personnelle de celui qui, de l'aveu même de ses compatriotes, tient le premier rang en Angleterre parmi les historiens du droit comparé (*). Les hautes distinctions dont il a été l'objet dans un pays où

(*) Amplifiant encore les termes de ce jugement, l'un des maîtres de l'érudition française dans le domaine historique ne craignait pas, en faisant assurément trop bon marché de lui-même, de dire naguère à celui qui écrit ces lignes que sir H. Maine était, à son estime, « le premier historien de l'Europe. »

les situations officielles sont presque toujours la consécration d'un mérite supérieur, l'inscription de ses ouvrages sur la liste des classiques qui forment le fonds des études dans ces universités anglaises, bien mieux organisées que la nôtre pour rajeunir leur enseignement (*), témoignent assez de l'autorité scientifique universellement reconnue, au delà du détroit, à l'auteur des *Institutions primitives*.

Sir H. Sumner Maine poursuit, dans cet ouvrage, ses études antérieures sur la genèse et l'évolution du droit chez les peuples indo-européens. « Les idées rudimentaires du droit, » disait-il en les commençant (**), « sont pour le jurisconsulte ce que les couches primitives de la terre sont pour le géologue : elles contiennent en puissance toutes les formes que le droit a prises plus tard. » Cette image heureuse nous livre le secret de sa méthode. « Suivre la marche habituelle des sciences, » — « commencer par l'étude des éléments les plus simples, » — « pénétrer aussi loin que possible dans l'histoire des sociétés primitives, » — « limiter d'abord son attention à ces fragments des institutions antiques qu'on ne peut raisonnablement suspecter d'aucun remanie-

---

(*) Le conseil des études historiques, à Cambridge, a fait figurer l'*Ancien droit* sur le catalogue des ouvrages désignés aux candidats pour le concours de 1878.

(**) L'*Ancien droit*, p. 3.

ment postérieur, » — « passer ensuite aux systèmes juridiques d'une authenticité douteuse dans leur ensemble, et, à l'aide des résultats précédemment obtenus, en séparer les parties véritablement primitives des interpolations et des gloses intéressées des compilateurs, » — voilà le procédé qu'il préconise et dont il donne l'exemple dans la recherche de ce « germe d'où sont sorties toutes les considérations morales qui contrôlent nos actions et dirigent notre conduite dans les sociétés modernes ; » — « méthode aussi inattaquable, » ajoute-t-il avec raison, « si les matériaux sont suffisants et les comparaisons soigneuses, que celle qui a conduit la philologie comparée à des résultats si étonnants (*). » Tel est le plan général des études auxquelles sir Henry Sumner Maine a consacré ses trois beaux ouvrages sur l'*Ancien droit*, sur les *Communautés de village en Orient et en Occident* (**), et sur l'*Histoire des institutions primitives* (***).

Dans le premier de ces livres, il indique, comme

(*) *L'Ancien droit*, p. 113-115, *passim*.
(**) Cet ouvrage n'a pas été traduit en français.
(***) Sir H. S. Maine a publié depuis, en 1877, deux articles étendus conformes à son programme ; l'un dans la *Fortnightly Review* : *Des causes de la décadence de la propriété féodale en France et en Angleterre* ; l'autre dans le *Nineteenth Century* : *De l'organisation juridique de la famille chez les Slaves du Sud et chez les Rajpoutes*. Ces articles ont été reproduits en français dans la *Revue générale du droit* (Paris, Thorin), années 1877, p. 333 ; 1878, p. 269 et 561 ; 1879, p. 232 et 441.

il le dit lui-même dans sa préface, « quelques-unes des idées primitives du genre humain, telles que les reflète l'ancien droit, » et il montre « le rapport qui lie ces idées à la pensée moderne. » On y saisit, pour ainsi dire, sur le fait la naissance, le développement, la filiation de l'idée du droit en général et des notions juridiques sur la propriété, sur le testament et la succession, sur le contrat, sur les crimes et les délits, dont l'enchaînement descend le cours des siècles et relie à travers ce moyen âge, qui semblait avoir jeté entre elles l'abîme de son chaos, les institutions de l'Europe moderne à celles des antiques sociétés aryennes qui, sous des noms divers et des latitudes différentes, des plateaux de l'Asie centrale aux vallées de l'Attique, des collines du Latium aux forêts de la Germanie, promenèrent avec leurs tentes le fonds inaltérable de leurs coutumes sociales.

A l'un des phénomènes caractéristiques des sociétés primitives, le communisme agraire, sir Henry Maine a spécialement consacré son second ouvrage. Il y signale l'existence et y expose pour la première fois, d'une façon claire et complète, l'organisation dans l'Inde de ces communautés villageoises sur lesquelles on ne possédait guère, avant lui, que quelques vagues allusions du *Manava-Dharma-Sastra* ou code des lois de Manou, des indications peu précises de quelques auteurs grecs, et des notes superficielles éparses dans les relations d'un petit nombre de voyageurs anglais. Cette forme primitive de la propriété, il la voit en vigueur, à l'origine, dans tout l'Occident européen ; fait considérable, si rien ne permet de le contester, car rencontré tout à la fois dans toutes les étapes marquées sur le territoire de l'Europe par la race aryenne, et au berceau même de cette race, il ne laisserait rien debout des théories sur l'origine et le fondement de la propriété, puisées jusqu'ici dans le droit quiritaire et le droit naturel, par nombre d'historiens, d'économistes et de jurisconsultes. Quoi qu'il en soit, fidèle à sa méthode, sir Henry S. Maine ne se borne pas à constater l'existence de cette institution : il en suit les développements et les vicissitudes. Or, l'histoire des communautés de village a un dénouement qui s'appelle le régime féodal et qui marque le terme de l'une des évolutions les plus remarquables du droit : la substitution de la territorialité à l'agnation, comme lien social.

Les *Institutions primitives* sont la suite et le complément de ces études magistrales. Sir H. Sumner Maine y reprend en sous-œuvre et y approfondit certaines de ses recherches antérieures, qu'il pousse même ici dans des directions nouvelles. Ce ne sont plus, comme dans l'*Ancien droit*, les institutions juridiques de Rome qu'il choisit cette fois comme base et comme point de repère de ses investigations : c'est le vieux droit celtique, jusqu'alors assez stérile pour l'étude des coutumes primitives, mais dans lequel l'initiative intelligente du gouvernement britannique a permis récemment de découvrir une source importante d'informations sur les origines sociales.

Quelques renseignements épars dans les œuvres des historiens de l'antiquité formaient, il n'y a pas bien longtemps, avec les fameuses *Triades* et les lois galloises traduites par Owen, le mince bagage, fort suspect d'ailleurs aux érudits, de nos connaissances sur les sociétés celtiques. Il existait cependant, dans les archives de l'Irlande, tout un corps de coutumes écrites en vieux celte, dont on pouvait attendre des renseignements précieux, non seulement sur l'état social de cette contrée avant la conquête anglaise, mais encore sur les institutions celtiques elles-mêmes. Zeuss en Allemagne, O'Donovan en Irlande firent connaître quelques-uns de ces antiques documents et y galvanisèrent, pour ainsi dire, l'idiome irlandais du IXe siècle dans lequel ils étaient écrits. O'Donovan avait même entrepris une traduction anglaise de ces manuscrits. Après sa mort, l'administration irlandaise n'hésita pas à reprendre et à continuer à ses frais cette traduction qu'une commission scientifique fut chargée de revoir et de mener à bonne fin. Trois volumes en ont paru de 1865 à 1873. L'éminent celtologue, dont nous avons eu la bonne fortune de pouvoir placer une introduction en tête de ce livre, a fait, sur l'exactitude du travail de cette commission, des réserves justifiées par sa haute compétence, et sur lesquelles nous n'avons aucune qualité pour revenir. Toujours est-il que la vulgarisation des documents juridiques irlandais, toute fautive qu'elle soit en trop de points, n'en a pas moins répondu aux espérances que fondaient sur elle non seulement les amis des études celtiques, mais encore les adeptes de la méthode comparative en jurisprudence.

M. d'Arbois de Jubainville a expliqué plus haut, et sir Henry Sumner Maine expose dans le cours de son ouvrage, ce qui fait le prix inestimable et sans précédent de ces vieilles coutumes irlandaises pour le jurisconsulte historien. C'est que celles-ci pourraient s'appliquer à elles-mêmes les paroles de Galgacus aux Bretons, avant la bataille suprême des Grampians, où périt leur indépendance : *Nos, terrarum ac libertatis extremos, recessus ipse ac sinus famœ... defendit* (*). Leur retraite aux confins du monde connu des anciens, leur isolement au sein des flots que la renommée n'osa pendant longtemps franchir, ont défendu leur originalité contre l'invasion du droit continental.

(*) Tacite, *Agricola*, 30.

Elles se présentent à l'observateur comme un corps de droit rigoureusement autochtone, pur de tout alliage étranger, et sur lequel le génie national s'est exclusivement exercé. Sous l'amas des gloses explicatives, relativement récentes, qu'y ont ajoutées des générations successives de commentateurs, on retrouve comme un petit noyau très ancien d'institutions purement aryennes qui, n'ayant subi notamment, comme celles du continent européen, ni l'influence de Rome, ni l'action d'un gouvernement fortement centralisé, — ces deux grandes causes de l'altération des coutumes archaïques, — se sont conservées intactes jusqu'au XIIe siècle de notre ère, au milieu des changements et des altérations du droit primitif de l'Europe occidentale. Qui ne voit, dès lors, quel précieux instrument de contrôle l'étude des antiquités juridiques devait trouver dans le vieux droit des Celtes irlandais? Il convenait de le prendre comme terme de comparaison dans une révision nouvelle des coutumes aryennes. Il importait de vérifier une fois de plus ces analogies profondes qui, dans les institutions primitives du monde indo-européen, décèlent une commune origine et dévoilent le type primordial des associations humaines.

C'est ce qu'a compris sir Henry Sumner Maine, et telle est la tâche qu'il a entreprise dans le présent volume. Du droit celtique de l'Irlande, il rapproche le droit archaïque de Rome, le vieux droit germanique, les antiques coutumes scandinaves, celles des races slaves, et surtout ces vénérables institutions de l'Inde, qui n'ont pas pour lui de secrets, et dont l'étroite similitude avec celles de la vieille Irlande atteste, aux deux points extrêmes du monde aryen, un fonds commun de traditions et d'idées. Si de telles pages instruisent, elles font aussi beaucoup penser, mérite assez rare dans les travaux d'érudition.

Le traducteur ne prétend pas, au seuil même du livre, en placer une analyse au moins inutile. Mais, après en avoir indiqué la nature, il convient peut-être d'en faire apprécier la valeur intrinsèque, en y signalant, à côté de phénomènes sociaux imparfaitement connus dont l'auteur dissipe en grande partie l'obscurité, les appoints vraiment nouveaux qu'il apporte à la science sociale et les vues neuves et originales dont il enrichit assez abondamment l'étude de certains problèmes pour en préparer une solution relativement prochaine.

C'est ainsi que le régime agraire de l'Irlande celtique lui permet d'éclairer l'obscur passage de la propriété collective à la propriété privée; — que le système successoral des Celtes irlandais lui fournit des aperçus neufs sur ce droit de primogéniture, qui forme, comme il disait avec raison dans son premier ouvrage, « un des plus difficiles problèmes de l'histoire du droit (*); » — qu'enfin, laissant dans ses derniers chapitres les *lois des Brehons* (**) pour celles des Brahmanes et des *Prudentes*, l'histoire de l'Irlande pour celle de l'Inde et de Rome, il y puise des développements du plus haut intérêt sur le régime matrimonial de ces familles aryennes, comme aussi sur le caractère du droit positif et la notion de souveraineté dans les sociétés primitives.

Mais de toutes les questions d'histoire sociale auxquelles il touche, aucune n'offre, ce semble, plus d'importance que celle qui a trait au rôle extraordinaire joué dans l'antique Irlande par un contrat aujourd'hui bien modeste, le *cheptel*. Sir Henry S. Maine nous montre chez les Celtes irlandais une sorte de féodalité fondée, non pas sur la propriété territoriale, mais bien sur la propriété mobilière; fait remarquable, qui jette un jour nouveau sur l'origine encore confuse des classes aristocratiques et de l'inégalité des personnes et des biens, et qui pour n'être encore

---

(*) L'*Ancien droit*, p. 214.

(**) *Brehon laws;* on désigne ainsi l'ancien droit irlandais du nom d'une société de légistes héréditairement préposés en Irlande à la conservation ou à l'interprétation de la coutume, soit comme professeurs, soit comme juges; mais ces *lois* n'émanent pas d'un pouvoir législatif, et les Brehons n'étaient pas des législateurs. J'ai cru pouvoir, dans ma traduction, imiter la concision de cette forme grammaticale propre à la langue anglaise, et, transformant le substantif *Brehon* en adjectif, dire souvent *droit brehon* (*brehon law*).

constaté qu'en Irlande, n'en paraît pas moins avoir pris place au seuil de presque toutes les civilisations et correspondre à un stage des sociétés où les conditions économiques diffèrent absolument de celles qui favorisent par la suite l'établissement de la tenure bénéficiaire ou recommandative.

La propriété était encore, chez les Celtes irlandais dont le droit brehon nous fait connaître les institutions, en pleine transition du régime collectif au régime individuel, ou plutôt à celui de la communauté domestique; l'agriculture commençait; la population, très peu dense, ne parvenant ni à occuper, ni à cultiver toutes les terres du *sept*, celles-ci étaient surabondantes et dénuées de valeur. Les instruments d'exploitation étaient au contraire fort rares; le premier de tous, le bétail, le bœuf notamment, qui a été la première monnaie dont les hommes se soient servis dans les échanges, était extrêmement recherché, et avait pris une valeur considérable. Cette interversion absolue des rapports qui se manifestèrent par la suite entre la valeur de la terre et celle du capital mobilier est le caractère le plus saillant de la phase alors traversée par l'Irlande celtique, et la nature même de ce stage social en garantit l'existence pour ainsi dire fatale à l'origine de toutes les communautés humaines. Quand celles-ci passent du régime pastoral et nomade au régime agricole et sédentaire, la grande force sociale n'est pas encore la propriété foncière, c'est la propriété des instruments propres à exploiter le sol. Il y a là pour l'économiste et pour l'historien le secret de bien des faits, de bien des phénomènes encore mal expliqués des sociétés primitives : l'esclavage, la dignité légale ou religieuse du bœuf chez certains peuples, la formation de classes agricoles asservies à la terre, les dettes écrasantes dont on voit chargés, avec une uniformité singulière, dans les premiers temps d'Athènes et de Rome, le *dêmos* de l'Attique et la *plebs* du Latium......

Cette situation économique, qui très probablement avait mis les populations rurales de la Grèce et de l'Italie à la merci des Eupatrides et des Patriciens, eut pour effet en Irlande de créer entre le chef et les membres de la tribu un ordre particulier de relations, tout à fait distinct des rapports tributifs. C'était surtout entre les mains du chef que le *capital* de l'époque, — les têtes de bétail (*caput, capitale*, d'où *cheptel*), — se concentrait. Le domaine du chef était en effet plus vaste que celui des autres membres de la tribu, et pouvait nourrir de plus grands troupeaux. Le chef s'enrichissait d'autre part plus que personne du butin ramassé dans des expéditions guerrières ou dans de purs brigandages, butin composé surtout de bétail. C'était donc lui le gros « capitaliste » de la tribu. Mais son domaine particulier, tout étendu qu'on le suppose, ne suffisait pas à la pâture de ses nombreux troupeaux. Aussi son intérêt lui prescrivait-il de les éparpiller entre les mains des membres de la tribu qui, pressés par le besoin de faire face aux nécessités de l'agriculture, s'adressaient tout naturellement à lui pour en obtenir un « capital d'exploitation. » C'est ainsi qu'intervint entre le chef et les membres de la tribu, par la sollicitation et la réception d'une part, par l'offre et la concession d'autre part, d'un certain nombre de têtes de bétail, un contrat qui, d'abord purement volontaire, finit par devenir obligatoire pour les membres de la tribu.

Deux traités de droit brehon, le *Cain-Saerrath* et le *Cain-Aigillne*, déterminent nettement les obligations qui naissent de ce contrat, — « la loi de la tenure du bétail, » selon le sens même de leurs titres. Entre ces obligations et les charges féodales l'analogie est frappante. L'engagement contractuel entraîne avant toutes choses, pour le preneur de bétail, la perte plus ou moins absolue de son statut personnel. Celui qui a reçu du bétail de son chef devient aussitôt son *ceile*, son homme-lige. Des devoirs tout particuliers, distincts sous plusieurs rapports des obligations auxquelles il est astreint envers le chef comme membre de la tribu, incombent au *ceile* comme preneur de bétail, devoirs proportionnés, comme aussi le degré d'altération du *status*, au nombre de têtes reçues.

Si ce nombre est minime, le *ceile* est un tenancier *saer*, c'est-à-dire noble ou franc; il reste, comme devant, membre libre de la tribu; mais le chef a droit au croît, au lait et aux engrais du troupeau, aux services de son tenancier pendant la moisson, à sa main-d'œuvre pour la construction de sa maison, à son concours en temps de guerre. Si au contraire la quantité de bétail reçu est considérable, les charges sont plus lourdes, la perte du *status* est à peu près complète; le *ceile* est alors un tenancier *daer*, c'est-à-dire roturier, servile; il doit au chef une rente en nature proportionnée au nombre de têtes qu'il a reçues, des services semblables à ceux du tenancier *saer*, et enfin une prestation bien féodale, la « réfection, » qu'on retrouve plus tard, sur le continent, sous le nom de « droit de gîte et d'albergue, » et qui consiste à recevoir chez lui et à régaler le chef et sa suite à des époques déterminées et pendant une série fixée de jours.

Ce n'est pas tout. Cette singulière coutume de donner et de recevoir du bétail a été un actif dissolvant de l'organisation familiale et tributive, à laquelle elle a substitué un véritable régime féodal établi, non pas sur la propriété foncière, mais sur la propriété mobilière. Le chef ne concède pas en effet du bétail aux hommes de sa tribu seulement; le même contrat intervient aussi entre lui et des membres d'une tribu étrangère.

La relation de chef à *ceile* devient donc de plus en plus distincte de celle de chef à membre de la même tribu. Tout riche possesseur de bétail se met d'ailleurs à en concéder ; ce n'est plus seulement le chef qui a des *ceiles* ; les *aires* ou nobles, le *bo-aire* même, ou paysan enrichi, ont aussi leurs *ceiles*, et sont eux-mêmes les *ceiles* d'un chef plus riche. C'est, on le voit, la hiérarchie féodale avec tous ses nombreux échelons. Changez les termes, dites suzerain au lieu de chef, vassal au lieu de *ceile*, terre au lieu de bétail, se recommander au lieu de recevoir du cheptel, et vous aurez supprimé presque toute différence d'ensemble entre les lois de nos feudistes et celles des antiques Brehons.

Dans cette sèche analyse, bien des détails ont été forcément laissés dans l'ombre ; bien des aperçus largement ouverts à la pensée ont été négligés. On se proposait d'appeler l'attention du lecteur sur l'un des chapitres les plus remarquables du livre, mais non pas de le dispenser d'y recourir. On voulait seulement établir, — et ce froid résumé suffit à le démontrer, — que sir Henry Maine a mis ici en lumière un fait entièrement nouveau et précieux pour l'histoire sociale.

Et maintenant l'objet de cette préface serait rempli, si le cachet tout britannique des dernières pages de ce volume n'en exposait peut-être la très réelle valeur à être méconnue des esprits peu familiers avec la jurisprudence philosophique de l'Angleterre. Il pourrait y avoir là, à la communion complète de l'auteur avec une partie de son public français, un obstacle assez sérieux qu'il ne faut pas laisser debout.

Des institutions privées, sir H. Sumner Maine passe, dans ses deux derniers chapitres, non pas aux institutions politiques, — le cadre serait trop étroit, — mais à l'une d'elles : la souveraineté ; et encore n'en retient-il qu'un seul attribut : le pouvoir législatif. Quelles ont été, sur l'une et sur l'autre, les idées primitives ? De quel principe émane la loi dans les sociétés archaïques ? Sur quel fondement repose-t-elle ? Quel fut le rôle du souverain dans le domaine législatif ? Nos antiques aïeux admettaient-ils comme nous des rapports intimes entre le droit positif et la souveraineté ? La loi revêt-elle, dès les premiers âges de l'histoire, les caractères que l'analyse moderne proclame essentiels à sa nature ? C'est, on le voit, sur les sommets de la philosophie du droit que l'auteur fournit sa dernière étape à travers les institutions primitives des sociétés humaines. Ce qu'on recueille avec lui sur ces hauteurs ne laisse aucun regret de l'y avoir suivi. Mais il est peut-être à craindre, — je l'ai dit, — que plus d'un lecteur, de ce côté-ci du détroit, ne se trouve un peu dépaysé en suivant la voie que sir Henry S. Maine a choisie pour atteindre les régions abstraites du droit philosophique, où son esprit net et positif n'accumule cependant pas les nuages, à la façon allemande.

C'est en effet sous les dehors d'une étude critique, — vigoureuse assurément, mais, il faut l'avouer, quelque peu étrangère au sujet et à l'allure générale du livre — sur la jurisprudence analytique, et principalement sur l'un de ses maîtres, John Austin, que sir Henry Maine nous livre les résultats de ses investigations historiques sur le caractère originel du souverain pouvoir et de l'organe législatif. On sait quel est en Angleterre le crédit de l'école analytique. Expression fidèle du génie national, issu de cerveaux anglais, pur de tout alliage avec les spéculations philosophiques du continent, le système analytique jouit de l'adhésion presque unanime et à coup sûr enthousiaste des juristes anglais, qui se plaisent, avec un orgueil non dissimulé, à y voir pour l'Angleterre, dans le domaine législatif, une cause incontestable de supériorité sur les Etats du continent, et un instrument perfectionné de progrès dont l'usage serait le privilège exclusif de la nation anglaise. « C'est là, » dit sir Henry Maine, « un avantage qui nous est exclusivement propre. » Cet avantage dont jouit seule l'Angleterre, il l'avait défini antérieurement « un but distinct de progrès, » et il le signalait comme « le secret de l'immense influence de Bentham en Angleterre (*). »

Bentham est, en effet, le fondateur de l'école analytique, qui n'est, en somme, que l'application à la jurisprudence des principes de l'utilitarisme (**). « Examiner les lois par leurs effets, »

(*) *L'Ancien droit*, p. 75.

(**) D'après sir Henry Maine, ce serait au contraire de la jurisprudence analytique que serait née la morale utilitaire ; il y aurait eu une invasion, — regrettable, au sens de l'auteur, — de l'utilitarisme juridique dans le domaine des lois morales. C'est, assure sir H. S. Maine, en transportant l'idée de l'utile « du domaine de la législation dans celui de la morale, que Bentham a donné leur vraie raison d'être aux justes critiques dirigées contre son analyse des phénomènes moraux. » Il existerait donc une distinction très nette, — qu'il est permis de trouver un peu subtile, — entre la morale utilitaire et la jurisprudence analytique. Aussi, pour sir Henry Maine, « rien absolument n'autorise à penser que pour étudier avec intelligence et goût le système analytique, on doive être nécessairement un utilitaire. » Bien plus, l'auteur estime que « le culte de la philosophie utilitaire » a beaucoup contribué à entacher le principal ouvrage d'un des maîtres de la jurisprudence analytique, John Austin, « des imperfections les plus graves qui le déparent. » Il y a donc à distinguer soigneusement, on le voit, parmi les disciples de Bentham en Angleterre, ceux qui s'en tiennent à ses doctrines sur la législation et ceux qui partagent ses théories morales. On peut être, chez nos voisins, utilitaire en jurisprudence, sans faire de l'utile le fondement de la morale. En tout cas, le jurisconsulte seul semble appartenir, en sir H. Sumner Maine, à l'école utilitaire. Cette nuance, — bien délicate, il est vrai, — a échappé à un récent critique de l'école juridique anglaise, M. A. Fouillée, qui classe sans réserve le savant professeur d'Oxford parmi les apôtres de l'utilitarisme en raison de son admiration hautement manifestée pour Bentham dans plusieurs passages de l'*Ancien droit*.

selon les propres expressions de l'auteur du *Traité de législation civile et pénale*, et non par leurs rapports avec un droit idéal parfait; rejeter du domaine juridique ces spéculations arbitraires et ces notions *à priori* que Stuart Mill appelle des « produits d'intuition; » fonder un nouveau système de jurisprudence, comme dit sir H. Sumner Maine, « sur l'observation, la comparaison et l'analyse des diverses idées juridiques, » telles sont, pour l'école analytique, les conditions indispensables du progrès de la législation; tels sont, dans la mesure où les lois peuvent corriger les mœurs, les moyens efficaces de la réforme sociale. Ce n'est pas, je crois, s'aventurer que de prétendre que cette face du système utilitaire est assez peu connue en France, et qu'en tout cas l'analyse juridique n'est pas chez nous en honneur. « On ne paraît connaître dans Bentham, en France et en Allemagne, » dit avec raison sir H. Sumner Maine, « que l'auteur d'un système de morale impopulaire. Quant à Austin, il semble y être absolument inconnu. » Depuis que ces lignes ont été écrites, la traduction des *Mémoires* de John Stuart Mill nous a sans doute initiés à ces raffinements d'analyse qui, depuis une quarantaine d'années, sont le procédé favori de l'école anglaise, et nous ont rendu familiers les noms des deux Austin. Mais l'observation de sir H. Maine n'a pas, ce semble, cessé pour cela d'être vraie. Bentham est plus connu chez nous comme moraliste que comme juriste, et de John Austin nous ne savons guère que le nom. La critique de l'école anglaise qui, dans ces dix dernières années, s'est complètement rajeunie en France, et dont plusieurs ouvrages de grand mérite attestent les progrès, s'est presque constamment bornée, même en ces derniers temps, à discuter la prétention de puiser dans l'idée de l'utile le principe d'une morale nouvelle. Du rôle de l'analyse dans les notions juridiques, de l'application au droit des doctrines utilitaires, il est peu ou point question. On paraît avoir oublié les *Fragments* de Bentham *sur le gouvernement;* on ne semble pas connaître les *Leçons de jurisprudence* d'Austin, ni sa *Détermination du domaine de la jurisprudence*. Je ne crois pas qu'avant le remarquable ouvrage dont M. Alfred Fouillée vient d'enrichir notre littérature philosophique (*), aucune étude sur la philosophie du droit en Angleterre ait jamais admis dans son cadre ces deux traités de John Austin. Mais même dans cet exposé fidèle des théories juridiques de nos voisins, le procédé auquel elles doivent leur génération, — cette analyse si puissante, si rigoureuse, si déliée de Bentham et d'Austin, — n'a pas été l'objet de l'examen auquel on pouvait s'attendre.

Les écrits de Bentham et d'Austin, qu'on vient

(*) *L'Idée moderne du droit.* Paris, Hachette, 1879.

de citer, sont en Angleterre, et surtout dans cette savante université d'Oxford où sir H. Sumner Maine professait hier encore avec tant d'éclat, les manuels classiques de l'enseignement du droit. Discuter les données d'Austin n'a donc rien que de très naturel dans un livre composé en entier, comme l'annonce l'auteur, de *lectures* faites à Oxford ; c'était le moyen de rendre plus saisissants pour ses auditeurs universitaires et pour la plupart de ses lecteurs anglais, les résultats de ses recherches historiques sur la souveraineté et la loi primitives.

Par cette incursion sur le terrain de la jurisprudence analytique, l'auteur ne s'éloigne pas, en effet, de l'étude des institutions primitives. C'est en scrutant avec soin les origines du droit positif, qu'il fait la critique de l'analyse de Bentham et d'Austin. Ces pages de controverse juridique sont donc également des pages d'histoire sociale. Une lecture quelque peu attentive permet assez vite de s'en assurer.

Quelle était, demande sir Henry Sumner Maine, la physionomie du monde avant la domination romaine ? Les sociétés antiques se sont d'abord formées par l'agglomération successive de petites unités sociales ; mais celles-ci, loin de se fondre ensemble, sont originairement restées autonomes ; leur union a été purement fédérative (*). Plus tard,

---

(*) Voyez sur ce point, que l'auteur se borne à constater, M. Fustel de Coulanges : *La cité antique*, liv. III, ch. I-IV.

à la vérité, les empires se fondent par la conquête, mais la société conquérante n'absorbe jamais complètement les communautés conquises; sauf en ce qui concerne le service militaire et les impôts, l'intervention de la puissance conquérante est à peu près nulle dans l'organisation locale des vaincus. Or, dans ces petites communautés dont l'économie intérieure restait intacte, les rapports sociaux ne s'inspiraient d'aucune règle délibérément convenue ou prescrite; ils procédaient de cette conscience nullement raisonnée, mais en quelque sorte intuitive, des nécessités et des intérêts sociaux, qui est la grande génératrice des coutumes. Le droit n'est pas né de l'idée de justice; la loi n'est pas fille de cette équité naturelle, qui est pour sir H. Sumner Maine une formule vide de sens, comme elle était pour Bentham une fiction ou une métaphore. « Dans l'enfance du genre humain, le droit est plutôt une habitude, » disait déjà l'auteur dans l'*Ancien droit*; « *il est dans l'air*, suivant la locution française.* » — « La loi s'est présentée d'elle-même, et sans qu'on eût à la chercher, » avait dit avant lui M. Fustel de Coulanges dans ce beau livre sur la *Cité antique* où il traite, sous un aspect différent, à peu près le même sujet que sir H. Sumner Maine, en se rencontrant souvent avec lui et en le complétant plus d'une fois. Il n'existe donc pas, à proprement parler, de législation dans les communautés primitives. Les règles d'action que suivent les hommes ne sont, ni en principe, ni en fait, édictées par le souverain, et leur force obligatoire est indépendante de son autorité. Jamais, dans les temps antiques, un despote, même après une conquête, n'a seulement eu l'idée de changer les lois civiles de ses sujets, originaires ou annexés.

Mais si l'activité législative est inconnue dans les sociétés archaïques, le droit ne reste pas pour cela absolument stationnaire. Il se développe lentement sous l'action d'un organe dans lequel sir H. Sumner Maine voit « l'embryon » des législatures dont l'apparition a eu lieu plus tard. Cet instrument du progrès juridique, il l'appelle du nom qu'il porte encore dans les communautés villageoises de la Russie; c'est le *conseil de village*, formé par la réunion des *anciens*. Sous des titres divers, il se rencontre constamment dans l'enfance des sociétés. Les sénateurs romains furent, dans les âges archaïques de Rome, les *seniores*, les chefs des *gentes* patriciennes, et le Sénat des eupatrides était, aux temps primitifs d'Athènes, l'assemblée des chefs des γένη et des φυλαί de l'Attique, de ceux-là même qui, à Lacédémone, portaient le nom de γέροντες. Sur une terre aujourd'hui française, en Algérie, la *djemmâa*, qui réunit les *cheicks* des *douars* arabes et les *amines* des *decheras* kabyles, offre un exemple persistant de cet « organe embryonnaire » dont les progrès ont abouti, avec les siècles, au plus puissant organisme législatif des temps modernes, le Parlement britannique. Ce « conseil de village » est loin toutefois de légiférer, au sens propre du mot. Les innovations dans le droit positif se dissimulent inconsciemment sous l'apparence de décisions judiciaires. Les arrêts (θέμιστες) font peu à peu les lois (νόμοι).

C'est dans un autre stage social que les faits répondent à nos conceptions modernes du droit positif et de la souveraineté. Il faut que la centralisation ait remplacé le groupement comme mode de formation des sociétés politiques. La législation progresse partout où la vie locale décroît. La communauté qui a absorbé les autres, intervient dans leur droit privé. Il y a désormais un législateur : le souverain, homme ou peuple; il y a désormais une loi : la volonté du souverain. Cette évolution s'est accomplie sous l'influence de l'empire romain qui, le premier dans l'ancien monde, ne s'est pas contenté de lever des impôts sur les nations conquises, et a entrepris de légiférer. Tout a été dit sur la politique de Rome. Le chapitre de la *Cité antique*, consacré à « la conquête romaine » est notamment, dans sa savante sobriété, le tableau le plus saisissant qui en ait été retracé, croyons-nous, depuis Montesquieu, et il doit être rapproché des passages consacrés au même sujet dans les *Institutions primitives*. Mais cette politique suffit-elle seule à expliquer la mise en vigueur du procédé législatif et l'évolution progressive de l'idée du droit positif? Ne conviendrait-il pas de tenir également compte ici de cette trop célèbre théorie du droit naturel, dont sir H. Sumner Maine s'est fait l'historien et le critique dans quelques-unes des meilleures pages de l'*Ancien droit*? En s'abstenant d'y revenir autrement que par un renvoi à ce dernier ouvrage, l'auteur se donne un peu l'apparence de méconnaître une cause, assurément aussi puissante que l'influence romaine, de la transition de la coutume à la législation. M. Fustel de Coulanges attribue avec raison une part de ce progrès à la philosophie hellénique. Les diverses écoles philosophiques de la Grèce déclarèrent, en effet, une guerre acharnée aux coutumes et aux croyances traditionnelles. L'esprit de libre examen, qui ne date pas d'hier, en contrôlant les vieux usages par des théories rationnelles, en jugeant les institutions d'après le type d'une justice idéale, en remuant, selon l'expression de Platon, ce qui auparavant était immobile, éveilla l'esprit de réforme, facilita la substitution de règles délibérées et revisables à la coutume irraisonnée et immuable. Dissolvant énergique du régime autonome des communautés humaines, la philosophie grecque a été pour le moins l'auxiliaire du centralisme romain dans la grande œuvre de l'unité du monde, et n'a pas contribué moins que lui à changer la nature de la souveraineté et du droit positif.

Mais c'est assez retenir le lecteur sur le seuil de ce beau livre. Il peut maintenant prévoir quelle riche moisson de connaissances, d'observations, d'idées, l'étude de ces pages lui réserve. Le traducteur sait, quant à lui, tout ce que son humble intelligence a gagné à un commerce quotidien et prolongé avec cette œuvre de l'un des premiers penseurs de notre temps. Aussi veut-il que son adieu au livre qui a si laborieusement, mais si utilement occupé ses meilleures heures depuis de bien longs jours, soit en même temps l'expression de sa gratitude pour l'autorisation pleine de courtoisie qui lui a valu l'honneur d'être, auprès du public français, l'interprète de sir Henry Sumner Maine.

Jʰ Durieu de Leyritz.

Paris, juin 1879.

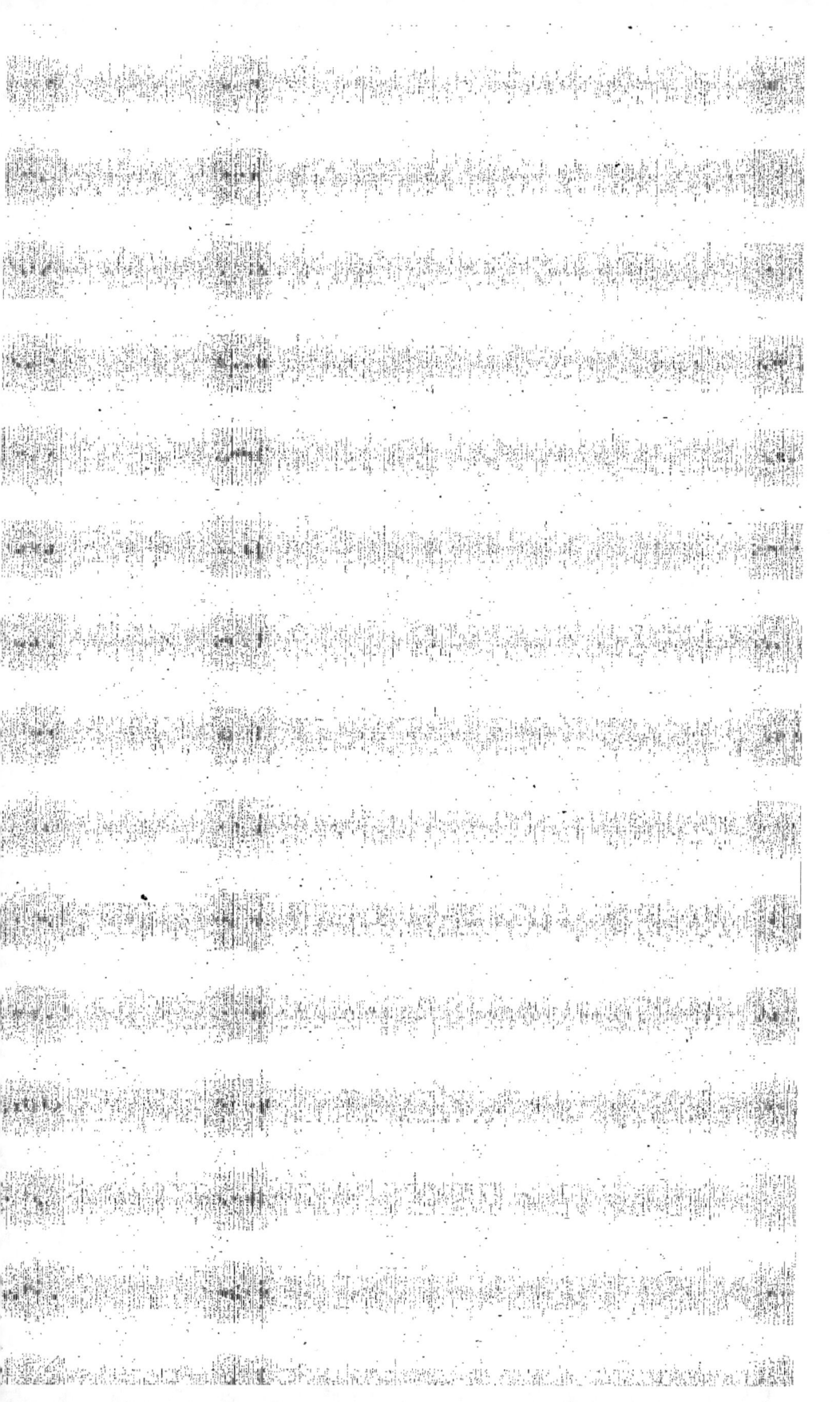

PRÉFACE DE L'AUTEUR

Dans les pages qui vont suivre j'ai tenté d'approfondir sur certains points les investigations auxquelles je me suis livré dans mon précédent ouvrage sur l'*Ancien droit* (1). C'est dans une autre législation, dont les destinées offrent un frappant contraste avec celles du système juridique qui m'a fourni la plupart de mes développements antérieurs,

---

(1) L'*Ancien droit considéré dans ses rapports avec l'histoire de la société primitive et avec les idées modernes*, par sir Henry Sumner-Maine, traduit par J.-G. Courcelle-Seneuil. Paris, Guillaumin, 1874.

que je vais maintenant essayer de puiser de nouveaux matériaux pour l'histoire des sociétés et du droit. On n'a jamais cessé de parler avec un profond respect du droit romain, et c'est en effet la source du plus grand nombre des règles qui régissent encore la vie civile dans l'Occident. L'ancien droit irlandais connu sous le nom de *loi des Brehons* (1) a été au contraire, dans presque toutes ses parties, amèrement critiqué par le petit nombre d'écrivains qui s'en sont occupés, et après avoir graduellement perdu toute l'influence qu'il exerçait jadis dans la contrée où il avait pris naissance, il a fini par être impérativement abrogé. Cependant les causes mêmes qui ont privé la loi des Brehons d'une place dans l'histoire moderne lui ont communiqué de nos jours, grâce à l'arrêt de son développement, une originalité et un intérêt particuliers, suffisants à mon sens pour m'autoriser à exposer dans les chapitres suivants — sauf les trois derniers — les conclusions que dicte l'examen de cette législation.

(1) *Brehon Law*, littéralement *loi des juges*. Dans la vieille Irlande, le droit de légiférer appartenait à un corps de légistes héréditaires (N. du T.).

Dans le cours de cet ouvrage je reconnais mes obligations envers différentes personnes pour le secours que j'ai retiré de leurs écrits ou de leurs communications particulières, mais je dois ici remercier spécialement l'évêque de Limerick et le professeur Thaddeus O'Mahony de m'avoir facilité l'accès des traductions encore inédites des manuscrits brehons, et enrichi de maintes observations utiles.

On a réuni dans ce livre, en y faisant quelques additions, une série de leçons professées à Oxford.

Londres, novembre 1874.

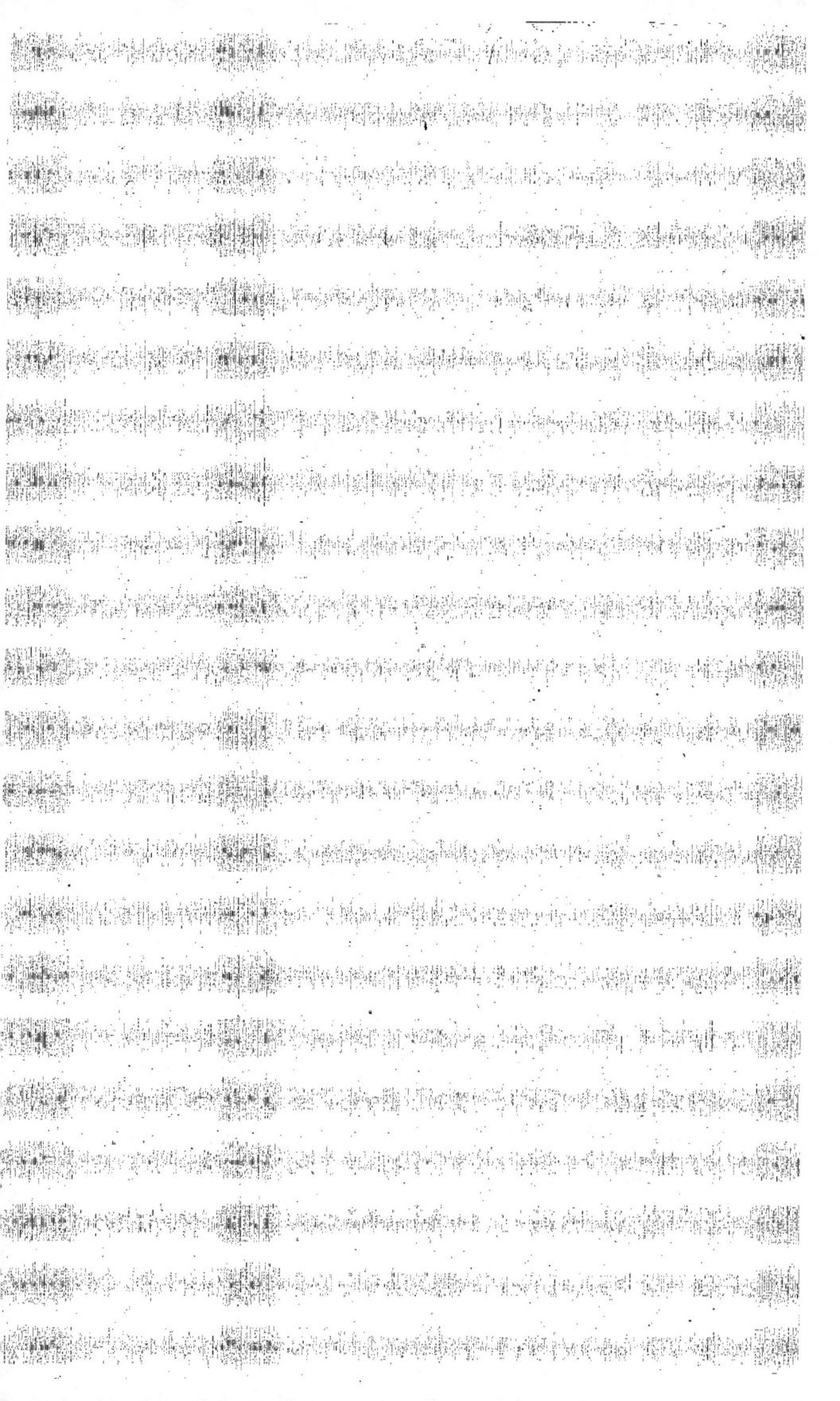

LES
INSTITUTIONS PRIMITIVES

CHAPITRE PREMIER.

NOUVEAUX MATÉRIAUX POUR L'HISTOIRE DES INSTITUTIONS PRIMITIVES.

Des sources nombreuses et importantes d'information concernant l'histoire des institutions primitives ont jailli pour nous dans ces dernières années. Sur un point spécial, domaine presque exclusif jusqu'à hier encore, on peut le dire, d'écrivains égarés sur une fausse piste, nos connaissances se sont augmentées de notions précieuses et intéressantes. Nous savons enfin quelque chose de l'origine de cette grande institution, la propriété foncière. On est actuellement fondé à voir dans le droit collectif de propriété du sol par des groupes d'hommes, soit unis en fait par le lien du sang, soit croyant ou prétendant l'être, un phénomène certain des temps primitifs, caractérisant partout à l'origine ces communautés humaines dont la civilisation offre avec la nôtre des rapports ou des analogies visibles. Les preuves en ont apparu partout autour de nous, faibles et difficiles à établir dans les pays qui ont subi l'écrasante oppression de l'empire romain ou qui en ont profondément, quoique indirectement, ressenti l'influence, mais évidentes et irréfragables dans ces parties du monde peuplées par la race aryenne, où Rome s'est à peine montrée, si même elle y a jamais pénétré.

Ainsi, en ce qui concerne les communautés slaves, l'affranchissement des serfs dans la Russie d'Europe a donné un stimulant à des recherches qui auparavant n'intéressaient qu'un petit nombre d'observateurs, et l'on a acquis de la sorte une somme très considérable de connaissances. On sait maintenant d'une façon plus précise que le sol des vieilles provinces de l'empire russe a été, de temps immémorial, presque exclusivement distribué entre des groupes de prétendus parents, rassemblés dans des communautés de village agricoles, ayant leur organisation propre et se gouvernant eux-mêmes; et depuis la grande mesure du règne actuel, les droits collectifs de ces communautés, ainsi que les droits et les obligations des membres de chacune respectivement aux autres, ne sont plus compliqués ni limités par les privilèges seigneuriaux d'une sorte de propriétaire en chef. On a encore des preuves récentes que les plus arriérées des tribus slaves de la frontière sont essentiellement constituées sur le même type. Un jour, le monde occidental aura sûrement à compter avec ce fait, que les idées politiques, et celles aussi sur la propriété, d'une si grande fraction du genre humain, sont inextricablement liées avec les notions de mutuelle dépendance dans la famille, de domaine collectif, de soumission naturelle au pouvoir patriarcal.

Les traces de l'ancien ordre social dans les régions germaniques et scandinaves sont, il est à peine besoin de le dire, beaucoup plus effacées et deviennent de jour en jour moins apparentes. Néanmoins, la critique des documents écrits concernant les anciennes mœurs et coutumes des Teutons fait des progrès continus, et c'est ainsi qu'incidemment beaucoup de lumière a été jetée sur l'histoire primitive de la propriété par le remarquable ouvrage de Sohm (1). D'autre part, les résultats obtenus par la méthode de Von Maurer, rapprochés de faits caractéristiques observés dans des milieux où l'on s'attendait le moins à les rencontrer ont reçu de ce contrôle une éclatante confirmation. Les recherches de M. de Laveleye, notamment, ont porté sur un très vaste champ d'investigations, et tout en contestant au point de vue économique quelques-unes de ses conclusions, je ne saurais priser assez haut la valeur des matériaux qu'il a réunis et discutés dans son récent ouvrage sur la *Propriété et ses formes primitives*.

Je ne sache pas que les vestiges laissés sur le sol et dans le droit de l'Angleterre et de la basse Ecosse par les anciennes communautés de village aient fait l'objet d'aucune publication depuis la monographie de Nasse sur la *Communauté foncière au moyen âge* (2), et le livre que j'ai moi-même fait paraître il y a trois ans (3). Je crois pouvoir cependant citer, en y attachant

---

(1) *Fränkische Reichs-und Gerichtsverfassung*.
(2) *Land Community of the Middle Ages*.
(3) *Village Communities in the East and West* (*Les communautés de village en Orient et en Occident*). London, John Murray, 1871.

une importance dont ne s'étonneront pas ceux qui savent avec quel scrupule une cour anglaise de justice contrôle les documents produits devant elle, un jugement du lord chancelier Hatherley, rendu dans l'affaire Warrick contre le Collège de la Reine, à Oxford, procès épineux entre différentes classes de personnes relativement à des droits seigneuriaux (1). Ce jugement constate, il me semble, les traces d'un ordre de choses plus antique que celui qui sert de base théorique à notre loi sur la propriété immobilière, et ne laisse pas de justifier la description qu'il en donne. Quoi qu'il en soit, si je m'en rapporte aux communications que je ne cesse de recevoir de l'Inde et de divers points de l'Angleterre, la constitution des communautés de village, telle qu'elle existe, telle qu'elle a existé, attire l'attention d'un grand nombre d'observateurs soigneux, et les faits qui s'y rattachent et qui, je l'espère, seront quelque jour livrés à la publicité, se montrent extraordinairement nombreux.

Parmi les divers types communistes qui dans ces derniers temps nous ont fourni des données sur l'histoire du droit primitif, aucun n'a été

(1) Voy. 6 *Law Reports, Chancery Appeals*, 716.

d'un plus faible secours que les communautés celtiques. Il y avait d'autant plus lieu de s'en étonner qu'un groupe particulier de ces petites sociétés celtiques qui ont été dans notre pays l'objet d'une vogue exagérée, les clans de la haute Ecosse, passait pour avoir gardé jusqu'à notre époque maints caractères, surtout le caractère politique, d'une très ancienne organisation sociale. Mais la raison en est que toutes les sociétés celtiques étaient récemment encore envisagées sous le jour le plus faux par ceux qui étaient à même de les observer. Un voile, tissé pour ainsi dire de droit romain et de cette combinaison relativement moderne de droit primitif et de droit romain qu'on appelle le droit féodal, voile déployé par les légistes, dérobait les institutions de la haute Ecosse au génie sagace et investigateur des Ecossais de la plaine. Le droit féodal cachait aussi comme un épais brouillard aux observateurs anglais l'ancienne constitution de la société irlandaise, et il en résultait des doutes sans fondement sur l'authenticité des lois gaéliques. L'ancienne organisation des Celtes de la Gaule, décrite par César avec tant de précision et de clarté, semblait avoir entièrement disparu en France, partie parce que la société française n'avait été étudiée pendant des siècles que par des légistes, — romanistes ou feudistes, — mais partie aussi parce que les institutions des Celtes de la Gaule avaient réellement passé sous le niveau de la législation romaine.

Toute cette obscurité commence à se dissiper. On a reconnu que les collections de lois gaéliques publiées par la commission des archives sont indubitablement, malgré l'incertitude de leur origine et de leur date, des corps de droit authentiques. Indépendamment des publications dont je vais bientôt m'occuper, on doit à un groupe d'érudits irlandais, dont la réserve remarquable contraste heureusement avec le véritable dévergondage de spéculations en histoire et en philologie qui stigmatisait l'ancienne école, d'avoir relevé dans les coutumes de l'Irlande une foule de points par où elles se rattachent aux vieilles coutumes encore ou jadis suivies par les peuples de race germanique. Dès 1837, M. W.-F. Skene, dans un ouvrage de grande valeur, *Les Montagnards écossais* (1), avait redressé nombre d'erreurs sur les coutumes de ces derniers, émises par des auteurs exclusivement versés dans le droit féodal ; et cet antiquaire éminent confirme, dans un appendice à l'édition qu'il a don-

---

(1). *The Highlanders of Scotland.*

née, en 1872, du chroniqueur écossais Fordun, l'opinion résultant pour moi de nombreux examens des sources originales, que les communautés de village à allotements privés temporaires ont existé dans la haute Ecosse à une époque récente. Tout dernièrement encore, M. Le Play, M. Cliffe-Leslie et d'autres ont retrouvé des traces évidentes de ces communautés dans plusieurs régions de la France.

Une étude nouvelle et attentive des *coustumiers* ou recueils de lois féodales, si nombreux dans la littérature juridique de la France, a conduit à des résultats du plus haut intérêt. Elle a mis hors de doute l'existence constante de communautés de vilains sur les domaines de la noblesse territoriale française. Les légistes les ont toujours représentées comme des associations volontaires favorisées par le seigneur qui y trouvait une garantie plus sûre de la jouissance de ses droits féodaux. A la mort du tenancier d'un fief roturier, le seigneur héritait en principe de la terre, règle dont on rencontre aussi des traces évidentes dans notre loi anglaise de *copyhold*. Mais il est expressément établi que s'il s'agit d'une association de vilains, le seigneur ne reprend pas leur terre; on regarde comme une compensation suffisante les garanties meilleures que cet état de choses assure au respect de ses droits. Depuis que la lumière s'est faite, on ne peut douter que ces associations n'étaient pas réellement des sociétés volontaires, mais bien des groupes de parents, moins fréquemment organisés toutefois sur le type des communautés de village que sur celui de ces communautés domestiques (1) récemment étudiées en Dalmatie et en Croatie. Chacune d'elles formait ce que les Hindous appellent une *famille associée dans l'indivision* (2), c'est-à-dire une réunion de descendants supposés d'un ancêtre commun, conservant pendant plusieurs générations le même foyer et la même table. Dès lors, si après décès la terre ne passait pas au seigneur, c'est qu'une telle corporation ne meurt jamais et se succède à elle-même indéfiniment.

Mais ce qui a contribué de la façon la plus instructive à étendre nos connaissances sur les anciennes sociétés celtiques, c'est la traduction des vieilles lois de l'Irlande faite et publiée aux frais de l'administration irlandaise. Le premier volume en a paru en 1865; le second, en 1869;

---

(1) *House-Communities*, litt. « communautés de maison » (N. du T.).

(2) *Joint Undivided Family* (N. du T.).

le troisième, enrichi de savantes préfaces, vient de paraître (1). Aucun de ceux qui s'intéressent à ce genre d'études ne pouvait méconnaître la valeur des premiers volumes ; mais il était très difficile de démêler nettement le profit qu'en pouvait tirer l'histoire des institutions celtiques. La majeure partie du recueil publié en premier lieu se composait d'une collection de règles appartenant à ce que, dans notre langage juridique moderne, nous appellerions la procédure d'exécution. Or, dans un très ancien corps de droit, ce genre de lois occupe indubitablement, comme j'essaierai plus tard de l'expliquer, une place toute différente de celle qu'on lui assignerait dans un système moderne de jurisprudence ; mais il n'en forme pas moins une branche éminemment distincte du droit dans une phase quelconque de son développement.

Il y a cependant une cause plus permanente et plus sérieuse d'embarras pour celui qui veut asseoir des conclusions sur les lois irlandaises. Jusqu'à une époque relativement récente, elles étaient en fait inintelligibles, et c'est leurs premiers traducteurs, O'Donovan et O'Curry, éru-

---

(1) Cette publication a pour titre : *Ancient Laws and Institutes of Ireland* (N. du T.).

dits de grand mérite, morts tous les deux, qui les ont rendues accessibles à tous. Leur traduction a été revue avec soin par le savant éditeur du texte irlandais; mais il est probable que plusieurs générations d'érudits adonnés aux études celtiques auront à controverser sur les termes de ces lois avant que le lecteur qui les aborde sans aucune prétention à l'érudition celtique puisse être sûr de posséder le sens exact de chacun des passages qu'il a sous les yeux. Ces lois, j'ai à peine besoin de le dire, fourmillent aussi d'expressions techniques, de telle sorte que l'érudition la plus sûre, si elle n'est doublée d'une instruction juridique, et lors même jusqu'à un certain point qu'elle se compléterait de la connaissance du droit, sera peut-être inhabile à saisir le sens plus ou moins large que revêt alternativement un mot dans le langage vulgaire ou dans le langage scientifique. Il convient, pour ces diverses raisons, d'apporter la plus grande réserve dans l'étude de ce corps de droit. Quant à moi, je m'appliquerai à ne conclure que lorsque le sens et le sujet du texte paraîtront raisonnablement certains, et je m'abstiendrai de certaines recherches très séduisantes qui ne pourraient s'étayer que sur des fragments d'une signification douteuse.

Quoi qu'il en soit, voici comment on peut expliquer l'importance qui s'attachera aux anciennes lois de l'Irlande, au droit brehon, quand la publication et l'interprétation en seront achevées. Il faut se rappeler que le droit romain, source la plus abondante, jusqu'à l'établissement du christianisme, de la jurisprudence dont s'inspire encore l'Europe occidentale, a lui-même son origine dans un petit corps de coutumes aryennes rédigées seulement au Ve siècle avant notre ère et connues sous le nom de *Loi des Douze Tables*. On doit se souvenir, en outre, que le développement de ce droit n'est point, ou n'est que dans une très petite mesure, une œuvre législative, mais plutôt le résultat d'un procédé qu'on peut encore voir fonctionner dans plusieurs sociétés politiques : je veux parler de l'interprétation des textes impératifs par des générations successives de jurisconsultes. Or, la plupart des préceptes légaux de l'Irlande venus jusqu'à nous ont toute l'apparence d'un ancien code auquel se sont ajoutés postérieurement des gloses et des commentaires, et cet antique code irlandais, si l'on pouvait en établir avec certitude l'authenticité, correspondrait historiquement à la loi romaine des Douze Tables et à beaucoup d'autres recueils analogues de règles écrites remontant aux périodes reculées de l'histoire des races aryennes. Il y a lieu de penser toutefois que l'antiquité dont se targuent les lois irlandaises n'est pas en réalité très haute, et que le code lui-même n'est qu'une accumulation de règles groupées autour d'un noyau primitif. Mais l'existence d'un ou de plusieurs noyaux n'en est pas moins très probable, et il y a tout lieu de croire qu'ils se retrouvent dans le droit brehon, entourés des appendices qui sont venus s'y ajouter. Il est vraisemblable également que ceux-ci sont dus au procédé en vigueur dans l'enfance du peuple romain, l'interprétation juridique.

Un fait très intéressant pour ceux qui adoptent mon opinion, c'est que dans l'ancien droit irlandais ce procédé fut exclusif de tous les agents plus modernes de transformation. Le droit brehon n'est en aucun sens un édifice législatif; aussi ces lois ne sont-elles pas seulement un monument authentique d'un très ancien corps d'institutions aryennes, mais sont-elles aussi une collection de règles qui se sont développées graduellement, par un mode éminemment favorable à la conservation des originalités archaïques. Deux causes ont surtout contribué à obscurcir les antiques institutions de cette fraction de la race humaine à laquelle nous appartenons.

C'est d'abord l'établissement, à l'Occident, de gouvernements fortement centralisés, concentrant en eux-mêmes la puissance générale de la communauté, et capables d'exercer à l'occasion cette puissance sous la forme du pouvoir législatif. C'est ensuite l'influence directe ou médiate de l'empire romain, entraînant à sa suite dans le domaine du droit une activité inconnue dans les régions du globe qui ne lui ont jamais été soumises. Or, précisément, l'Irlande, de l'aveu de tous, n'a jamais été incorporée à l'empire romain; elle fut à peine effleurée à cette distance de Rome par le droit impérial; et enfin, si l'on admet qu'à diverses époques de son histoire ancienne elle a eu un gouvernement central, assurément celui-ci n'a jamais été un pouvoir fort. Dans ces conjonctures, il n'est pas étonnant que le droit brehon, développé sans le secours de la législation aux dépens d'un corps original de coutumes aryennes, constitué en dehors des idées juridiques romaines répandues pendant plusieurs siècles dans tout le continent et jusqu'en Angleterre, présente de frappantes analogies avec un autre corps de lois dérivées également de coutumes aryennes, le droit hindou, dont le développement a été le même. Les problèmes aussi curieux qu'embarrassants soulevés par un tel mode de développement méritent d'être attaqués par qui veut connaître les deux systèmes juridiques.

Les anciennes lois de l'Irlande nous sont parvenues sous la forme d'une suite de traités de droit, dont chacun embrasse une matière unique ou un groupe de sujets. Les volumes traduits et publiés par le gouvernement renferment les deux plus considérables de ces traités, le *Senchus Mor*, c'est-à-dire le *Grand livre de l'ancienne loi*, et le *Livre d'Aicill*. Quoique la comparaison du *Senchus Mor* et du *Livre d'Aicill* avec d'autres corps de lois archaïques dont il reste des vestiges rende indubitable la haute antiquité d'une grande partie de leur contenu, on ne peut cependant être fixé sur l'époque plus moderne à laquelle ils ont revêtu leur forme actuelle. M. Whitley Stokes, un des érudits les plus éminents de l'école celtique contemporaine, croit qu'à s'en tenir à sa forme littéraire, le *Senchus Mor* a été compilé au XIe siècle et peut-être un peu auparavant. Quant au *Livre d'Aicill*, des preuves intrinsèques nous autorisent, tout bien considéré, à en faire remonter la composition au siècle précédent. Il est vrai que le *Senchus Mor* s'attribue une origine bien plus reculée. Dans une curieuse préface, dont j'aurai tout à l'heure beaucoup à dire, on expose, partie en vers, partie en prose, les circonstances dans lesquelles le livre a vu le jour, et l'on avance que la compilation a eu lieu du vivant et sous la direction personnelle de saint Patrice. Ces prétentions ont trouvé d'ingénieux défenseurs, mais je ne crois pas qu'il y ait beaucoup de témérité à refuser d'accorder pour date au *Senchus Mor* le Ve siècle.

A tout prendre, il est loin d'être impossible que la rédaction des anciennes lois irlandaises ait commencé aussitôt après la conversion de l'Irlande au christianisme. Ce fut le christianisme, « la religion d'un livre, » qui initia à l'art de l'écriture nombre de nations barbares indépendantes de Rome. On ne peut attribuer avec certitude aux Celtes d'Irlande, dans le Ve siècle de notre ère, le même degré de culture que César attribue aux Celtes du continent au Ier siècle avant J.-C.; mais lors même qu'on le pourrait, César ne dit-il pas expressément des Gaulois que tout en ayant la connaissance de l'écriture, ils se faisaient un scrupule superstitieux d'employer des caractères écrits pour fixer leur littérature sacrée, dont leurs lois devaient aussi faire partie? De telles résistances ont dû cependant disparaître nécessairement devant la conversion du peuple irlandais au christianisme. En somme, aucun précédent ne rend invraisemblable la tradition d'après laquelle, aussitôt après sa conversion, les coutumes de l'Irlande commencèrent à être rédigées par écrit, et l'érudition celtique a découvert des preuves solides que le *Livre d'Aicill* et le *Senchus Mor* contiennent, comme enchâssés dans leur texte, des fragments de ces pages vénérables.

Il est extrêmement probable que les lois les plus antiques ont été conservées en vers grossiers ou en prose rythmée. Dans les plus vieilles traditions de l'Irlande, le légiste est difficilement distingué du poëte, la poésie de la littérature. Pour le *Senchus Mor* et le *Livre d'Aicill*, proférer les termes de la loi, c'est « l'orner d'une guirlande de poésie, » et l'on dit des auteurs attribués par la tradition au premier de ces livres, qu'ils ont produit au jour « tout le jugement et la poésie des hommes d'Erin. » L'école irlandaise moderne a découvert en fait que des passages du *Senchus Mor* sont réellement en vers. Le phénomène n'est pas nouveau. M. Grote, parlant des vers élégiaques de Solon et de la priorité naturelle des vers sur la prose, s'exprime ainsi : « Les notions acquises aussi bien que les productions de l'intelligence, même sous la forme la plus simple, ne se plièrent pas d'abord aux limitations du point et du point-virgule, mais à celles de l'hexamètre et du pentamètre (1). » On ne peut douter, je le conçois, que cet ancien vers soit resté, aux premières époques des compositions écrites, comme un vestige des âges où la mesure rythmée était indispensable à la mémoire pour porter les lourds fardeaux dont on la chargeait. Il est généralement admis aujourd'hui que les volumineux monuments versifiés de la littérature sanscrite, qui comprend non seulement la poésie des Hindous, mais en grande partie leur religion, laquelle sur bien des points leur tient lieu d'histoire, et encore quelque chose de leur droit, étaient à l'origine conservés par la mémoire et publiquement récités. Maintenant encore, dans les écoles de sanscrit qui subsistent, l'élève est dressé à des exercices de mémoire qui pour un Anglais tiennent du prodige.

Pour en revenir aux deux livres des lois irlandaises, les traités qu'ils renferment sont d'inégale étendue et les sujets qu'ils embrassent diffèrent d'importance. Mais tous consistent uniformément en un texte original divisé en para-

---

(1) *History of Greece*, III, 119.

graphes. Au-dessus ou en regard des principaux termes du texte, il y a des gloses ou interprétations écrites en caractères très fins ; chaque paragraphe est également suivi d'un commentaire explicatif, aussi en petits caractères, tracés dans l'intervalle qui le sépare du suivant. La rareté des matières nécessaires pour écrire peut expliquer assez bien la forme revêtue par ces manuscrits. Mais les Celtes paraissent avoir eu une tendance particulière à commenter, et le lecteur sait peut-être que les gloses écrites par les vieux moines irlandais entre les lignes ou sur les marges de manuscrits appartenant à des couvents du continent, ont beaucoup contribué aux merveilleuses découvertes de Zeuss dans la philologie celtique. On a reproduit, en tête du second volume des traductions, les *fac-simile* de fragments de deux manuscrits brehons conservés, l'un dans le British Museum, et l'autre dans la bibliothèque du Trinity College, à Dublin.

Chaque traité appartenait probablement en propre à une corporation qui, selon l'expression moderne, avait la qualité de personne morale, à une famille ou à une école de droit dont il reproduisait les doctrines particulières. L'existence de pareilles écoles dans l'ancienne Irlande est amplement attestée, et c'est un autre trait de ressemblance avec l'Inde des temps passés et, jusqu'à un certain point, avec l'Inde contemporaine.

Chaque traité semble avoir été composé tout d'une pièce, sans doute à l'aide de documents antérieurs, et peut bien être l'œuvre unique d'un seul auteur; mais les additions faites au texte doivent être attribuées aux explications et aux théories accumulées des divers possesseurs entre les mains de qui les traités ont ensuite passé à des époques différentes. Je m'associe à l'observation des éditeurs : tandis que le texte offre presque partout une suite et une clarté relatives, les commentaires sont au contraire souvent obscurs et contradictoires. Précisément la même remarque est fréquemment faite par les juges anglo-indiens sur les traités de lois des brahmanes, dont quelques-uns comprennent semblablement un texte et un commentaire. En ce qui concerne l'ancien droit irlandais, ce procédé n'est rien moins que satisfaisant pour le lecteur moderne. Je ne crois pas que dans aucun des corps de droit encore existants, la difficulté de s'en assimiler les règles ait jamais été autant aggravée par une forme rebutante. L'un des éditeurs a désobligeamment, mais avec justesse, comparé un traité brehon au plus mal fait des livres de droit anglais, et encore avec le faible avantage en moins d'un ordre alphabétique des matières.

On ne pourra déterminer d'une manière acceptable la date précise de la composition des manuscrits avant qu'ils n'aient été tous traduits, ce qui malheureusement n'est pas encore fait. Mais nous savons qu'un manuscrit du *Senchus Mor* remonte au moins au XIVe siècle. Un des membres de la famille à laquelle il appartenait y a en effet tracé la note suivante : « Mille trois cent et quarante-deux ans après la naissance du Christ jusqu'à cette nuit, et la seconde année depuis l'invasion de la peste en Irlande. J'ai écrit ceci dans la vingtième année de ma vie. Je suis Hugh, fils de Conor Mac-Egan, et quiconque lira ceci est invité à dire des prières pour le repos de mon âme. C'est la nuit de Noël, et en cette nuit je me place sous la protection du Roi du ciel et de la terre, le suppliant de vouloir bien me préserver, ainsi que mes amis, de la peste. Hugh a écrit ceci sur le livre de son propre père, l'année de la grande peste. »

Le système légal exposé dans ces traités est, sans aucun doute, le même que celui plusieurs fois condamné par la législation anglo-irlandaise, et signalé à diverses reprises par les publicistes anglais, jusqu'au commencement du XVIIe siècle. C'est le même qu'un statut de Kilkenny dénonce en 1367 comme *pernicieux et maudit*, le même qu'Edmond Spenser, dans ses *Vues sur l'état de l'Irlande*, représente comme « un droit non écrit, mais transmis des uns aux autres par tradition, lequel fait souvent grande montre d'équité en déterminant le droit entre celui-ci et celui-là, mais répugne en beaucoup de choses aux lois divines et humaines. » C'est la même coutume *absurde* et *déraisonnable* que sir John Davis met en regard du « droit juste et honorable d'Angleterre, » et à laquelle il attribue une désolation et une barbarie telle en Irlande « que pareilles n'en furent jamais vues dans aucun pays professant le nom du Christ. » Ce n'est pas ici le lieu de rechercher jusqu'à quel point la politique justifiait ces violentes antipathies. Lors même que le mal dit jusqu'à nos jours du droit brehon par les Anglais serait vrai, nous pourrions nous en consoler en détournant nos regards vers d'autres genres de recherches plus riches que les nôtres en résultats immédiats pour le monde, et en remarquant combien de joyaux de la pensée moderne ont été trouvés dans les scories rejetées par les générations antérieures.

Mais c'est heureusement le caractère propre de la méthode comparative, de dissiper les préjugés nationaux. Je suis persuadé que les découvertes qui ont prouvé aux classes instruites des deux races la commune parenté aryenne des Anglais et des Hindous ont facilité d'une façon très appréciable le gouvernement de l'Inde par l'Angleterre; et je ne doute pas qu'un jour on n'hésite davantage à répéter les invectives de Spenser et de Davis, quand on comprendra une bonne fois que les *absurdes* institutions de l'Irlande sont virtuellement les mêmes que celles d'où proviennent *les lois justes et honorables* de l'Angleterre.

Pourquoi le développement de ces institutions s'est-il opéré dans des voies si différentes? il appartient à l'histoire de le décider; mais si elle rend un verdict impartial, je doute beaucoup qu'elle attribue toute la différence aux défauts natifs du caractère irlandais. Pour nous, qui sommes à même d'examiner ici sans parti pris l'ancien droit de l'Irlande en sa forme authentique, nous pouvons reconnaître que c'est un corps remarquable de lois archaïques restées, contre l'ordinaire, sans altération depuis leur origine. Il a quelque analogie avec le droit romain de la première période, avec le droit scandinave et celui des races slaves, autant que ce dernier peut être connu ; il a des rapports particulièrement étroits avec le droit hindou, et assez de ressemblance avec le vieux droit germanique sous toutes ses formes, pour dénier toute valeur scientifique aux comparaisons constamment établies par les observateurs anglais entre ce droit et celui de l'Angleterre. C'est évidemment en principe le même système que celui des lois du pays de Galles, par exemple ; mais celles-ci ont subi d'une façon ou d'une autre les modifications importantes qu'entraîne l'établissement d'une autorité centrale relativement puissante.

Le droit brehon n'a pas d'ailleurs trahi la confiance du patriotisme irlandais qui, s'appuyant en partie sur le témoignage d'Edmond Spenser, le moins hostile des critiques anglais de l'Irlande, bien que l'un des plus impitoyables sur le terrain politique, prédisait que si ces lois étaient publiées, elles manifesteraient une raison et une équité capables de faire rougir la jurisprudence barbare de l'Angleterre. La plupart — je devrais dire presque toutes — n'ont de valeur que pour l'historien ; mais sur plus d'un point elles vont de pair avec les théories juridiques les plus avancées de notre époque. Cela provient, je crois, comme je l'expliquerai plus bas, de la manière même dont ce droit s'est développé, en dehors des décisions de la jurisprudence et par les consultations des juristes sur des *espèces* hypothétiques.

Je crois pouvoir poser en principe que partout où se rencontre un corps de coutumes aryennes antérieur à l'empire romain, ou en ayant à peine ressenti l'influence, on trouvera des points de ressemblance frappants avec les institutions qui servent de fondement au droit brehon. On a montré dans ces derniers temps, avec beaucoup de savoir, l'empreinte profonde imprimée par l'empire romain sur les institutions politiques du monde moderne; mais j'affirme de nouveau que la grande différence entre Rome et les autres Etats de l'antiquité consiste dans l'activité de sa législation, manifestée par des édits du préteur et les constitutions impériales. Chez plusieurs peuples, elle abrogea les vieilles coutumes et les remplaça par de nouvelles. Chez d'autres, elle fondit en un alliage méconnaissable leur droit avec le sien. Ailleurs, elle communiqua ou stimula puissamment le sens juridique; ce fut l'un de ses moyens d'influence sur le corps inflexible de coutumes germaniques dominant dans la Grande-Bretagne. Mais partout où elle a respecté, ou du moins légèrement atteint les institutions d'un rameau de la race aryenne, on reconnaît parfaitement le fonds commun des coutumes indo-européennes; et c'est ainsi que ces traités de droit brehon nous permettent de rattacher entre elles deux races situées aux deux extrémités du monde aryen, les Hindous et les Irlandais.

Les chapitres qui suivent montreront, je l'espère, quel parti l'étude du droit comparé peut tirer de ce nouveau progrès de nos connaissances sur l'ancien droit. Il y a également un certain intérêt à faire contraster les notions que nous puisons ici sur sa nature, son origine, sa croissance, avec celles auxquelles les anciens praticiens irlandais se sont parfois efforcés de donner cours. Le *Senchus Mor*, le « grand livre de l'ancienne loi, » était certainement le bien le plus précieux de l'école ou de la famille à qui il appartenait; celles-ci y ont ajouté une préface dans laquelle elles en proclament hardiment l'autorité quasi-divine. Odhran, conducteur du char de saint Patrice, dit-on dans la préface, ayant été tué, la question s'éleva de savoir si Nuada, le meurtrier, devait être mis à mort, ou si le saint était tenu, en vertu de ses principes, à un pardon pur et simple. Saint Patrice ne décida pas lui-même. Le narrateur, guidé par l'esprit professionnel, nous apprend qu'il se conforma à l'usage suivi par les étrangers d'au delà l'océan de toujours choisir un conseil judiciaire. Il choisit, « pour se conformer à la sentence du royal poète des hommes d'Erin, Dubhthach Mac ua Lugair, » et il « bénit les lèvres » de Dubhthach. Un poème, sans doute très antique et très célèbre, est alors placé dans la bouche de l'arbitre, et, en vertu du jugement qu'il contient, Nuada doit être mis à mort ; mais il monte droit au ciel sur l'intercession de saint Patrice. « Alors le roi Laeghaire dit : « Il est nécessaire pour vous, ô hommes d'Erin, que toute loi soit établie et ordonnée par nous aussi bien que celle-ci. » — « Il est bon qu'il en soit ainsi, » dit Patrice. C'est alors que tous les maîtres des sciences dans Erin furent assemblés et que chacun développa son art devant Patrice, en présence de chacun des chefs d'Erin. C'est alors que Dubhthach reçut l'ordre de formuler tous les jugements et toute la poésie d'Erin, et toutes les lois qui régnaient parmi les hommes d'Erin..... C'est le Cain Patraic, et pas un homme brehon de Gaedhil ne peut abroger rien de ce qui se trouve dans le *Senchus Mor*. »

Le jugement inspiré de Dubhthach que Nuada doit mourir, suggère au commentateur la remarque suivante : « Ce qui ressort de la décision ci-dessus, que Dieu révéla à Dubhthach, c'est qu'il y avait un moyen terme entre le pardon et les représailles; car la vengeance prévalait dans Erin avant Patrice, et Patrice amena avec lui le pardon; de la sorte Nuada fut mis à mort pour son crime et Patrice obtint pour lui le ciel. Aujourd'hui, nous gardons le milieu entre le pardon et les représailles; car comme maintenant personne n'a le pouvoir de donner le paradis, comme Patrice l'avait en ce temps-là, personne n'est mis à mort pour ses crimes volontaires s'il paye l'*eric* (1), et quand l'*eric* n'est pas payé il est mis à mort pour ses crimes volontaires, et exposé en mer pour ses crimes involontaires. » Il est impossible, après cela, d'accepter l'opinion que cette ancienne institution si répandue, l'amende levée sur des tribus ou des familles, pour les méfaits de leurs membres, est due à l'influence du christianisme. Il est au contraire de la plus haute probabilité qu'elle succéda aux simples représailles, et il n'y a pas de doute que, dans son temps, elle constituait, pour la communauté où elle était en vigueur, un avantage au moins aussi considérable que

---

(1) Composition pécuniaire (N. du T.).

cette rigoureuse administration de la justice criminelle à laquelle s'étaient pliés les Anglais du XVIᵉ siècle et dont ils se montraient si étonnamment fiers. Il est vrai qu'au XVIᵉ siècle elle pouvait avoir perdu de son utilité, et c'est ainsi qu'elle aurait justifié jusqu'à un certain point les invectives de la critique anglaise qui avait généralement en vue l'*eric* ou composition pour l'homicide quand elle dénonçait le droit brehon comme « contraire aux lois divines et humaines. »

CHAPITRE II.

L'ANCIEN DROIT IRLANDAIS.

La profonde originalité des anciennes lois de l'Irlande, pour autant qu'elles nous sont accessibles, fait l'objet d'une étude très instructive dans la *Préface générale* placée en tête du troisième volume des traductions officielles. Ces lois ne forment pas en effet un édifice législatif; elles émanent d'une classe de légistes attitrés, les *Brehons*, dont la charge devint héréditaire, et que pour ce motif on a prétendu, sans beaucoup d'exactitude, avoir formé une caste. Ce que j'avance ici est conforme à l'opinion exprimée sur ce système légal, qu'ils appellent le *droit brehon*, par tous les auteurs versés dans les études irlandaises, et la simple lecture des traités actuellement traduits et publiés suffit d'ailleurs à l'établir. Le *Livre d'Aicill* est probablement le plus ancien ; le texte en est notoirement formé par les sentences doctrinales de deux fameux jurisconsultes, Cormac et Cennfaeladh. Il est vrai que le *Senchus Mor* s'attribue un mode de composition qui se rapproche du procédé législatif ; mais cette prétention ne peut être admise. Du reste, lors même qu'il en serait ainsi, le *Senchus Mor* n'en exprimerait pas moins les opinions de Brehons renommés. Il représente les règles légales qu'il formule, comme découlant de la *loi de nature*, et de la *loi de la lettre*. La loi de la lettre, c'est la loi biblique complétée par toute la somme de droit canonique qu'on peut imaginer les monastères de la primitive Eglise d'Irlande capables d'avoir élaborée ou de s'être appropriée. Quant aux termes ambigus de *loi de nature*, ils n'ont aucun rapport avec la fameuse formule des jurisconsultes romains ; ils se réfèrent à un texte de saint Paul dans son *Epître aux Romains* : « En effet, lorsque les Gentils, qui n'ont pas la loi, font naturellement ce qui est selon la loi, n'ayant pas la loi, ils sont à eux-mêmes la loi (1). » La loi de nature est donc l'ancien élément du système, antérieur au christianisme, et le *Senchus Mor* s'en exprime ainsi :

(1) Epît. aux Rom., II, 14.

« Les jugements de la droite nature, aux temps que l'Esprit-Saint a parlé par la bouche des Brehons et des vertueux poètes des hommes d'Erin, depuis la première prise de possession de l'Irlande, jusqu'à la réception de la foi, ont tous été exposés par Dubhthach à Patrice. Ce qui n'était pas contraire à la parole de Dieu exprimée dans la loi écrite et le Nouveau Testament et la conscience des croyants, fut maintenu dans les lois des Brehons par Patrice et par les ecclésiastiques et les chefs de l'Irlande, car la loi de nature a été tout à fait bonne, sauf quant à la foi, à ses obligations et à l'harmonie de l'Eglise et du peuple. Et c'est le *Senchus Mor.* »

Le Dr Sullivan, qui a épuisé la matière dans sa savante *Introduction* aux *Dissertations* (1) d'O'Curry, comprise tout entière dans le premier volume des *Mœurs et coutumes des anciens Irlandais* (2), affirme d'autre part, sur la foi d'antiques annales, que les institutions qui, dans certaines communautés, ont abouti à de vraies législatures, avaient en Irlande leurs analogues, et il n'hésite pas à donner à certaines parties du

---

(1) O'Curry : *Lectures on the manuscript materials for ancient Irish history* [N. du T.].

(2) *Manners and customs of the ancient Irish.*

système légal irlandais le nom de *droit statutaire* (1). Au point où en est arrivée la critique des documents irlandais, il n'est pas encore possible de juger impartialement les opinions des auteurs de l'*Introduction* et de la *Préface générale*; mais elles ne sont pas aussi contradictoires qu'on le pourrait supposer à première vue. Dans l'enfance des sociétés, on trouve confondues beaucoup d'idées qui actuellement sont distinctes, et d'autre part plusieurs concepts étroitement associés aujourd'hui à certains progrès, à certaines institutions, ne s'y rattachaient nullement alors. Il y a des preuves nombreuses que dans les idées primitives les pouvoirs législatif et judiciaire n'en formaient qu'un seul; légiférer ne signifiait pas non plus innover sur le droit établi. Aujourd'hui, au contraire, le législateur est toujours censé innover; le juge, jamais. Mais anciennement le législateur n'innovait pas plus nécessairement que le juge; il se bornait, dans la plupart des cas, à déclarer le droit ou la coutume préexistants. Il n'est pas possible de déterminer combien de lois nouvelles entraient dans la constitution de Solon, dans les Douze Tables de Rome, dans les lois d'Alfred

---

(1) C'est-à-dire : qui est une œuvre législative (N. du T.).

et de Canute ou dans la loi Salique, qui est la plus ancienne des lois dites barbares; mais selon toute probabilité le nombre en était très réduit. De même, quand un corps de jugements brehons était promulgué par un chef irlandais devant la tribu assemblée, il est probable qu'on se proposait d'obtenir ainsi certains avantages plutôt qu'une sanction nouvelle. Un poème remarquable, qu'on trouve à la suite des *Dissertations* d'O'Curry, nous apprend comment certains chefs procédaient tous les trois ans à la *foire de Carman* où ils proclamaient « les droits et les prohibitions de la loi; » mais il ne s'ensuit nullement que cette promulgation ait quelque rapport avec la législation, dans le sens moderne de ce mot. La naissance des institutions législatives du monde moderne semble avoir été favorisée par des circonstances qui ne se retrouvent pas dans l'ancienne Irlande, où les groupes primitifs composant le corps social, s'étaient entièrement désagrégés, tandis qu'il s'établissait un gouvernement central agissant à distance sur les individus avec une force de coercition irrésistible.

Il y a d'autres raisons de penser que le pouvoir mi-partie judiciaire et législatif appartenant originairement, chez les races celtiques, au chef de la tribu ou à l'assemblée même de la tribu, ou à l'un et l'autre, en commun, passa de très bonne heure à une classe particulière de personnes instruites. Les préfaces en langue irlandaise, si intéressantes, mais de date et d'origine incertaines, placées en tête de quelques-uns des traités de droit, contiennent des indications sur un ordre des sociétés celtiques qui, plus que tout autre, a occupé jusqu'ici les esprits, celui des Druides. On trouve le mot dans le texte irlandais. Les écrivains des préfaces semblent avoir conçu les Druides comme une classe de prêtres païens s'adonnant à la magie. Ainsi la préface du *Senchus Mor* appelle les enchanteurs de Pharaon des Druides égyptiens. Ce point de vue est le seul adopté dans la littérature moderne où l'on s'attache exclusivement au caractère sacerdotal des Druides. Les légistes brehons semblent ne découvrir non plus aucune analogie entre eux-mêmes et une classe d'hommes qu'ils estiment néanmoins avoir fait partie de l'antique organisation du monde. Je sais bien qu'en demandant si l'on doit accepter comme un fait indiscutable la distinction établie en histoire entre les Brehons et les Druides, je pose une question qui peut paraître absurde. Tant d'hypothèses et d'assertions incohérentes ont eu cours sur les Druides et les antiquités druidiques que le sujet semble passer pour étranger au domaine de la discussion sérieuse. Mais nous ne pouvons oublier que le premier et célèbre observateur des mœurs celtiques représente les Celtes du continent comme remarquables sur toute chose par la classe lettrée qu'il rencontra chez eux. J'ajoute que dans les récits de César sur les Druides, il n'est pas un mot qui ne me semble parfaitement digne de foi ; je dirai la même chose de Strabon. En tout cas, c'est l'*Histoire naturelle* de Pline, qui, selon moi, est la source de la plupart des absurdités qui ont eu cours sur cette matière ; elles sont, à mon sens, de la famille de ces contes sur les plantes et les animaux auxquels il convient de faire remonter un grand nombre des sottises publiées dans le monde.

On se rappelle la peinture faite par César des Celtes du continent tels qu'ils lui apparurent quand il mit à profit l'occasion unique dont il jouissait pour les observer. Il nous dit que leurs tribus étaient essentiellement composées de trois ordres, dont deux privilégiés, et il les nomme ceux des *Chevaliers*, des *Druides* et des *Plébéiens*. On a prétendu que ce ne serait pas une description trop inexacte de la société française avant la Révolution, avec ses trois ordres de la noblesse, du clergé et du tiers état ; mais cette remarque est beaucoup plus ingénieuse que vraie. Nous pouvons maintenant comparer le récit de César sur les Gaulois avec les renseignements fournis par les traités brehons sur une communauté celtique, et si nous faisons de ces renseignements un *criterium*, nous acquerrons bientôt la certitude que quoique la description de César soit ressemblante dans son ensemble, elle pèche par des omissions de détail. Les *Chevaliers* ou chefs, tout en formant sous certains rapports une classe à part, n'étaient pas unis entre eux par des liens aussi étroits que ceux qui les unissaient aux divers *septs* ou groupes qu'ils présidaient. « Chaque chef, » dit le droit brehon, « gouverne sa terre, qu'elle soit petite ou grande. » De même les *Plébéiens*, loin de former une multitude confuse, se répartissaient entre chaque groupe naturel fondé en dernière analyse sur la famille. La méprise, pour autant qu'il y a eu erreur, doit être attribuée, je le conçois, à une illusion d'optique intellectuelle. Ainsi apercevrait les objets sous une fausse perspective, celui qui, du haut de l'Himalaya, regarderait la plaine du Gange. L'impression reçue est bien la vraie, mais l'observateur perd une infinité de détails, et il estime absolument plane une surface accidentée d'innombrables petits mamelons.

La négligence de César à noter les divisions naturelles des hommes dans les tribus celtiques, les familles et les *septs* ou sous-tribus, est pour moi tout particulièrement instructive. La théorie de l'égalité des hommes est d'origine romaine. Le relâchement des liens de la société humaine et la rivalité effrénée de ses membres, qui ont été poussés si loin dans l'Europe occidentale de notre temps, ont leurs causes les plus immédiates dans le mécanisme de l'Etat romain. Aussi les erreurs de César s'expliquent-elles très naturellement chez un général romain qui était en même temps un grand administrateur et un jurisconsulte exercé. C'est à celles-là indubitablement qu'un gouverneur anglais de l'Inde est le plus exposé aujourd'hui. On a dit souvent qu'il faut deux ou trois ans avant qu'un gouverneur général apprenne que l'immense population indienne est une agglomération de groupes naturels, et non la multitude confuse qu'il a laissée dans sa patrie. On a même accusé plusieurs gouverneurs de l'Inde de n'avoir jamais pu se pénétrer de cette idée.

Un petit nombre de points de détails sont à noter dans la description de César, relativement à ce qu'on peut appeler la partie laïque de la société celtique. J'appellerai postérieurement l'attention du lecteur sur l'interprétation à donner à son récit concernant les classes qu'il nomme celles des *clients* et débiteurs des chevaliers, et relatif au pouvoir croissant qu'elles accordent au chef dont elles dépendent. Il est cependant digne de remarque que lorsqu'il parle des Druides, sa relation est beaucoup plus détaillée. C'est qu'il n'y avait ici pour l'égarer aucune réminiscence de Rome; et puis il est clair que la constitution toute nouvelle pour lui de cet ordre privilégié qu'il place à côté des chefs captivait puissamment son intérêt. Qu'on me permette de rappeler les passages principaux de sa description, en en retranchant à dessein tout ce qui concerne les fonctions sacerdotales de la classe qu'il dépeint. César nous dit que les Druides étaient juges suprêmes des contestations publiques ou privées ; que, par exemple, toutes les questions d'homicide, de succession, de bornage, étaient portées devant eux. Il dit encore que les Druides avaient la haute direction des écoles, dans lesquelles les jeunes Celtes accouraient avec empressement pour s'instruire, y passant quelquefois, à ce qu'on lui a rapporté, jusqu'à vingt années de suite. Les étudiants apprenaient, dans ces écoles, une multitude considérable de vers qu'on ne confiait jamais à l'écriture, non pas seulement pour prévenir la vulgarisation de la science, mais aussi, suivant l'opinion du narrateur, pour fortifier la mémoire. Venant aux doctrines religieuses des Druides, César rapporte qu'ils étaient passionnés pour les controverses sur la nature du monde physique, sur les mouvements des astres et les dimensions de la terre et de l'univers. A leur tête était, suivant lui, un chef des Druides qu'on remplaçait à sa mort par l'élection et dont la succession donnait quelquefois lieu à des compétitions violentes (1).

Entre les fonctions des Druides, ainsi décrites par César, et les attributions des Brehons telles que les représentent les traités de lois dont nous avons parlé, il existe des analogies sérieuses et même frappantes. Cette vaste littérature juridique récemment exhumée témoigne de l'autorité des Brehons dans toutes les matières légales, et fait présumer fortement qu'ils étaient les arbitres exclusifs de tous les procès. Parmi leurs écrits se rencontrent des traités isolés sur les droits successoraux et les bornages, et presque à chaque page des traductions, il est fait allusion à l'*eric*, ou composition pécuniaire pour

---

(1) Voy. *De bell. gall.*, VI, 13 et 14.

l'homicide. Les écoles de littérature et de droit paraissent avoir été nombreuses dans l'ancienne Irlande. O'Curry a pu donner le programme des études dans l'une d'elles durant un cours de douze années. Toute littérature, y compris même le droit, semble avoir été identifiée avec la poésie. Ce chef des Druides dont parle César nous apparaît au seuil même du *Senchus Mor* dans la personne de Dubhthach Mac ua Lugair, le poëte royal d'Erin, ce Brehon choisi par saint Patrice comme arbitre dans le procès d'homicide, et dont le saint « bénit les lèvres. » Le choix du chef des Druides par l'élection a son pendant dans l'institution de la *tanistry* (1) qui, à l'époque historique, réglait la succession à toutes les grandes charges en Irlande, et que les Anglais tenaient pour détestable, comme offrant moins de sécurité à l'ordre public que leur droit propre et plus récent de primogéniture.

Ce n'est pas tout. Les préfaces irlandaises des traités renferment un certain nombre de discussions sur des sujets qui n'ont aucun rapport avec le droit ou qui ne s'y réfèrent que par des rapprochements forcés. Elles laissent dans l'es-

---

(1) Système de tenure dans lequel le propriétaire n'avait qu'un droit viager conféré à l'élection (N. du T.).

prit l'impression d'un assemblage de pièces et de morceaux d'antiquité très diverse, trouvées dans les archives d'écoles de droit privées. Or, la préface du *Senchus Mor* est remplie de dissertations sur tous les sujets où les Druides trouvaient volontiers, d'après César, matière à argumentation. Elle expose quelque part comment Dieu créa le ciel et la terre; mais le récit n'a rien de commun avec celui de Moïse. Elle s'allonge de quantité de thèses étranges, à la mode des Druides de César : *De sideribus atque eorum motu; — De mundi ac terrarum magnitudine;* etc. Entre autres choses, la préface déclare que Dieu établit sept divisions entre le firmament et la terre, et qu'il mesura deux cent quarante-quatre milles de la lune au soleil. « Et la forme première du firmament fut ainsi ordonnancée : comme la coque environne l'œuf, ainsi le firmament est suspendu autour de la terre;... il y a six fenêtres de chaque côté du firmament pour laisser passer la lumière, en sorte qu'on y compte soixante-six fenêtres et un carreau de vitre à chaque fenêtre; et de la sorte le firmament entier est un immense voile de cristal et un rempart protecteur autour de la terre, avec trois cieux et trois cieux tout autour; et le septième fut disposé en trois cieux. Ce dernier n'est pas cependant l'habitation des anges; mais c'est comme une roue tournant autour, et le firmament fait ainsi sa révolution, et aussi les sept-planètes, depuis le jour où ils furent créés. » Certains endroits de ce passage reflètent les notions astronomiques qu'on sait avoir eu cours dans le moyen âge; mais au fond on croit lire un fragment d'une cosmologie païenne qu'une révision postérieure a colorée d'une faible nuance chrétienne. La même préface renferme aussi des théories curieuses sur l'étymologie de termes de droit; et celle du *Livre d'Aicill* examine, entre autres choses, la différence qui existe entre le genre et l'espèce.

J'estime donc que les mêmes influences sous lesquelles s'est formée, parmi les Celtes du continent, la classe des Druides, ont favorisé également, parmi les Celtes de l'Irlande, l'établissement de la classe des Brehons. Il est aisé, suivant moi, de relier les résultats de ces influences à d'autres phénomènes bien connus des sociétés primitives. On a tout lieu de croire que le chef de la tribu ou le roi, placé par les annales aryennes les plus antiques sur le même plan que l'assemblée du peuple, était prêtre et juge aussi bien que chef militaire. A une époque plus récente de l'histoire aryenne, on voit ce pouvoir complexe, se divisant, se différenciant, passer soit à l'assemblée, soit à une nouvelle classe de dépositaires. Chez les Achéens d'Homère, le chef n'exerce plus de sacerdoce, mais il est encore juge, et l'on accueille comme dictées par le ciel ses sentences (θέμιστες) puisées cependant pour la plupart dans des usages préexistants. Chez les Celtes de la Gaule et de l'Irlande, il a cessé d'être prêtre, et probablement aussi d'être juge, bien qu'il puisse garder encore de ce qu'il était jadis certaines attributions judiciaires. Cette transformation diffère de celle que l'on constate à Athènes où l'institution de la royauté a seulement survécu dans le nom de l'archonte-roi, lequel était un fonctionnaire de l'ordre judiciaire. Elle diffère également de celle que l'on constate à Rome où le *rex sacrificulus* était un hiérophante ou prêtre. L'assemblée du peuple qui, chez les Athéniens, attira virtuellement à elle tous les pouvoirs civils et criminels des rois, et qui, à Rome, accapara l'administration de la justice criminelle dans la personne de ses délégués, paraît perdre, au contraire, chez les Celtes, le pouvoir judiciaire.

Voici comment je conçois cette transformation chez les Celtes d'Irlande. Je dirais volontiers que Thémis, qui, dans Homère, est l'assesseur de Zeus et inspire les décisions judiciaires des rois, a fini par s'établir dans un prétoire distinct. Les rois ont délégué leur autorité à de simples assesseurs, et l'on voit, par l'histoire qui ouvre le *Senchus Mor*, que même quand un saint est là, l'inspiration dont il est la source ne trouve pas son expression sur ses lèvres, ne descend pas sur le roi, mais sur le juge attitré. Lorsque nous avons appris à connaître cette classe des Brehons, c'est-à-dire de juges ou de rédacteurs de jugements, qui ont hérité sous ce rapport du chef ou du roi, ils étaient déjà tombés, par le fait de la conquête anglaise, dans un abîme de misère et de dégradation. A une date plus ancienne, on les voit divisés en familles ou *septs*, jurisconsultes héréditaires de quelques maisons royales ou puissantes. Hugh Mac-Egan, qui écrivit dans « le livre de son propre père » la note que j'ai rapportée au chapitre précédent, était l'un des Brehons héréditaires attachés à la famille des Mac-Carthys. Mais dans les vieilles traditions de l'Irlande, les fonctions du Brehon ou du roi sont fréquemment prises les unes pour les autres. Les plus anciens Brehons sont dépeints comme étant de sang royal, et quelquefois comme les fils du roi. Les *tanaists* des grands chefs irlandais, c'est-à-dire les successeurs élus en-dehors de la parenté de chaque chef pour le remplacer après sa mort, auraient parfois, rapporte-t-on, siégé comme juges. Un des traités de droit encore inédits déclare expressément qu'il est loisible au roi de se faire remplacer par un juge, bien qu'il soit juge lui-même. Cormac Mac-Airt, à qui la tradition attribue le *Livre d'Aicill*, était un roi *en retraite*. Quelque apocryphe que puisse être son histoire, elle est très significative pour qui étudie les institutions du passé. Il avait accidentellement perdu un œil, et ses fonctions royales lui avaient été retirées, dit-on, à cause de son infirmité. Coirpri, son fils et successeur, raconte le *Livre d'Aicill*, « avait coutume, à chaque procès difficile qui était porté devant lui, d'aller demander conseil à son père, et son père avait alors coutume de lui dire : Mon fils, voici ce que tu dois savoir, » et il entrait dans l'exposé de la loi.

Si, sans édifier aucune théorie sur la mesure précise de ce rapprochement, nous pouvions démontrer l'identité essentielle de la classe de lettrés qui a écrit ces traités de droit avec celle que César a rencontrée chez les races celtiques, ce serait déjà faire faire un pas à des conclusions historiques peut-être plus curieuses qu'importantes; mais ce serait certainement alléger de difficultés sérieuses l'interprétation de cet intéressant et instructif corps de droit archaïque que nous possédons maintenant. Dans ce cas, la différence entre les Druides et leurs successeurs, les Brehons, consisterait uniquement en ceci, que les Brehons auraient cessé d'être des prêtres. Tout le pouvoir sacerdotal ou religieux dut passer, lors de la conversion des Celtes irlandais, à ces *tribus de saints*, sociétés de moines missionnaires établies sur tous les points de l'île, et à cette multitude d'évêques, leurs subordonnés, qui s'accordent si difficilement avec nos idées préconçues sur l'ancienne organisation ecclésiastique. En conséquence, les sanctions religieuses des anciennes lois, les pénalités surnaturelles dont on en menaçait les transgresseurs, durent disparaître, hormis dans les cas où les préceptes légaux coïncidaient avec ceux du nouveau code chrétien, la *loi de la lettre*. Or, l'absence de toute sanction est souvent l'une des plus grandes difficultés qui s'opposent à l'intelligence du droit brehon. Qu'un homme désobéisse à la loi ou s'oppose à ce qu'elle soit appliquée, qu'arrivera-t-il? Le savant auteur de l'une des préfaces modernes placées en tête du troisième volume des traductions soutient que le pivot du système brehon, c'est l'arbitrage, et je crois aussi que pour autant que ce système est connu, il justifie cette conclusion. Le but unique des Brehons était de forcer les plaideurs à déférer leurs querelles à un Brehon ou à quelque personnage puissant conseillé par un Brehon. Aussi une grande partie de ce droit rentre-t-il dans le domaine des lois sur la procédure d'exécution, qui tracent les diverses voies à suivre pour obliger un homme, par la saisie de ses biens, à consentir à un arbitrage. Mais on ne peut s'empêcher de trouver que la coercition est faible, en comparaison des procédés rigoureux de nos modernes cours de justice. Pourquoi d'ailleurs l'homme menacé de saisie ne pourrait-il pas s'y opposer avec succès? Sans doute la loi punit sa résistance; mais où est la sanction définitive? César fait une réponse qui renferme, je crois, une partie de la vérité. D'après lui, si un Celte de la Gaule refusait de se soumettre au jugement des Druides, il était excommunié, ce que l'on estimait la plus accablante des peines.

Voici un autre exemple très remarquable de l'absence absolue de sanction énergique dans le droit brehon; j'y reviendrai du reste plus tard. Si vous avez une créance contre un homme d'un certain rang et que vous désiriez le forcer à se libérer, le *Senchus Mor* vous engage à *jeûner à son encontre.* « L'avertissement, » dit-il, « précède la saisie pour les grades inférieurs, excepté si elle s'opère par ou sur des gens de distinction; c'est alors le jeûne qui précède la saisie (1). » Cette institution est sans aucun doute la même qu'une autre très répandue en Orient et que les Hindous appellent veillée DHARNA. Celle-ci consiste à aller s'asseoir à la porte de son débiteur en se privant de nourriture jusqu'à ce qu'il paie. Aux yeux des Anglais, cette pratique a toujours passé pour barbare et immorale, et le code pénal anglo-indien la prohibe expressément. Toutefois elle soulève une question. Qu'arriverait-il si le débiteur laissait tout bonnement son créancier mourir de faim? Indubitablement l'Hindou admet qu'il encourrait quelque peine surnaturelle; et en fait, le créancier donne habituellement à la loi beaucoup d'efficacité en chargeant un brahmane de se laisser mourir de faim à sa place, car pas un Hindou n'ignore ce qu'il résulterait d'avoir causé la mort d'un brahmane. On ne peut que supposer que la règle du jeûne brehon devait être fortifiée d'une façon analogue. César affirme que les Druides

(1) *Ancient laws of Ireland*, vol. I, p. 113.

croyaient à l'immortalité de l'âme et à la vie future, et qu'ils en faisaient la clé de leur système. Dès lors, un Druide a bien pu penser que la mort du créancier à la suite de son jeûne serait vengée dans l'autre monde, et c'est peut-être un pâle reflet de cette doctrine que l'on retrouve dans ce passage du *Senchus Mor* : « Quiconque ne donne pas un gage à celui qui jeûne est un être sans conscience; celui qui ne tient compte de rien ne sera récompensé ni par Dieu ni par les hommes. » Mais un Brehon irlandais ne pouvait rien affirmer de positif sur ce point, puisque le jeûne était devenu l'une des prescriptions de l'Eglise chrétienne, et que les prêtres en avaient expressément défini les conditions et les conséquences spirituelles. Je pourrais établir qu'en principe, si l'on s'en rapporte aux commentateurs brehons, une personne qui refusait de satisfaire le créancier à jeun voyait ses obligations légales considérablement aggravées; mais ce serait soulever la difficulté dont je parlais tout à l'heure au sujet de la valeur exacte des préceptes légaux à une époque où les cours de justice ne disposaient pas, comme de nos jours, de moyens irrésistibles pour contraindre les plaideurs à se présenter et à se soumettre.

Si nous faisons remonter avec raison l'origine

du code brehon à un système légal armé de sanctions surnaturelles, il nous devient possible de le comparer sous divers rapports avec d'autres corps de droit, en ce qui concerne le mode de son développement. Il a d'étroites analogies avec le droit hindou, en ce sens que le fondement primitif sur lequel il repose est, selon toute probabilité, une coutume aryenne à laquelle une longue suite de commentateurs attitrés ont ajouté par leurs interprétations un ensemble de règles nouvelles; mais il ne peut avoir joui du caractère sacré, ni par conséquent de l'autorité propre à la jurisprudence des brahmanes. A l'unisson, brahmanes et Brehons proclament que les rois et les juges sanctionneront leurs préceptes, et ils leur enjoignent expressément de les sanctionner en effet; mais tandis que le brahmane était en mesure de prédire aux transgresseurs ou aux négligents l'opprobre et les tourments d'outre-tombe, le Brehon pouvait seulement déclarer au confrère ignorant qui prononcerait un jugement vicieux qu'il lui viendrait des pustules sur la face, et au chef qui tolérerait l'oubli des saines coutumes, qu'il attirerait des tempêtes sur la contrée.

Le développement du droit brehon suivit encore la marche que de fortes présomptions permettent d'attribuer au droit romain de la période primitive. L'auteur déjà cité de la préface du troisième volume des traductions rappelle des observations publiées par moi, il y a plusieurs années (1), au sujet de l'essor pris par la jurisprudence romaine sous l'influence des *Responsa prudentium*, ce trésor de solutions, ou, suivant l'expression propre aux Brehons, de jugements émis par plusieurs générations successives de célèbres jurisconsultes romains, et il adopte mon point de vue comme expliquant de la façon la plus satisfaisante les progrès du droit brehon. Mais à Rome, les réponses des prudents ont toujours été mises à l'épreuve; les jugements des Brehons, au contraire, ne l'ont pas été, du moins systématiquement. On se représente toujours les Romains sous l'aspect exclusif d'un peuple doué de la plus puissante centralisation gouvernementale qui ait existé, et qui ait armé les tribunaux de la force nécessaire pour se faire obéir. Quoique le système romain ne fût pas tout à fait organisé dans le sens auquel nous ont accoutumés nos habitudes anglaises, on ne peut évidemment pas douter que la pierre de touche des théories doctrinales des prudents, à Rome

---

(1) Voy. *L'Ancien droit*, ch. II (N. du T.).

comme partout, ne se trouvât dans l'action des tribunaux réglant les droits et les obligations conformément à l'opinion de ces jurisconsultes. Mais en Irlande, y a-t-il jamais eu, à cette époque reculée, un gouvernement centralisé, dans le sens actuel de ce mot? La force publique fut-elle jamais mise en jeu systématiquement, suivant la volonté d'un ou de plusieurs gouvernants, par le mécanisme des cours de justice? C'est tout au moins douteux. Au contraire, les institutions qui remplaçaient les corps judiciaires ne fonctionnaient, on peut le soutenir, que grâce à la soumission volontaire des plaideurs qui y recouraient.

Au point où nous sommes parvenus, on peut déjà saisir une énorme différence entre l'ancien droit irlandais et celui de l'Angleterre, à une époque qu'aucun juriste anglais n'appellera récente. L'administration de la justice en Angleterre a été, dès l'origine, beaucoup plus fortement centralisée que dans aucun autre Etat de l'Europe; mais en Irlande, aucune centralisation ne donna du nerf à l'autorité de la loi. Les cours anglaises de justice ont depuis des siècles fait dans nos mœurs un progrès irrésistible; le développement des cours irlandaises, instituées cependant d'autorité, a été tout à fait insignifiant. Le droit irlandais a pris corps sous l'action de commentateurs héréditaires; nous Anglais, nous avons toujours attribué beaucoup moins d'autorité qu'aucun autre peuple du continent aux commentaires officieux des plus savants auteurs de traités de droit. Nous devons nos lois et leur adaptation aux besoins successifs des générations nouvelles, soit à l'action législative, soit aux décisions judiciaires intervenant sur des questions de fait après les plus laborieuses méditations. Or, j'incline à croire, je le répète, qu'aucune partie du droit brehon n'a son origine dans la législation. C'étaient les Brehons instruits qui faisaient les lois nouvelles et amélioraient les lois antérieures, et ils semblent avoir inventé à plaisir les *espèces* sur lesquelles ils édifiaient leurs doctrines juridiques. Ces espèces n'en étaient pas moins des réminiscences de leur longue carrière : aussi les faits exposés dans leurs traités de droit ont-ils le précieux avantage d'éclairer pour nous le milieu social dans lequel ils sont censés de produire. Mais, encore une fois, ces questions de fait sont de pures hypothèses dont le seul but était de servir d'exemples aux règles sur lesquelles on discutait.

Dans celui de mes ouvrages auquel je faisais tout à l'heure allusion, je disais du droit romain que « rien en lui ne s'opposait à ce qu'on suscitât ou inventât toutes les questions possibles, cette circonstance avait dû exercer sur ses destinées une grande influence. Quand on peut multiplier à son gré des hypothèses, il devient beaucoup plus aisé d'étendre la portée d'une règle générale. Dans l'économie de notre droit anglais, le juge ne peut sortir du cercle limité des faits qu'on lui expose ou qui ont été exposés devant ses prédécesseurs. Chaque ordre de circonstances sur lequel un jugement a été rendu reçoit donc une qualification consacrée, et ainsi caractérisé ne peut plus se confondre avec d'autres cas réels ou hypothétiques (1). » Je crois que la méthode suivie en Angleterre, de ne jamais poser un principe doctrinal indépendamment d'une question de fait qui puisse lui offrir une application, donne le secret de l'inintelligence et de la stérilité apparentes du droit anglais à certaines époques, quand on le compare à la fécondité et au bon sens d'autres systèmes qui, aujourd'hui, trouvent en lui plus qu'un émule. Sans doute, je le répète, le droit brehon ne trahit pas les espérances patriotiques qu'il a fait naître. En le dépouillant de sa forme et de son

---

(1) Voy. *L'Ancien droit*, ch. II (N. du T.).

langage archaïques, on y découvre des aspects étonnamment modernes. Je reconnais avec l'un des éditeurs de la traduction anglaise que l'ancienne loi irlandaise sur le délit civil a des rapports intimes avec les doctrines modernes sur la responsabilité en matière de quasi-délit, et j'ai pu extraire des textes bizarres du *Livre d'Aicill* quelques règles très sensées sur la question difficile de l'estimation des dommages-intérêts, que l'on chercherait vainement dans les ouvrages de lord Coke, malgré leur date bien plus récente. Mais le droit brehon compense amplement par ailleurs cette anticipation apparente sur l'esprit juridique moderne. Il faut avouer que dans son ensemble il a quelque chose de fantaisiste et de chimérique. On dirait que le jurisconsulte brehon, après s'être formé l'idée d'une classe particulière de délits, s'est mis ensuite, comme s'il s'agissait d'exercer ses facultés intellectuelles, à évoquer toutes les circonstances dans lesquelles un délit peut s'accomplir, et à déterminer comment on appliquera à chaque variété de délits certains principes traditionnels de réparation. Entraîné par son imagination, il se préoccupe souvent de vétilles, il devient naïf, il entasse étrangement les détails. Le *Livre d'Aicill* consacre quatre grandes pages aux morsures faites par des chiens qu'on fait combattre, indiquant minutieusement toutes les modifications subies par la règle générale de la matière, selon qu'il s'agit des maîtres des chiens, ou des spectateurs du combat, ou du *médiateur impartial*, ou du *moyen médiateur*, — c'est à-dire de l'homme qui s'efforce de séparer les chiens tout en favorisant subrepticement l'un des combattants, — ou d'un témoin involontaire de la lutte, ou d'un mineur, ou d'un idiot. Le même traité se préoccupe aussi des hypothèses curieuses où un chat a causé des dommages en se glissant furtivement dans une cuisine, où des femmes se sont battues avec leurs quenouilles, où quelqu'un a été piqué par des abeilles, et, dans ce dernier cas, il distingue soigneusement suivant que le sang a ou n'a pas coulé de la plaie. Je pourrais citer quantité d'autres exemples. Mais, je le répète, à côté de tout cela on rencontre beaucoup de points qui, maintenant encore, intéressent le jurisconsulte, et d'autres qui, dans l'état de cette civilisation, avaient probablement en pratique la plus haute importance.

Les auteurs anglais qui ont écrit sur le droit n'ont peut-être pas remarqué, aussi souvent qu'ils l'auraient dû, que cette manière de déclarer les principes légaux, à laquelle nous ont habitués nos cours de justice, appartient exclusivement à l'Angleterre et aux sociétés, qui reçoivent l'influence directe de la pratique anglaise. Dans tout l'Occident, la législation, qui émane en ligne directe de la volonté de l'Etat souverain, tend de plus en plus à devenir la source exclusive du droit. Toutefois, sur tout le continent, on invoque encore quelquefois d'autres autorités de diverse nature, comme les lois romaines, les commentaires sur les codes et autres corps de droit écrit, les œuvres personnelles de jurisconsultes célèbres, et les autres branches de cette vaste littérature juridique qui tient une place au moins secondaire dans l'estime de la magistrature et du barreau anglais. Cependant nulle part on n'entoure d'autant de respect que chez nous les décisions judiciaires, et il m'a été difficile de faire comprendre à des jurisconsultes étrangers pourquoi leurs confrères anglais s'inclinent avec une confiance aveugle devant ce qu'en France on appelle la jurisprudence d'un tribunal. Sous un certain rapport, le droit anglais a évidemment porté la peine de sa répulsion à fonder ses principes sur des *espèces* hypothétiques, et il continuera à s'en ressentir jusqu'à ce que des réformes législatives mettent entièrement à nu les trésors de bon sens que cachent actuellement ses défauts de forme et de langage. D'un autre côté, cette habitude des cours anglaises paraît liée étroitement avec un des caractères les plus honorables du système anglais, je veux dire son attention scrupuleuse à l'égard des faits. Nulle part ailleurs dans le monde un fait n'est aussi respecté, à moins que ce respect ne soit d'origine anglaise. Ce sentiment n'est pas partagé par l'Europe contemporaine et ne l'était pas non plus par nos premiers ancêtres. On a dit, et la remarque me paraît juste, que dans les temps primitifs, les questions de fait étaient regardées comme les plus simples de toutes. Des preuves de la valeur des ordalies et du serment compurgatoire apportaient aisément dans les esprits une certitude entière, et l'on ne voyait de difficulté qu'à connaître les règles traditionnelles et à les appliquer conformément aux preuves administrées. Sans doute, notre propre méthode de détermination des faits est aussi, jusqu'à un certain point, une pure fiction. Nous adoptons comme *criterium* l'opinion unanime de douze hommes sur l'affaire exposée devant eux. Mais le procédé pour les convaincre ou pour essayer de les convaincre est exactement celui qu'on aurait suivi s'il s'était agi d'obtenir de l'intelligence humaine la plus développée une décision fondée sur le témoignage. L'ancienne procédure était tantôt entièrement déraisonnable, tantôt assez rationnelle; la procédure anglaise actuelle a tout au plus ses imperfections, et quelques-unes de celles-ci sont inhérentes à la nature et aux sociétés humaines. Aussi j'adhère à l'opinion ordinaire des praticiens, que le grand honneur du droit anglais consiste dans sa méthode d'envisager les questions de fait et dans ses moyens de contrôle à leur égard.

Cependant je crains que ces questions ne fassent toujours le désespoir d'un jurisconsulte réformateur. Plusieurs passages de Bentham me permettent de lui attribuer la pensée que si l'on appliquait ses principes à la partie du droit anglais relative aux preuves, les questions de fait ne présenteraient plus aucune difficulté sérieuse. Mais presque toutes ses idées n'ont-elles pas prévalu en législation? Et les enquêtes n'en deviennent-elles pas moins plus longues et plus difficiles que jamais? Ce qui est vrai, c'est que les faits de l'homme, dont les tribunaux ont surtout à s'occuper, sont de beaucoup plus obscurs et plus compliqués que ceux de la nature physique, et que notre siècle, avec ses progrès, ses inventions, l'essor de ses entreprises, le cosmopolitisme toujours croissant des sociétés modernes, l'activité fiévreuse qui les dévore, apporte une difficulté de plus à la recherche de la vérité. Il est possible que nous assistions à une transformation du droit anglais conforme aux vœux et aux efforts de Bentham; chaque année nous en rapproche de quelques pas, et si peu qu'on admette avec lui que toutes les questions litigieuses reposent sur une erreur juridique ou sur un abus légal, on peut cependant raisonnablement s'attendre à les voir devenir moins fréquentes et plus aisément solubles. Mais ni les faits, ni les moyens de les éclaircir ne tendent en aucune façon à se simplifier, et il est impossible de concevoir un état social dans lequel les tribunaux seraient en perpétuelle vacation.

Je me suis donné quelque peine pour expliquer l'espèce d'autorité dont ne jouissait pas, à mon sens, le droit brehon. La *loi de nature* avait perdu toute sanction surnaturelle, excepté sur les points où elle se rencontrait avec la *loi de la lettre*. Elle n'avait pas encore ou n'avait qu'imparfaitement acquis cette puissance coercitive qui est celle de la loi quand l'Etat, pour la faire exécuter, met en jeu la force publique par l'entremise des tribunaux. Avait-elle cependant quelque autorité ? et si oui, de quelle nature était cette autorité ? J'ai essayé, il y a trois ans, de répondre en partie à cette question (1). On pourrait en dire beaucoup plus sur ce sujet; mais ce sera pour plus tard. Donnant un corps à d'anciennes coutumes locales, le droit brehon partagea la vitalité tenace de toutes les coutumes qui sont celles d'une société due à des groupements naturels et solidaires. La hardiesse, l'énergie avec lesquelles s'imposait la classe des interprètes expliquent encore l'influence exercée sur les esprits par ces règles légales. L'explication est en partie la même pour l'autorité dont jouissait la jurisprudence des brahmanes de l'Inde. Assurément, les Brehons ne pouvaient, comme les brahmanes, prétendre orgueilleusement que leur caste était issue du cerveau de Brahma, qu'elle était une incarnation de la pureté absolue, et que leur doctrine avait été révélée par Dieu même. Mais les Brehons se réclamaient de saint Patrice et d'autres grands saints irlandais qui auraient sanctionné le droit qu'ils professaient, et dont quelques-uns l'auraient même revisé. Comme les brahmanes,

---

(1) *Village Communities*, p. 56 et 57

ils ne perdaient jamais l'occasion de proclamer la dignité de leur profession. Dans leurs traités ils placent immanquablement les sommités de cette profession là où César plaçait les Druides, au niveau des classes les plus élevées de la société celtique. Les compositions payables pour dommage à eux causé, ainsi que leur droit de se régaler aux dépens des autres classes, — droit qui réclamera bientôt toute notre attention, — sont assimilés à ceux des évêques et des rois. Il est plus que probable que la crédule multitude finit par se soumettre à ces prétentions. D'après ce que l'on sait de cette phase de la raison humaine, on ne peut s'aventurer à tracer les limites de l'immense autorité spontanément accordée aux productions d'une seule classe littéraire. Bien des gens ont dû remarquer avec étonnement que l'influence exercée sur la société anglaise contemporaine par une classe correspondante dépasse de beaucoup tout ce qu'on a pu en dire en raisonnant d'après notre organisation sociale. On s'imagine peut-être à l'étranger que cette influence augmente avec le temps, idée qu'ont pu suggérer et qu'ont certainement fortifiée les brillantes pages dans lesquelles lord Macaulay compare le travail rémunérateur des hommes de lettres de son époque avec la misère du pauvre diable de littérateur de *Grub street* au siècle précédent. A vrai dire, je crois que cette idée, si elle existe à l'étranger, est au moins inexacte. La classe qui formule les idées à peine comprises par cette foule, dont la faiblesse de l'entendement a pour remède le procédé commode et sans fatigue de la généralisation qui réunit les fragments épars de son savoir et de son expérience, — cette classe n'a pas toujours été composée de philosophes, d'historiens, de romanciers, mais a eu comme antiques représentants les poètes, les prêtres et les jurisconsultes. On peut avancer sans paradoxe que ces derniers en étaient les membres les plus influents. Or, aujourd'hui, elle doit compter avec l'esprit de critique qui se manifeste plus ou moins partout, fortifié par l'exemple des découvertes dues à l'analyse dans les sciences physiques. Il est impossible de comparer une autorité quelconque de notre époque avec celle d'hommes qui, dans un temps de crédulité aveugle, disaient simplement d'une règle légale : « Elle a été établie par les docteurs, » — ou se servaient de la formule sans réplique : *C'est écrit!*

Convaincu que le droit brehon jouissait d'une grande autorité, je crois cependant très probable que l'application en était irrégulière et intermittente, que certaines infractions partielles et locales étaient admises sur tout le territoire de l'ancienne Irlande. Quiconque veut rechercher comment il s'appliquait en fait se heurte aux problèmes identiquement soulevés par le droit hindou. En étudiant ce dernier, en le comparant surtout aux innombrables usages locaux suivis dans l'Inde, on se demande sans cesse jusqu'à quel point le droit des légistes brahmaniques était observé avant que les Anglais ne lui eussent prêté le secours de leurs tribunaux. L'éditeur du troisième volume des *Anciennes Lois de l'Irlande* a donné un exemple très heureux de ces sortes de problèmes, en tirant des écrits de Carew l'histoire d'une contestation célèbre élevée au sujet de la primauté de la grande maison irlandaise des O'Neil. Con O'Neil, leur chef, avait deux fils, Matthieu et Shane. Matthieu O'Neil hérita de son père le comté de Tyrone, selon la teneur des lettres patentes y relatives. Shane O'Neil soutint énergiquement contre le gouvernement anglais la nullité de cette disposition, attendu qu'en conférant le comté, le roi n'avait pu connaître la naissance adultérine de Matthieu, dont la mère était en réalité la femme d'un forgeron de Dundalk. Shane O'Neil passe pour avoir soutenu la pure doctrine irlandaise (1); mais, bien que le principe de légitimité sur lequel il insistait soit conforme à nos idées, il n'en est pas moins en opposition directe avec la doctrine juridique du *Livre d'Aicill* qui, dans un de ses plus curieux passages, règle formellement la procédure à suivre par le père naturel pour introduire dans sa famille, par le paiement d'une somme au père putatif, un fils dont la naissance serait la même que celle de Matthieu O'Neil. A moins de supposer que l'ignorance apparente de Shane O'Neil à l'égard de ce mode de légitimation lui était dictée par les besoins de sa cause, il faut en conclure que l'autorité du *Livre d'Aicill*, malgré la tradition qui l'attribuait au roi Cormac, n'était pas universellement respectée.

Je ne sache pas que l'Irlande ait jamais compté au nombre de ses griefs contre les Anglais le reproche d'avoir négligé, après la conquête de l'île, de faire appliquer le droit brehon par les tribunaux. S'ils avaient agi de la sorte, ils auraient produit dans cette contrée le même changement que plus tard ils introduisirent dans l'Inde par ignorance, mais avec les meilleures intentions; ils auraient augmenté considérable-

(1) Froude : *English in Ireland*, I, 43.

ment la force et beaucoup élargi la compétence d'un système de lois appliquées jusque-là par occasion et sans esprit de suite. Quoi qu'il en soit, je ne puis douter que les Anglais ne s'efforcèrent de maintenir le droit brehon dans l'état où nous le trouvons. L'Irlande ressentait de la présence d'une colonie anglo-normande sur sa côte orientale tous les effets d'une plaie vive; une irritation constante animait les régions celtiques situées au delà du territoire occupé, et ajoutait à la confusion qui y régnait déjà. Si l'on avait abandonné le pays à lui-même, l'une des grandes tribus irlandaises aurait presque à coup sûr fait la conquête des autres. Toutes les idées juridiques qu'en dépit de notre ignorance relativement à leur source, nous devons à un gouvernement fortement centralisé et armant la justice de sa propre vigueur, auraient fait leur chemin dans le droit brehon, et le contraste entre la prétendue civilisation de l'Angleterre et la prétendue barbarie de l'Irlande pendant une partie de leur histoire, moins accentué en réalité qu'on ne le croit généralement, se serait presque entièrement effacé.

Avant de terminer ce chapitre, il importe d'établir que le droit brehon a ressenti, lui aussi, les influences puissantes auxquelles le droit moderne de l'Europe occidentale doit sa dissemblance d'avec le droit ancien, je veux dire la morale chrétienne et la jurisprudence romaine. Les idées juridiques de Rome l'ont modifié dans une certaine mesure qu'il serait téméraire de vouloir préciser. Des informations dignes de foi m'apprennent que dans les traités déjà traduits, mais encore inédits, on cite un certain nombre de brocards romains et l'on mentionne le nom d'un jurisconsulte de Rome. Autant que les traités publiés peuvent étayer une opinion, j'incline à penser que l'influence du droit romain a été modeste, et à l'attribuer, non à l'étude des écrits de ses jurisconsultes, mais au contact d'un clergé plus ou moins imbu de ce droit. On peut être assuré par exemple que les Brehons lui doivent une idée qui se manifeste dans leurs opuscules, l'idée de testament. Il faut attribuer encore à l'Eglise le développement assez avancé d'une autre notion qu'on y retrouve aussi, celle de contrat. L'attention s'est portée depuis peu de temps sur l'origine des règles concernant le legs testamentaire, souvent exposées en Occident dans des corps de lois bien autrement archaïques. Suivant l'opinion la plus autorisée, elles dérivent toutes du droit romain, mais la diffusion en est due à l'action du clergé chrétien. On ne peut en dire autant avec la même assurance de la matière des contrats. Cependant l'Eglise, en tant que donataire de pieuses libéralités, voyait un caractère également sacré dans les legs et dans les promesses, et l'un des traités secondaires publiés, le *Corus Bescna*, qui a pour objet principal les contrats, porte en lui-même la preuve qu'il n'a été compilé que pour servir les intérêts temporels de l'Eglise.

Malgré une certaine confusion, fréquente dans l'ancien droit, entre le contrat et la cession, entre la promesse de donner et l'acte, l'opération même de donner, le *Corus Bescna* professe sur les contrats des principes remarquables. Là et dans d'autres parties du *Senchus Mor*, on expose en un langage énergique le trouble résultant de la violation des contrats : « Le monde se désorganiserait si les contrats verbaux n'étaient pas obligatoires. » « Il est trois circonstances dans lesquelles le monde agonise : une peste, une guerre générale et la violation des contrats verbaux. » « Le monde s'avilit quand les contrats sont inexécutés. » A première vue, on croit avoir affaire aux principes du XVIIIe siècle plutôt qu'aux doctrines d'une époque comprise entre les VIe et XVIe siècles. Mais voyons un peu ce qui arrive quand on en vient.

à l'application de ces axiomes si hardiment énoncés. On rencontre dans le *Corus Bescna* cet essai de classification qui aurait, je crois, profondément choqué Jérémie Bentham et John Austin : « Combien y a-t-il d'espèces de contrats ? » demande l'auteur brehon. « Deux, » répond-il : « le contrat valable et le contrat nul. » Assurément, c'est absurde; mais voici quelle peut être l'explication. Le principe de la sainteté absolue des contrats était probablement d'origine étrangère, et l'on y insistait dans un but particulier. Aussi avait-il été posé d'une façon trop entière, étant donné l'état du droit et la condition de la société celtique dans l'Irlande de ces temps-là. Sous l'empire de ces circonstances, un traité sur les contrats prit nécessairement, sur la plupart des points, les allures d'un traité sur les causes de nullité des contrats, sur les nombreuses exceptions à une règle générale trop étendue. Anciennement, la capacité de contracter est limitée de tous côtés par les droits de la famille, par ceux des covillageois, par ceux des parents éloignés, par ceux de la tribu, par ceux du chef, et enfin, si le contrat est défavorable à l'Église, par les droits de l'Église. Le *Corus Bescna* est en grande partie un traité sur ces entraves archaïques. Mais en même temps, quelques-uns des cas modernes de nullité sont très bien formulés, et le mérite en revient probablement à l'insinuation des doctrines romaines dans les écoles de droit des Brehons.

Jusqu'à quel point ces écrits brehons s'inspirent-ils des idées chrétiennes ? Le christianisme a certainement exercé sur eux une influence négative considérable. Désormais, les Brehons cessèrent de pouvoir affirmer que le transgresseur de leurs lois encourrait une peine surnaturelle. De là, des conséquences importantes. Néanmoins, comme on l'a vu dans les cas de *jeûne contre un homme* ou de *veillée* DHARNA, les principes païens sont demeurés ; le sens seul s'en est perdu. L'adoption par les Brehons de la loi dite *de la lettre* a eu encore pour résultat certain d'engendrer une multitude de règles relatives aux droits réels de l'Eglise, qui forment une face très intéressante du droit brehon. Mais il n'y a rien eu de semblable à une pénétration intime de l'ancien droit irlandais par les principes chrétiens. L'influence du christianisme se fait surtout remarquer dans la matière du mariage et dans celles qui s'y rattachent, divorce, légitimité, succession. Et c'est cependant sur ces branches du droit brehon que se sont appuyés des auteurs convaincus qu'à s'en tenir aux relations entre les sexes, les premiers Irlandais touchaient de près à ces Celtes de Bretagne dont César avait entendu raconter les usages (1). Le *Livre d'Aicill* traite de la légitimation, non seulement des enfants naturels simples, mais encore des enfants adultérins, et il estime le montant de la compensation à laquelle a droit le père putatif. Le traité des *Relations sociales* semble établir que les mœurs du temps admettaient la cohabitation temporaire des sexes, et là-dessus il règle avec soin les droits mutuels des parties, déployant un zèle tout particulier pour les intérêts de la femme, jusqu'à lui réserver la valeur de ses services domestiques pendant son séjour dans l'habitation commune.

Quelque étranges qu'elles paraissent, ces dispositions du droit brehon peuvent bien être l'indice d'un progrès social. César a vu la polygamie franchement pratiquée par les Celtes du continent dont les familles se rattachaient entre elles par le lien étroit de la puissance paternelle. Lui, Romain, familiarisé avec la *patria potestas* encore florissante de son temps, il trouve digne de remarque que le chef de la maison gauloise a droit de vie ou de mort sur ses femmes

---

(1) *De bell. Gall.*, V, 14.

aussi bien que sur ses enfants, et il mentionne avec étonnement que si un homme meurt selon toute apparence victime d'un attentat, ses femmes sont mises à la torture, comme à Rome les esclaves d'un maître assassiné par une main inconnue (1). On ne peut sans doute rien affirmer avec certitude sur le passage néanmoins incontestable effectué par plusieurs sociétés de la polygamie à la monogamie sous d'autres influences que celles de la religion; mais on peut raisonnablement supposer que dans quelques milieux la liberté du divorce y a beaucoup aidé. Le système qui admet la pluralité des femmes a pu se transformer en un autre défendant d'avoir plus d'une femme à la fois, mais sans aller plus loin. La monogamie du monde occidental moderne n'est en somme que celle des Romains expurgée de la licence du divorce par la morale chrétienne. On peut à peine se faire une opinion sur le degré d'influence exercé par l'Eglise sur la transformation des relations matrimoniales en Irlande; mais il y a plus d'une raison de penser que les règles ecclésiastiques sur les conditions de validité du mariage, par exemple, se sont établies très lentement chez les races grossières

---

(1) *De bell. Gall.*, VI, 19.

situées à la limite du ci-devant empire romain. A propos du grand nombre de prétendants illégitimes qui élevaient leurs prétentions à la couronne d'Ecosse avant Edouard Ier, M. Burton fait cette remarque : « S'ils ont prétendu avoir des droits, c'est que l'Eglise n'avait pas encore inébranlablement établi en principe que par elle seule, par ses cérémonies et son sacrement, pouvait être fondée une union capable de valoir des droits de succession à ceux qui en naissaient (1). » Le traité des *Relations sociales* parle d'une *première* femme, supériorité relative que celle-ci put devoir à l'Eglise; mais en somme mon sentiment n'en est pas moins que la forme trop austère sous laquelle le christianisme s'introduisit en Irlande n'a pas dû favoriser son influence sur la morale publique. L'opinion commune paraît avoir été que la continence est la vertu professionnelle d'une classe spéciale. Les traités brehons qui, je l'ai dit, formulent la morale laïque, parlent de l'irrégularité de la conduite chez un moine ou chez un évêque dans les termes du plus profond mépris et de la plus impitoyable réprobation. A l'heure présente, l'Irlande est, je crois, la seule contrée de l'Oc-

(1) *History of Scotland*, II, 213.

cident où les rapports entre les sexes se rapprochent sensiblement de l'idéal chrétien, et tout le mérite en revient certainement au clergé catholique. Mais cette pureté de morale n'a été réalisée qu'à l'époque où les moines et le monachisme étaient ou bien proscrits de l'Irlande ou bien au ban des lois.

Je saisis cette occasion pour ajouter que l'influence du christianisme sur un système bien plus célèbre que le droit brehon m'a toujours paru extrêmement exagérée par M. Troplong et d'autres jurisconsultes bien connus. L'influence du christianisme sur le droit romain s'est évidemment manifestée par les incapacités dont furent frappées diverses classes d'hérétiques, et par la limitation de cette liberté du divorce qui existait dans la première période de ce droit. Mais à cet égard même, les réformes me paraissent inférieures à ce qu'on aurait pu attendre, étant donné l'état de l'opinion dans le monde romain; et en ce qui concerne les progrès attribués au christianisme dans le sort des esclaves, il ont pu être hâtés par lui, mais ils sont dus à des principes dont l'origine est plutôt stoïcienne que chrétienne. Je ne conteste pas l'opinion reçue que le christianisme a considérablement adouci et a beaucoup fait pour abolir l'esclavage et le servage en Occident, mais les jurisconsultes européens dont je parle font remonter par trop haut cette influence et tiennent trop peu compte des effets prodigieux produits plus tard par l'égalité pratique de tous les hommes dans les rangs du clergé catholique. Pour deux raisons, je voudrais voir abandonner ces thèses qui dans certains pays sont devenues des lieux communs professionnels. Elles passent légèrement sur un fait très instructif, la rigidité de tous les corps de droit; et elles obscurcissent encore un problème intéressant et jusqu'ici insoluble : l'origine du droit canonique. Ce qui semble vrai, c'est que la morale des communautés chrétiennes ne put s'accommoder du droit impérial, et très probablement pour cette raison un autre corps de règles prit place à ses côtés et en devint plus tard le compétiteur.

CHAPITRE III.

LA PARENTÉ CONSIDÉRÉE COMME FONDEMENT DES SOCIÉTÉS.

Les dernières recherches sur l'histoire primitive des sociétés permettent de conclure que la consanguinité ou parenté est le lien le plus antique des communautés humaines. On a étudié le sujet dans ces dernières années sous plusieurs aspects; on a beaucoup discuté sur la question de savoir ce que comportait la parenté par le sang et quel en était le point de départ : l'opinion générale s'est prononcée dans le sens que je viens d'indiquer. Il faut se garder cependant d'élargir outre mesure l'idée de cette parenté qui tenait autrefois lieu des influences multiples auxquelles est maintenant due l'union des sociétés humaines. On la regardait alors comme le lien de la communauté, nullement comme celui des cœurs. La notion de ce que, faute d'un terme meilleur, j'appellerai la fraternité morale des races humaines, a gagné sans cesse du terrain dans le cours de l'histoire, et l'on dispose actuellement d'un grand mot abstrait pour exprimer cette idée : *l'humanité!* L'agent le plus efficace de cette extension si vaste et si compréhensive de l'idée de parenté, ce fut certainement la religion ; et de fait une grande religion de l'Orient l'étendit jusqu'à lui faire embrasser toute la nature animée. Mais il faut dépouiller de son ampleur moderne la conception primitive de la parenté pour en traiter ici. Nos sauvages aïeux ne connaissaient d'autre fraternité que celle résultant du fait physique de la consanguinité. Quand un homme n'était pas le parent d'un autre, il n'y avait rien de commun entre eux. C'était un ennemi à tuer, à dépouiller, à haïr, tout comme les bêtes fauves auxquelles la tribu faisait la chasse; c'était réellement une bête fauve des plus dangereuses et des plus féroces. Il serait à peine exagéré de dire que les chiens qui suivaient le camp avaient plus de part à son existence que les membres d'une tribu étrangère et sans lien de parenté.

Celui qui étudie le droit n'est appelé à connaître que des peuples appartenant exclusivement à des races classées toutes aujourd'hui au point de vue de la philologie comparée, comme les Aryens et les Sémites. Hormis ceux-là, à peine aura-t-il occasion de jeter un regard sur cette portion isolée du genre humain à laquelle on a donné récemment le nom d'*ouralienne*, les Turcs, les Hongrois, les Finnois. Le trait caractéristique de toutes ces races, quand elles vivent en tribus, c'est que la tribu elle-même et ses subdivisions proviennent, dans la pensée de ceux qui en font partie, d'un seul ancêtre mâle. Pour ces communautés, le groupe domestique qui leur est familier se compose des descendants d'un seul homme encore vivant, et de sa femme ou de ses femmes. Peut-être connaissent-elles aussi ce groupe plus nombreux, formé des descendants d'un ancêtre unique récemment décédé, qui se rencontre encore dans l'Inde, agglomération compacte de parents par le sang, dont nous avons seulement conservé des traces dans nos tables de succession. Ces hommes qui voient se former sous leurs yeux des groupes de parents, pensent que par un procédé semblable la communauté s'est constituée. D'où ce préjugé théorique que tous les membres de la tribu viennent d'un ancêtre commun dont les descendants ont formé des groupes inférieurs, divisés eux-mêmes en d'autres groupes, et ainsi de suite jusqu'au plus petit de tous, la famille actuelle.

Tout cela est généralement tenu pour exact et bien établi en ce qui concerne les races aryenne, sémitique et ouralienne. Tout au plus avance-t-on que parmi les coutumes de certaines fractions de ces races, on rencontre de vagues indices d'un état de choses différent et plus ancien. Mais d'autres théories bien dissemblables des premières ont cours sur ce sujet, relativement à cette fraction considérable du genre humain qu'on ne range ni parmi les Aryens, ni parmi les Sémites, ni parmi les Ouraliens. On allègue d'abord que les idées certainement prédominantes chez les peuples étrangers à ceux-ci sur la question de la consanguinité sont inconciliables avec l'hypothèse d'un ancêtre unique dont tous seraient les communs descendants. On fait ensuite remarquer que de petites communautés isolées, barbares, cachées peut-être au fond de quelque vallée inaccessible de l'Inde, ou perdues sur quelque récif de corail dans les mers du Sud, suivent encore des coutumes que l'on ne pourrait équitablement qualifier d'immorales, attendu qu'au point de vue où l'on se place, elles sont antérieures à la morale même. On insinue enfin que si, à une époque très reculée de l'histoire, ces usages avaient été beaucoup plus répandus qu'à présent, l'explication de cette notion anormale de la parenté, étrangère aux Aryens, aux Sémites, aux Ouraliens, serait toute trouvée. Mais si la conclusion formulée ici exprime la vérité, si ces usages ont été réellement universels à une certaine époque, ce serait faire au genre humain un compliment immérité que de prétendre qu'il s'est jadis traîné sur les traces des espèces inférieures, puisqu'en fait les animaux ne suivent pas d'une façon uniforme les usages qu'on leur attribue. Du reste, quelque intéressantes que soient de pareilles recherches, nous n'avons rien à y voir tant qu'il ne sera pas établi avec certitude que la parenté chez les races supérieures est le développement naturel de cette sorte de parenté connue seulement des races inférieures; et alors même, ces recherches n'auraient-elles pour nous qu'un intérêt fort éloigné. Sans doute, plusieurs auteurs contemporains admettent qu'un de ces genres de parenté descend de l'autre. M. Lewis-Morgan, de New-York, auteur d'un superbe et remarquable ouvrage sur *Les systèmes de parenté et d'alliance dans la famille humaine* (1), publié à Washington par le *Smithso-*

(1) *Systems of Consanguinity and Affinity in the Human Family*, p. 486.

nian Institute, ne compte pas moins de dix phases traversées par les communautés fondées sur la parenté, avant d'arriver à ce type de la famille d'où les tribus aryennes prétendent provenir. Mais M. Morgan dit aussi du système qui prévaut chez les races aryenne, sémitique et ouralienne, qu' « il repose manifestement sur la présomption d'un mariage entre des couples simples, et sur la certitude d'une parenté fondée sur des relations matrimoniales. » « Aussi, » ajoute-t-il, « ce système n'a dû s'établir qu'après l'institution du mariage entre des couples simples. »

Il y a lieu de faire ici une observation très importante sur les liens constitutifs de l'union chez ces grandes races. La parenté qui rattache les unes aux autres les diverses communautés s'identifie volontiers avec la soumission à une même autorité. Les notions de puissance et de consanguinité se confondent, mais ne l'emportent nullement l'une sur l'autre. Cette confusion d'idées se manifeste dans la soumission du plus petit des groupes, la famille, à son chef patriarcal. Partout où ce groupe se rencontre, il devient difficile de dire si les personnes qui le composent sont considérées plutôt comme parentes que comme subordonnées serviles ou quasi-serviles de la personne qui est la source de leur parenté. Mais la confusion de la parenté avec la soumission au pouvoir patriarcal s'observe aussi dans les groupes plus compliqués qui dérivent de la famille. Dans certains cas on ne peut définir autrement la tribu que comme un groupe d'homme soumis à un chef commun. Cette singulière association d'idées se rattache certainement aux fictions et aux artifices bien connus qui ont fait aux anciens groupes de parents des adjonctions nouvelles. De même qu'on voit la famille se recruter parmi des étrangers que l'adoption place sous la puissance paternelle de son chef, on voit également la tribu — ou le clan — admettre beaucoup de membres théoriquement rattachés à elle par un lien de parenté, mais en fait n'ayant de commun avec elle que leur obéissance au même chef.

Je ne prétends pas fournir une explication simple de l'assujétissement des divers groupes de parents à des formes de pouvoir qui ont pour type la puissance patriarcale du chef de famille. Il faut aussi faire la part d'instincts enracinés. Mais M. Morgan me semble avoir découvert une autre explication partielle. Il a rencontré dans des communautés barbares et en partie nomades, un grand nombre de parents que notre esprit aurait classés à part, que notre langue aurait distingués les uns des autres, mais qui là sont groupés en plusieurs grandes classes et portent collectivement les mêmes noms. Tout homme est apparenté à un nombre étonnant d'autres hommes appelés ses frères, à un nombre étonnant d'autres appelés ses fils, à un nombre étonnant d'autres appelés ses oncles. M. Morgan explique le fait à sa façon, mais il signale l'utilité incidente de cette méthode de classification et de nomenclature. Bien qu'on n'en soit pas frappé tout d'abord, la parenté n'en est pas moins un fondement vicieux pour les communautés de quelque importance, à cause de la difficulté qu'éprouve l'esprit, et surtout une intelligence bornée, à saisir l'ensemble des personnes rattachées à une autre par les liens du sang, et par conséquent, ce qui importe le plus, partageant avec lui des droits et des obligations communs. Une grande extension et un relâchement considérable de la notion de parenté tournent la difficulté chez les races inférieures; mais il se peut que, chez les races supérieures, le pouvoir patriarcal remplisse le même office. Il simplifie les idées de parenté et d'obligations communes, d'abord dans la famille patriarcale, et en dernier lieu dans le clan ou dans la tribu.

Nous avons à nous occuper maintenant de la

période par où toutes les fractions de l'humanité destinées à la civilisation ont passé, et à laquelle les communautés tributives s'établissent à demeure sur une étendue de territoire déterminée. Ce que j'ai lu de plus expressif sur ce sujet se trouve dans de vieilles annales indiennes qui ont quelque apparence d'authenticité. Un volume très intéressant, publié par le gouvernement de Madras, sous le titre de *Document sur le droit de Mirasi* (1), renferme quelques anciens vers *commémoratifs* — c'est le nom qu'on leur donne — racontant comment les *Vellalee*, probablement une tribu aryenne, suivirent leur chef dans le Tondeimandalam, région qui correspond à celle occupée maintenant par une ville célèbre dans l'histoire moderne de l'Inde, Arcate. Les *Vellalee* firent la conquête du territoire, massacrèrent ou réduisirent en esclavage les habitants qui les y avaient devancés, et prirent définitivement possession du sol. La *poétesse*, car ces lignes sont attribuées à une femme, compare cette invasion à l'écoulement sur une surface plane du jus de la canne à sucre. Le jus se cristallise; les cristaux sont les diverses communautés de village. Au centre des cristaux on voit un morceau de

---

(1) *Papers on Mirasi Right.* Madras, 1862.

sucre plus beau que les autres : c'est à cette place que s'élève le temple du dieu. Toute vulgaire que soit l'image, je la trouve à quelques égards particulièrement heureuse. Elle fait voir la tribu, malgré son défaut apparent de cohésion, contenant en elle-même un principe d'affinité qui commence à agir dès qu'elle se met en mouvement.

Cette vérité est souvent méconnue. On représente presque toujours la fixation de la tribu sur le sol comme le point de départ de l'histoire des sociétés, la tribu étant censée n'avoir apporté avec elle, d'un établissement antérieur, aucun principe d'union. Mais connaît-on une seule tribu aborigène ou autochthone ? Toutes les informations tant soit peu dignes de foi que nous pouvons recueillir sur les tribus qui nous apparaissent dans le lointain des âges s'accordent à nous les représenter comme ayant séjourné à une époque plus reculée encore dans une autre région. Les *Vellalee*, par exemple, de la légende hindoue, ont dû être quelque part agriculteurs, puisqu'ils se sont *cristallisés* définitivement en communautés de village.

On a prétendu longtemps que l'organisation sociale appelée tribu a d'abord été celle des communautés nomades, et qu'en prenant à demeure possession du sol, les associations humaines éprouvèrent de sensibles modifications. Ce qu'on a dit jusqu'ici de cette transition de la vie nomade à la vie sédentaire et de l'influence qu'elle a exercée sur les coutumes et sur les idées, ne repose, il me semble, que sur des conjectures et des probabilités. On a fait également ce progrès beaucoup plus soudain que nos connaissances actuelles ne permettent de le supposer. L'attention a été ainsi détournée d'une observation dont les preuves les plus sérieuses attestent, à mon avis, l'exactitude : c'est que dès l'instant où une tribu se fixe à demeure et définitivement sur une étendue donnée de territoire, la terre, le sol, remplace la parenté comme fondement de l'organisation sociale. Cette substitution est extrêmement lente ; sous certains rapports elle n'est pas même encore complète aujourd'hui ; mais le cours en a été continu à travers les âges. Evidemment la constitution de la famille par la parenté du sang saute aux yeux de tous ; mais entre tous les groupes d'hommes plus considérables que la famille, le sol sur lequel ils vivent tend à former un trait d'union aux dépens de la parenté dont la conception devient de plus en plus vague.

Nous pouvons suivre le développement de cette idée tant parmi les grandes aggrégations humaines, actuellement si variées, qui forment les États ou les sociétés politiques, que parmi ces aggrégations plus petites constituées en communautés de village et en *manoirs* (1), où la propriété foncière a pris naissance. Les barbares qui envahirent l'Empire d'Occident, bien qu'ayant déjà ressenti l'influence des établissements antérieurement formés par eux dans des régions plus reculées, n'en apportèrent pas moins à l'Europe occidentale une foule d'idées appartenant à l'état social même que représente la tribu, idées que l'action de Rome en avait depuis longtemps bannies; mais dès qu'ils occupèrent définitivement des territoires déterminés, celles-ci commencèrent à se transformer. Il y a quelques années, je signalais la preuve fournie par l'histoire du droit international que la notion de souveraineté territoriale, fondement de ce droit et inséparable de l'idée de puissance sur une surface donnée de territoire, s'est substituée très lentement à la notion de souveraineté tributive (2). Le titre of-

(1) Le manoir anglais, ou seigneurie, correspond à notre fief. C'est le domaine foncier du seigneur, avec ses tenures, avec les obligations et les services que celles-ci comportent, avec la population soumise à la juridiction seigneuriale (N. du T.).

(2) *L'Ancien Droit*, chap. IV, *in fine* (p. 98 et suiv.) — (N. du T.).

ficiel des rois fournit des indices très-clairs de cette transformation. Jean sans Terre est le premier de nos rois qui se soit appelé *roi d'Angleterre* (1). Ses prédécesseurs s'appelaient toujours ou ordinairement *rois des Anglais*. Le titre royal s'inspira beaucoup plus longtemps en France de la vieille souveraineté tributive. Le titre de *roi de France* est devenu, sans doute, en usage dans la langue nationale peu après l'avènement de la dynastie capétienne ; mais c'est un fait significatif que, même à l'époque de la Saint-Barthélemy, les rois de France portaient encore en latin le titre de *reges Francorum*, et Henri IV l'abandonna uniquement parce qu'il ne pouvait se raccorder convenablement, sur ses monnaies, à celui de *roi de Navarre*, principauté exclusivement féodale et territoriale des Bourbons (2). On peut encore représenter sous un autre aspect cette transformation des idées. L'Angleterre était autrefois le pays qu'habitaient les Anglais. Les Anglais sont aujourd'hui le peuple qui habite l'Angleterre. Les descendants de nos aïeux obéissent à la tradition de la parenté en se disant hommes de race anglaise, mais ils tendent irrésistible-

(1) Freeman : *Norman Conquest*, I, 82, 84.
(2) Freeman, *loc. cit.*

ment à devenir Américains et Australiens. Je ne dis pas qu'on ait entièrement perdu la notion de consanguinité; mais elle est très effacée et elle cède le pas à la conception nouvelle de la constitution territoriale des nations. On retrouve ces deux idées unies ensemble dans l'expression de *mère-patrie* (*father-land*), qui dénote combien notre pensée ne peut séparer la parenté nationale du pays commun. Sans doute, de nos jours, l'antique notion d'une union nationale fondée sur la consanguinité a paru rajeunie par des théories habituellement désignées sous le nom de *système des nationalités*, dont le panslavisme et le pangermanisme sont les plus connus. Ces théories sont au fond l'œuvre de la philologie moderne; elles sont nées de l'hypothèse que des analogies linguistiques prouvent la communauté du sang. Mais quand le système politique des nationalités est nettement présenté, il mène à cette conclusion que les hommes d'une même race doivent être réunis sous une même puissance, non pas tributive, mais territoriale.

L'histoire des cités helléniques et latines démontre que là, et probablement dans un grand nombre de contrées, la communauté du territoire s'est substituée lentement, et non sans secousses violentes, à la communauté de la race, comme fondement de l'union nationale. « L'histoire des idées politiques commence, » ai-je dit ailleurs, « avec l'idée que la communauté de sang est la seule base possible d'une communauté de fonctions politiques; et aucun de ces renversements de sentiments que nous appelons solennellement révolutions n'a été si surprenant et si complet que le changement survenu lorsque quelque autre principe, celui de l'habitation sur le même sol par exemple, fut établi pour la première fois comme base d'une action politique commune (1). » L'unique ambition des démocraties antiques a été, au fond, de se faire accepter comme des égales par les aristocraties, pour cette seule raison que l'aristocratie des citoyens de vieille date et la démocratie des citoyens nouveaux cohabitaient dans les limites d'une même circonscription territoriale. Chacun à son heure, le *dêmos* athénien et la *plebs* romaine atteignirent leur but; mais le triomphe du parti populaire à Rome exerça sur le monde une influence qui se fait encore sentir : la transition de l'idée de souveraineté tributive à celle de souveraineté territoriale lui doit effectivement en partie d'avoir été plus aisée

(1) L'*Ancien droit*, chap. V (trad. Courcelle-Seneuil). — (N. du T.).

et moins sensible dans le monde moderne que dans le monde antique. J'ai exposé plus haut que les idées aryennes établissent une certaine confusion, ou tout au moins ne distinguent pas bien nettement entre la consanguinité et la soumission commune au pouvoir. La synonymie de ces notions a favorisé sans nul doute cette assimilation d'une commune nationalité à l'obéissance commune au prince, grâce à laquelle l'absorption de nouvelles corporations de citoyens par les Etats modernes s'est si facilement accomplie. Mais, il faut l'avouer, la majesté dont le souvenir de l'empire romain revêtait tous les rois y a aussi beaucoup aidé. Or, sans le triomphe des plébéiens, il n'y aurait jamais eu, — est-il besoin de le dire? — un empire romain.

Les connaissances nouvelles que nous avons acquises dans ces dernières années nous permettent de suivre aussi pas à pas la même transformation d'idées chez ces petits groupes d'hommes attachés au sol et formant, non des Etats, mais des communautés de village. L'une des conditions les plus désavantageuses dans lesquelles on se trouvait pour écrire l'histoire des temps passés résultait de ce que l'importance de ces communautés était fatalement ignorée, et qu'alors l'historien limitait forcément son attention à des groupes tributifs plus considérables. On a souvent remarqué qu'une monarchie féodale correspond exactement à une seigneurie féodale; mais on commence à peine à saisir la raison de cette analogie, à savoir qu'elles étaient l'une et l'autre à l'origine des corporations de prétendus parents établis à demeure sur le sol, et chez qui la fixité de cet établissement produisait un même changement dans les idées. L'histoire des groupes les plus considérables aboutit aux notions modernes de pays et de souveraineté; celle des groupes inférieurs, à la notion moderne de la propriété foncière. Pendant longtemps, le développement historique des uns et des autres suivit une marche parallèle; mais actuellement il n'en est plus ainsi.

La communauté de village, naturellement organisée, existant par elle-même, ne peut plus être représentée comme une institution exclusivement propre aux races aryennes. Sur la foi d'autorités danoises, M. de Laveleye a décrit ces communautés telles qu'on les retrouve à Java, et M. Renan les a également découvertes parmi les obscures tribus sémitiques du nord de l'Afrique. Partout où on les rencontre, les restes de ces groupes suggèrent sur leur origine la même théorie que celle soutenue par M. Freeman sur le *mark* ou communauté de village germanique. « Cette infime unité politique, » dit-il, « fut formée d'abord, ici (en Angleterre) comme ailleurs, d'hommes unis ensemble par un lien de parenté, naturelle dans son premier état, mais plus tard soit naturelle soit fictive (1). » Les éléments d'information sont maintenant assez nombreux pour nous édifier largement et sur la manière dont ces communautés prirent naissance et sur celle dont elles se transformèrent. Le monde offre en effet des exemples de chacune des phases parcourues par les groupes agriculteurs, depuis celle où ils sont composés de parents jusqu'à celle où la seule apparence de la consanguinité persiste, les agriculteurs n'étant plus retenus ensemble que par la terre qu'ils cultivent en commun. Les grandes étapes de cette voie de transition me semblent marquées par l'association de famille des Hindous, la communauté domestique des Esclavons méridionaux, et la communauté de village rencontrée d'abord en Russie et peu après dans l'Inde.

Le groupe que je place en tête, l'association de famille hindoue, est formée, en réalité, par un corps de parents, tous descendants naturels

---

(1) *Comparative Politics*, p. 103.

ou adoptifs d'un ancêtre connu. Quoique le droit moderne de l'Inde lui accorde tant de facilité pour se dissoudre que c'est l'une des combinaisons sociales les plus instables et qu'elle dure rarement plus de deux générations, elle n'en a pas moins cependant, tant qu'elle subsiste, une existence corporative légale, et elle offre l'exemple, à l'état parfait, de cette jouissance en commun du droit de propriété, si souvent observée, et j'ajoute si mal comprise d'ordinaire, dans les sociétés agricoles de forme archaïque. « Quant à la famille hindoue associée dans l'indivision, » a dit le Conseil privé de la Couronne, « aucun de ses membres, tant qu'elle reste indivise, ne peut prétendre qu'il a en particulier une portion de la propriété indivise.... Les revenus de la propriété indivise doivent être versés, conformément aux principes, dans la caisse ou la bourse commune, et employés selon les besoins des membres de la famille (1). » Ces familles hindoues, « ayant en commun la table, le culte et le fonds de terre, » constamment adonnées à la culture du sol et vivant de ses produits « selon les besoins d'une famille indivise, » ne forment pas encore des communautés de villages.

---

(1) Moore's *Indian Appeals*, XI, 75.

Elles ne sont qu'accidentellement rattachées au sol, quelle que soit l'étendue de leur propriété foncière. Ce n'est pas la terre qui les maintient unies, ce sont les liens du sang. Rien ne les empêche de s'adonner, comme elles le font du reste souvent, au commerce, ni d'exercer un métier.

La communauté domestique, qui vient ensuite dans l'ordre du développement social, a été étudiée par M. de Laveleye (1) et par M. Patterson (2), en Croatie, en Dalmatie et en Illyrie, contrées qui, bien que plus voisines de nous que l'Inde, se rapprochent beaucoup de ceux des pays orientaux où l'influence du mahométisme se fait le moins sentir. Mais il y a lieu de croire que le droit romain ni la féodalité n'ont entièrement chassé ces communautés de l'Europe occidentale. Fait remarquable, des agglomérations de parents, formant pour ainsi dire le pendant des communautés domestiques des Esclavons, ont été découverts en 1840 par M. Dupin dans le département de la Nièvre, et celui-ci a pu se convaincre que déjà en l'an 1500 elles passaient pour anciennes. Ces communautés domestiques sont tout simplement pour moi la famille asso-

---

(1) *Op. cit.*, p. 201.
(2) *Fornightly Review*, n° 44.

ciée des Hindous dont le développement n'a rencontré aucun obstacle, et qui s'est fixée pour des siècles sur le sol. On retrouve là tous les caractères essentiels de l'institution indienne : la maison et la table communes qui sont toujours en principe le centre de la vie de famille hindoue; la jouissance collective du droit de propriété et l'administration du patrimoine commun par un intendant élu. Néanmoins, des modifications significatives révèlent comment des groupes de cette nature se transforment avec le temps. La communauté est une communauté de parents; mais quoique la filiation commune soit très vraisemblablement réelle, la tradition d'une même origine s'est assez affaiblie pour permettre à la fiction de jouer un rôle considérable dans cette institution qui, à un moment donné, s'ouvre à des étrangers du dehors. En même temps, la terre tend à devenir le vrai fondement de ce groupe; elle est admise comme l'élément essentiel de sa vitalité, et reste le domaine commun, tandis que la propriété privée est reconnue sur les meubles et sur le bétail.

Dans la véritable communauté de village on ne retrouve plus l'habitation et la table communes qui sont en usage à la fois dans la famille associée et dans la communauté domestique. Le village lui-même est une agglomération de maisons, resserrées il est vrai, dans un étroit espace; mais chaque habitation est distincte des autres et l'entrée en est soigneusement interdite aux voisins. Les terres du village ne sont plus la propriété collective de la communauté; les terres arables ont été partagées entre les divers ménages; les pâturages ont été aussi partiellement répartis; seuls, les terrains en friche sont demeurés communs. En comparant les deux types de communauté de village actuellement existants, l'un en Russie, l'autre dans l'Inde, et qui ont été le mieux étudiés par des observateurs capables, on en vient à penser que les traces d'un ancien droit collectif de propriété, empreintes dans les usages et dans les idées, s'effacent proportionnellement à la décadence de la théorie d'une parenté actuelle entre les covillageois. Les paysans russes d'un même village croient positivement, dit-on, en leur filiation commune; or, en Russie, les terres arables du village sont périodiquement réparties, et l'artisan villageois, lors même qu'il exerce au loin son métier, travaille au profit de ses covillageois. Dans l'Inde, quoique les paysans forment encore des confréries et que la qualité de membre de la confrérie sépare un homme de tous ceux qui n'en font pas partie, il est très difficile de dire en quoi consiste le lien de l'association. Beaucoup de détails dans la composition de la communauté n'ont aucun rapport avec une filiation remontant à un ancêtre unique. De même la propriété privée du sol s'est développée, bien que la théorie n'en soit pas toujours claire; la répartition périodique du fonds n'est plus qu'une simple tradition ou ne se pratique que chez les plus arriérés de la race; et quant aux conséquences d'une parenté spéculative, elles se réduisent à l'obligation de se soumettre à des règles communes de culture et de pâturage, de s'abstenir de toute vente ou aliénation non consentie par les covillageois, et — suivant certains auteurs — de ne stipuler des membres de la même confrérie aucune rente absorbant la totalité ou la majeure partie des revenus. Ainsi la communauté de village indienne est une corporation d'hommes dont l'union a pour base la terre qu'ils occupent; l'idée d'un sang commun et d'une généalogie commune est complètement effacée. Encore quelques pas dans la même direction — le droit anglais est en train de les faire franchir — et les idées de notre pays et de notre temps sur la famille vont se répandre dans l'Inde; la communauté de village disparaîtra, et la propriété foncière, dans toute l'étendue du sens anglais de ces termes, verra le jour. D'après M. Freeman, *Uffington*, *Gillingham*, et *Tooting*, étaient très probablement des communautés de villages anglaises autrefois établies par les *Uffingas*, les *Gillingas* et les *Totingas*, trois familles associées teutoniques. Mais sûrement tous les habitants de *Tooting* ne se regardent pas comme frères ; ils reconnaissent seulement les obligations communes que leur voisinage mutuel leur impose ; leur lien réel, c'est le pays commun.

Le « communisme naturel » des groupes primitifs d'agriculteurs a quelquefois été décrit dans le passé, surtout par des écrivains russes, comme une anticipation sur les théories démocratiques les plus avancées et les plus radicales. Rien, à mon sens, de plus erroné. S'il faut absolument user des mots *aristocratique* et *démocratique*, je crois qu'il serait plus plausible de dire que la transformation et la destruction accidentelle des communautés de village ont eu pour cause, dans presque tout l'univers, les assauts successifs d'une démocratie contre une aristocratie. Le secret de la légère différence relative qui sépare les communautés de village russes de ce qu'on peut admettre comme en étant le type primitif, réside pour moi dans l'ancienne pratique russe de la colonisation, conformément à laquelle des multitudes étaient transportées de leurs antiques villages au milieu des steppes immenses. Mais les communautés indiennes, situées dans une région dont la population a de temps immémorial été beaucoup plus dense que dans les pays du Nord, portent maintes traces de compétitions passées entre les anciennes confréries de parents et une classe d'étrangers subordonnés revendiquant une part des terres ou le droit d'en jouir à des conditions faciles. Je sais bien qu'il est assez bizarre en apparence de comparer aux citoyens d'Athènes et de Rome les villageois indiens, avec leur obscurité, leur ignorance et souvent leur sordide misère ; cependant aucune tradition sur l'origine des Etats romain et hellénique ne me paraît plus vraisemblable que celle qui les représente comme formés par la réunion de deux ou de plusieurs communautés de village, et en vérité, dans leurs phases les plus glorieuses, ils me paraissent d'un bout à l'autre de leur primitive histoire se rattacher étroitement à ce type. Bien souvent, en écoutant les véhémentes controverses des fonctionnaires indiens sur les droits respectifs des diverses classes qui composent la communauté de village, il me semblait que sans s'en douter ils s'efforçaient de concilier, par une arbitration bienfaisante, les prétentions rivales des *Eupatrides* et du *Dêmos*, du *Populus* et de la *Plebs*. On peut avec raison soutenir que l'un des résultats bien connus des longues discussions civiles dans les grands Etats de l'antiquité s'est manifesté de temps à autre dans les communautés de village, et que toutes les classes ont dû se soumettre à ce genre d'autorité dont l'office du dictateur romain est le type le plus innocent, et l'usurpation du tyran grec, le plus odieux. Il est reconnu que les fondateurs de l'une des aristocraties modernes de l'Europe, les Danois, étaient à l'origine des paysans qui fortifièrent leurs maisons pendant de meurtrières luttes intestines de village, et usèrent dès lors de leurs avantages.

Toutefois, la noblesse n'a commencé de cette manière en Occident que dans des cas exceptionnels. Il faut assigner d'autres causes à la grande transformation de la communauté de village qui s'est accomplie partout en Angleterre, un peu moins complètement en Allemagne, et moins encore en Russie et dans l'Europe orientale. J'ai essayé dans un autre ouvrage (1)

---

(1) *Village Communities*, etc., p. 131 et suiv.

un exposé sommaire de tout ce qui est connu ou supposé sur cette *féodalisation de l'Europe* qui a converti le *mark* en manoir, la communauté de village en fief; je me propose d'entrer cette fois dans quelques développements sur le jour nouveau dont les anciennes lois de l'Irlande ont éclairé les premières phases de ce progrès. Mais pour le moment, je me bornerai à faire observer que cette transformation une fois complète a eu pour résultat de placer dans la terre le nœud exclusif de l'union des hommes. Le manoir ou fief était un groupe social entièrement fondé sur la possession du sol, et le vaste corps des lois féodales qui rayonnent autour de ce fait central en est intimement pénétré. Depuis longtemps on a reconnu sans conteste que la terre est la base du système féodal; mais je doute qu'on ait suffisamment compris quelle place ce fait occupe dans l'histoire. Il marque une des phases d'une métamorphose continuée pendant de longs siècles et dont la portée a dépassé de beaucoup les limites de la propriété foncière. C'est alors que la notion d'une parenté commune est entièrement perdue. Le lien formé par la *recommandation* entre le seigneur et le vassal est tout différent de celui qui résulte de la consanguinité. Quand les relations féodales comptèrent quelque durée, il en devint pas d'outrage plus sanglant pour un seigneur que de lui attribuer la même origine que la foule de ses tenanciers. La langue a conservé les restes du mépris haineux que professaient les membres les plus élevés des groupes féodaux pour les plus inférieurs, et les termes injurieux dus à cette aversion sont à peu près aussi violents que ceux engendrés par les dissensions religieuses. Entre *vilain, manant, mécréant* et *rustre*, le choix est difficile.

La dissolution du groupe féodal, très avancée dans la plupart des pays européens, et entièrement accomplie en France et en Angleterre, nous a conduits à cet état social qui est maintenant le nôtre. En décrire les causes et le progrès, ce serait refaire presque toute l'histoire moderne, l'histoire économique aussi bien que l'histoire politique. Toutefois il est facile de remarquer que sans la disparition des petits groupes sociaux et la ruine de l'autorité, soit populaire, soit autocratique, exercée par eux sur ceux qui en faisaient partie, nous aurions toujours été dépourvus de plusieurs grandes notions qui dominent l'ensemble de nos idées. Sans cet écroulement, nous n'aurions jamais conçu la terre comme une valeur échangeable, différente des autres en cela seulement que la réserve en est limitée, et certains chapitres célèbres d'économie politique n'auraient pas été écrits. Nous n'aurions pas assisté non plus à ce développement de l'autorité de l'*Etat*, — un des termes nombreux qui désignent la plus extensive des communautés comprises dans le pays commun, — et par suite nous n'aurions pas connu les théories qui servent de base aux plus récents systèmes juridiques : — la théorie de la *souveraineté*, ou, en d'autres termes, d'un pouvoir coercitif sans limite exercé par une partie de chaque communauté sur tout le reste; — et la théorie de la *loi* regardée comme émanant exclusivement de la volonté d'un souverain, unique ou multiple. Nous n'aurions pas non plus connu le fait qui correspond à ces théories : — l'activité toujours croissante des législatures; — et probablement cette fameuse pierre de touche de la valeur d'une législation, dont l'inventeur a fait celle de la pureté de la morale, — le bonheur du plus grand nombre, — n'aurait jamais été imaginée.

En disant que les nombreux aspects sous lesquels la propriété primitive se révèle à nous donnent sérieusement à penser que les antiques groupes agricoles étaient composés de parents, qu'ils devinrent graduellement des corporations d'hommes ayant pour lien commun la terre qu'ils cultivaient, et que la propriété foncière, sous sa forme actuelle, est née des débris de ces dernières associations, je n'ai pas prétendu un seul instant que ces métamorphoses successives se soient accomplies brusquement et sans transition. Tout ce qu'on peut affirmer, c'est que certaines périodes de cette histoire se distinguent des autres par la prédominance d'idées qui leur sont propres, mais qui en laissent subsister d'autres à côté d'elles. En ceci comme en tout, le monde est plein de restes du passé, et cette notion de la société fondée sur la parenté survit encore, lors même que la terre commence à former un trait d'union entre les hommes. De même, l'idée que le régime féodal se faisait des relations sociales continue à exercer une puissante influence, même quand la terre est devenue une valeur d'échange. Dans aucun pays, la théorie qui fait de la terre une propriété comme une autre n'a été acceptée avec moins de réserve qu'en Angleterre. Et cependant les légistes anglais vivent *in fœce feodorum*. Notre droit est imprégné des principes féodaux, nos coutumes et nos opinions sont façonnées sur ce modèle. On a même découvert dans ces dernières années que des vestiges des communautés de village se retrouvent encore dans nos lois, dans nos usages, dans nos méthodes de culture.

C'est surtout en abordant l'étude des anciennes lois de l'Irlande qu'il faut bien se pénétrer de l'idée que ces progrès successifs se sont accomplis sans brusque transition et d'une manière insensible. Le Dr Sullivan, dont j'ai déjà mentionné l'*Introduction* aux *Dissertations* d'O'Curry, récemment publiées, insiste complaisamment sur l'existence de la propriété privée chez les anciens Irlandais et sur la façon jalouse dont ils défendaient ce droit. Il est tout naturel qu'un savant irlandais, blessé de cette légèreté avec laquelle on refuse à ses ancêtres toute institution civilisée, attache une grande importance à découvrir la propriété privée dans le droit brehon. Mais je dois dire que ce n'est point là ce qui constitue, à mon avis, le réel intérêt de ce dernier. Les traités brehons sont instructifs, au moins pour ceux qui étudient l'histoire du droit, parce qu'ils démontrent que des institutions frappées au coin de l'époque moderne peuvent coexister avec des règlements émanant d'un ordre d'idées différent et beaucoup plus ancien. Il n'est pas douteux pour moi que la notion primitive de la parenté, comme lien des communautés, a persisté plus longtemps chez les Celtes d'Irlande et les *Highlanders* d'Ecosse que dans toute autre société de l'Occident, et que le droit brehon en porte une empreinte bien plus profonde que le droit foncier actuel de l'Inde. Assurément, cette sorte de propriété foncière privée, issue de l'appropriation des parcelles du domaine de la tribu par des familles individuelles en faisant partie, est pleinement reconnue par les légistes brehons ; mais les droits des propriétaires sont limités par les droits supérieurs d'une confrérie de parents, et la prééminence de celle-ci est sous certains rapports plus complète que celle d'une communauté de village indienne sur les propriétés privées. Assurément encore l'autre forme de la propriété foncière, celle qui provient de l'autorité du seigneur sur le groupe agricole, a commencé aussi à se montrer; mais quoique le chef du clan se soit rapidement élevé à une position correspondante au pouvoir seigneurial, il n'y a pas entièrement atteint, et ce que les traités brehons nous apprennent de plus nouveau, c'est ce qui est relatif aux degrés de cette promotion.

Au seuil même du droit brehon on rencontre un fait des plus instructifs : le même mot, *fine*, famille, s'applique à toutes les subdivisions de la société irlandaise. Il désigne la tribu dans sa plus large extension, comme prétendant à une certaine indépendance politique, et tous les corps intermédiaires jusqu'à la famille telle que nous l'entendons, et même jusqu'à des fractions de la famille (1). Chacun des groupes dont se composait l'ancienne société celtique croyait descendre, paraît-il, d'un ancêtre commun auquel était emprunté le nom ou l'un des noms du corps entier des parents. Cette présomption ne fut jamais, dans l'ancienne Irlande, une fiction aussi avérée que celle qui attribuait pour ancêtre aux races ou communautés grecques un héros dont elles auraient reçu le nom. Mais elle fut vraie au moins en ce qui concerne le chef et sa maison relativement à la tribu irlandaise prise comme unité *politique;* elle fut probablement aussi fondée quelquefois, et même souvent, en ce qui concerne le plus petit des groupes, le *sept*, la sous-tribu, la famille associée, qui me paraît être l'unité *légale* dans les traités brehons. Les traditions sur l'ancêtre éponyme de ce groupe étaient précises et apparemment dignes de foi ; les membres du groupe étaient parents en vertu de leur commune filiation qui les rattachait à un

---

(1) Sullivan, *Introduction*, etc., p. CLXIJ.

ancêtre auquel tous avaient emprunté leur nom. Celui qui, pour le moment, était chef formait, comme les juges anglo-irlandais l'ont appelé dans le célèbre *cas de gavelkind* (1), le *caput cognationis*.

Ce n'était pas seulement la tribu ou le *sept* qui empruntait son nom à l'ancêtre : le territoire qu'elle occupait recevait aussi de lui son nom le plus habituel. Je fais cette observation surtout en vue des conséquences erronées qu'on a déduites des théories de quelques savants relatives aux analogies entre les noms de familles et les noms de lieux, théories qui, bien comprises, sont parfaitement fondées. On a soutenu que quand une famille et un lieu portent le même nom, c'est certainement le lieu qui a donné son nom à la famille. C'est vrai en ce qui concerne les pays féodaux, mais non de ceux où la féodalité n'a pas pénétré. Il est probable que des noms comme *pays d'O'Brien, pays de Macleod,* sont aussi antiques que l'appropriation de la terre par l'individu. On doit s'en souvenir quand on est tenté de mesurer l'intelligence d'un vieil écrivain à l'absurdité de ses étymolo-

---

(1) Voir l'explication de ce terme au chapitre suivant (N. du T.).

gies. *Hybernie* venant de *Hyber*, qui l'aurait découverte et lui aurait donné son nom, paraît être une dérivation ridicule ; mais le chroniqueur qui la donne peut avoir été assez voisin de l'âge où les hommes vivaient en tribus, pour penser que rien n'est plus naturel et plus probable qu'une relation entre le lieu et le nom. C'est ainsi que les étymologies les plus fantaisistes des Grecs, comme *Hellespont*, de *Hellé*, peuvent avoir été des restes persistants d'une méthode primitive de désigner les lieux propre à l'état social caractérisé par la réunion des hommes en tribus. Dans les relations entre les noms de personnes et les noms de lieux, comme en d'autres matières bien plus sérieuses, la féodalité a singulièrement ajouté à l'importance de la terre.

Voici maintenant l'idée que je me suis formée de l'organisation agraire d'une tribu irlandaise, partie par l'examen des textes traduits, juridiques ou non, et partie à l'aide de l'*Introduction* du Dr Sullivan. Selon toute probabilité, la tribu est depuis longtemps fixée sur le territoire. Elle est assez nombreuse et importante pour former une unité politique, et peut-être qu'à sa tête est placé l'un des nombreux chefs que les annales irlandaises appellent des rois. Il faut admettre d'abord que l'ensemble du territoire appartient à l'ensemble de la tribu; mais en fait, des parcelles étendues en ont été attribuées d'une façon permanente aux plus petites corporations de la tribu. Un lot est spécialement affecté au chef comme attribut de sa dignité, et passe de chef en chef suivant un mode spécial de succession. D'autres fragments sont occupés par des subdivisions de la tribu dont quelques-unes ont des chefs inférieurs ou *flaiths*, tandis que d'autres, sans être à proprement parler sous la direction d'un chef, ont comme représentant une personne de noble race. Toutes les terres non appropriées sont d'une manière plus spéciale la propriété collective de la tribu, et aucune portion ne peut en principe en être distraite que pour une occupation temporaire. Mais ce genre d'occupation est fréquent, et parmi ceux qui détiennent à ce titre les terres tributives, il y a des groupes d'hommes s'appelant eux-mêmes membres de la tribu, mais dont l'association est en réalité contractuelle et a surtout pour but l'élevage du bétail. Une grande partie des terres communes reste sans emploi; ce sont les terres *vaines et vagues* de la tribu. Encore ces terrains vagues sont-ils constamment mis en culture ou affectés d'une façon permanente au pâturage par des membres de la tribu qui s'y installent, et des cultivateurs de condition servile sont-ils autorisés à s'y réfugier, surtout au voisinage de la frontière. C'est la partie du territoire sur laquelle l'autorité du chef tend rapidement à s'accroître ; c'est là qu'il établit ses *fuidhir* ou tenanciers étrangers, qui forment une classe très importante, proscrits et misérables des tribus voisines, qui viennent se placer sous sa protection, et dont le seul lien avec leur nouvelle tribu consiste dans leur subordination même à son chef et dans la responsabilité qu'il encourt à cause d'eux.

Il y a probablement une grande uniformité dans la composition des divers groupes qui occupent, à demeure ou temporairement, le territoire tributif. Chacun ressemble plus ou moins à une miniature de la grande tribu qui les réunit tous. Chacun, tout en s'appelant une famille, renferme vraisemblablement des hommes libres et des esclaves, ou du moins des personnes de diverses conditions. Chacun a probablement aussi ses terres appropriées et ses terres vagues, et suit les mêmes règles de culture et de pâturage. Chacun est sous l'autorité d'un chef qui représente réellement l'ancêtre commun de tous les parents libres, ou obéit à quelqu'un qui a assumé les responsabilités dévolues au chef naturel de la famille, suivant l'idée sociale primitive. Dans les recherches de la nature de celle que nous faisons, il importe d'avoir toujours présent à l'esprit le fait important que je rappelais il y a trois ans. Lorsque les premiers émigrants anglais s'établirent dans la Nouvelle-Angleterre, ils se distribuèrent en communautés de village; tant il est difficile de frayer une nouvelle voie à la vie et aux habitudes des sociétés ! Dans une société comme celle dont nous parlons, il est à peu près certain qu'un seul modèle d'organisation et de coutumes sociales pourrait être suivi, et qu'il serait impossible d'y concevoir des dérogations ni d'y déroger en fait, si ce n'est dans la mesure la plus légère et la moins sensible.

Mais la société ainsi formée n'est pas absolument stationnaire. L'occupation temporaire des terres communes de la tribu tend à devenir permanente, soit par suite d'une tolérance de fait, soit en vertu du consentement explicite des membres de la tribu. Certaines familles s'arrangent pour éluder la règle de la répartition nouvelle à faire périodiquement du patrimoine commun du groupe; d'autres obtiennent de ce dernier des allotements à titre de récompense d'un service rendu ou d'apanage d'une fonction;

l'Eglise reçoit ainsi constamment des terres, et il se forme entre ses droits et ceux de la tribu une étroite confusion. L'établissement de la propriété privée est sans doute retardé par l'abondance des terres et par cette loi même suivant laquelle, pour employer la métaphore de notre poétesse indienne, la tribu s'est *cristallisée*, puisque chaque famille qui s'est approprié une portion des terres communes tend déjà à former un ensemble extensif d'hommes appartenant à la tribu et jouissant de droits égaux. Mais plusieurs causes agissent de concert en faveur de la propriété privée, et le droit brehon démontre qu'à l'époque où il était en vigueur, elles avaient largement produit leur effet. Comme on pouvait s'y attendre, l'indivision du territoire commun paraît avoir pris fin d'une façon plus complète du côté des chefs, dont un grand nombre possèdent d'immenses domaines privés soumis à une tenure régulière, sans compter les biens-fonds spécialement attachés à leur puissance seigneuriale.

Tel est, comme je le conçois, le tableau de l'organisation de la tribu irlandaise en ce qui concerne le régime des terres. Des peintures comme celle-ci demandent à être acceptées avec réserve, par cette raison surtout que les traités de droit brehon ne fournissent que des données incomplètes. Mais si notre exposé est jusqu'à un certain point exact, tous ceux qui s'occupent de ces matières remarqueront que les éléments de ce qu'on regarde habituellement comme un système foncier spécialement germanique se rencontrent dans l'économie agraire de la tribu irlandaise. Sans doute, en fait, il y a des différences. La parenté, bien plus que la terre, unit jusqu'ici entre eux les membres des groupes irlandais. Le chef est toujours un personnage très différent du seigneur. On n'aperçoit encore les premières assises d'aucune grande ville ou cité. Néanmoins la proposition sur laquelle roule le traité du Dr Sullivan n'est pas téméraire, à savoir que toutes les parties du système foncier germanique se retrouvent au moins à l'état embryonnaire dans le système foncier celtique. L'étude du droit brehon conduit à la même conclusion, indiquée déjà par d'autres investigations de diverse nature faites à notre époque. Elle confirme plus que jamais l'opinion qu'une large distance sépare la race aryenne des races de souche étrangère, mais elle démontre aussi que beaucoup, et peut-être la plupart des différences signalées entre les subdivisions de la race aryenne comme impliquant une diversité d'origine, ne portent en réalité que sur le degré de leur développement. Il est à souhaiter que la pensée contemporaine ne tarde pas à s'affranchir de l'habitude qu'elle semble avoir contractée d'adopter à la légère des théories ethnologiques. La plupart de ces théories n'ont d'autre mérite que de servir à échafauder des conclusions qui ne valent pas l'énorme travail intellectuel qu'elles coûtent.

CHAPITRE IV.

LA TRIBU ET LA TERRE.

On croit généralement qu'avant les mesures agraires de Jacques Ier, l'Irlande était l'un des pays où la propriété privée du sol était le moins respectée et où prévalaient davantage les formes réputées barbares du droit de propriété. Spencer et Davis ont les premiers formulé cette opinion, adoptée ensuite par plusieurs écrivains modernes. Mais les traités de droit brehon démontrent qu'il ne convient de l'admettre qu'avec beaucoup de réserve et de tempéramments, et qu'à l'époque où ils furent écrits, la propriété privée, spécialement la propriété foncière, était depuis longtemps connue en Irlande, soit comme née de la désagrégation naturelle de la propriété collective, soit comme résultant de la division en domaines particuliers des terres communes de la tribu. Mais on ne peut douter, je crois, qu'à l'époque à laquelle correspondent ces traités, la plupart des terres fussent soumises, en Irlande, à des règles et à des coutumes où se reflétait encore l'ancienne jouissance collective; le Dr Sullivan a raison de le soutenir (1).

La preuve de ce que j'avance est assez bien connue de tous ceux qui ont étudié l'histoire d'Irlande. Au commencement du XVIIe siècle, les juges anglo-irlandais déclarèrent en vigueur par toute l'Irlande la coutume anglaise, et à partir de ce moment, la terre revint au fils aîné du dernier propriétaire, à moins que la dévolution n'en fût autrement réglée par un acte de disposition entre-vifs ou testamentaire. Dans son exposé de la question et des débats auxquels elle donna lieu devant les tribunaux, sir John Davis rapporte qu'auparavant les héritages fonciers étaient soumis en Irlande, soit à la règle de *tanistry*, soit aux règles de *gavelkind*. Voici quel était le régime successoral connu sous le nom de *gavelkind*. Quand un propriétaire foncier, membre d'un *sept* irlandais, venait à décéder, le chef procédait à une répartition nou-

(1) *Introduction*, etc., p. cxliv.

velle de toutes les terres du *sept*. Il ne partageait pas entre les enfants du défunt le domaine de ce dernier; il en augmentait, au contraire, les lots des diverses familles dont se composait le *sept*. Les juges anglo-irlandais regardèrent à la fois le *tanistry* et le *gavelkind* comme des régimes successoraux tout à fait barbares et désavantageux. Je les étudierai plus tard à ce point de vue.

Mais tous les régimes successoraux sont intimement liés aux anciennes formes de la propriété. Ainsi dans la famille hindoue associée dans l'indivision, les *stirpes* ou souches, connues seulement du droit européen comme classes d'héritiers, forment les divisions actuelles de la famille et cohabitent ensemble dans des quartiers distincts de la résidence commune (1). Ce qu'on appelait en Irlande le *gavelkind* appartient à une classe d'institutions très fréquentes dans l'enfance du droit; c'est une mesure destinée à assurer une égalité relative entre les propriétaires associés d'un fonds commun. La distribution nouvelle des terres a donc lieu à la mort d'un chef de maison. Mais si l'égalité avait été garantie par un autre procédé dont le résultat est

(1) *Calcutta Review*, juillet 1874, p. 208.

le même, c'est-à-dire par une nouvelle répartition au bout d'un nombre fixé d'années, il serait sorti de là une institution qui n'a pas encore complètement disparu de l'Europe à cette heure et dont la tradition se retrouve dans toutes les anciennes contrées. Du reste, je suis sûr que lors de l'abrogation du *gavelkind* en Irlande, celui-ci ne formait pas avec le *tanistry* le seul régime successoral connu dans le pays. La loi qui dévolut la terre au fils aîné dut probablement abolir encore d'autres réglementations de la propriété et des successions.

C'est en observant certains usages agricoles, certaines méthodes de culture et des règles anormales de tenure que G.-L. von Maurer put rétablir la notion du *mark* germanique, et c'est en prenant pour guide la méthode de von Maurer, que Nasse a pu rassembler dans son ouvrage les données éparses dans une foule de documents anglais sur la *Communauté agricole au moyen âge* (1). Ce genre d'observation n'a pas été poussé assez loin en Irlande pour permettre, à mon sens, de formuler mûrement une opinion; mais la prédominance absolue des tenures en *rundale* dans certaines régions du pays semble à

---

(1) *Agricultural Community of the Middle Ages.*

coup sûr trahir une ancienne jouissance collective. Dans ce système, une superficie déterminée de territoire est occupée par un groupe de familles. Suivant l'usage maintenant le plus ornaire, les terres arables sont partagées, les pâturages et les tourbières restent communs. Mais on voyait souvent, il n'y a pas plus de cinquante ans, les terres arables divisées en fermes exploitées successivement par toutes les familles de tenanciers pendant une période déterminée qui ne dépassait pas le plus souvent une année. Alors même qu'une telle répartition n'avait pas lieu, on rencontrait encore quelquefois un débris bien connu de l'organisation du *mark* tel qu'il exista en Allemagne et en Angleterre : trois qualités différentes de terrain formant la partie arable des propriétés, et chaque tenancier possédant un lot ou des lots de chacune de ces espèces de terrain, sans égard à leur situation.

C'était en somme le même mode de tenure pratiqué encore récemment par les *Highlanders* écossais. Les familles composant les communautés de village à peine disparues des *Highlands* de l'ouest, procédaient périodiquement, je l'ai déjà dit, à une nouvelle répartition entre elles des terres du village. Dans la note importante de M. Skene sur les *Communautés de tribu en Ecosse* (1) (ajoutée au second volume de son édition de la Chronique de Fordun), j'ai signalé également cette appréciation que ce système de répartition périodique a été autrefois universel ou au moins largement usité parmi les Celtes d'Ecosse.

Il faut voir, si je ne m'abuse, dans les tenures irlandaises en *rundale*, non des formes de la propriété, mais des modes d'occupation. Il existe toujours une personnalité supérieure qui est légalement propriétaire de toute la terre dont dispose le groupe familial, et qui, en principe, pourrait modifier le système de tenure, bien qu'en fait les mœurs publiques eussent opposé à une pareille entreprise les plus grandes difficultés. Les genres archaïques de tenure n'en dénotent pas moins constamment, il ne faut pas l'oublier, d'anciennes formes de la propriété. Il en est ainsi dans les contrées où la suite naturelle des évènements a donné naissance au droit dominant de propriété, — acquisition de la terre des mains de petits propriétaires allodiaux, colonisation des terres incultes du village devenues avec le temps terres vagues du seigneur, ou bien, dans

---

(1) *Tribe Communities in Scotland.*

un état social plus primitif, conversion en *villenage* (1) de communautés entières de paysans, et par suite transformation de la théorie juridique de leurs droits. Mais ce serait se former une idée absolument fausse de ces changements successifs que de conclure de la reconnaissance d'un chef ou seigneur comme propriétaire légal du domaine entier de la tribu ou d'une grande partie de ce domaine, à une innovation introduite par lui dans les procédés accoutumés d'occupation et de culture, ou, comme quelques-uns semblent même le supposer, à une assimilation opérée par lui de ses paysans détenteurs aux preneurs ou tenanciers modernes. L'ancien type du droit de propriété servit sans aucun doute longtemps de modèle à la tenure ; les tenures coutumières, cessant d'exister en tant que propriété, se maintinrent comme occupation. S'il en fut ainsi dans d'autres contrées, à plus forte raison en Irlande, où la propriété a changé si souvent et si violemment de mains, où pendant des siècles les propriétaires du sol ne regardèrent pas et ne purent pas regarder les occupants comme affranchis de rentes et de rede-

(1) Tenure roturière dont les titulaires étaient des sortes d'*adscriptitii glebæ* (N. du T.).

vances, où enfin l'idée d'un propriétaire usant de son droit en vue d'améliorer son domaine ou d'en augmenter le rapport est encore toute moderne.

Le traité principal de droit brehon, lequel met en relief les droits réciproques de la tribu collective et de ses membres individuels ou des familles la composant, relativement à la propriété, s'appelle le *Corus Bescna* (1). Il offre de grandes difficultés. J'estime, avec les éditeurs, que les commentaires et les gloses contredisent et obscurcissent constamment le texte, soit parce que les commentateurs ne l'ont pas compris, soit parce qu'ils appartenaient à une époque postérieure et à un ordre différent de relations juridiques. C'est surtout la grande partialité dont le compilateur fait manifestement preuve en faveur des intérêts de l'Eglise, qui donne lieu aux plus sérieuses hésitations quand on étudie ce texte. Toute une partie du traité est en effet ouvertement consacrée aux règles de la propriété ecclésiastique et de l'organisation des maisons religieuses. Quand l'écrivain affirme que dans certains cas un membre de la

---

(1) On le trouve dans le troisième volume de l'édition officielle.

tribu peut concéder ou engager des terres tributives, ses tendances ecclésiastiques ne laissent pas que d'inspirer des doutes sur l'exactitude de cette théorie juridique. Entend-il par là que la terre peut être vendue d'une façon générale et à qui que ce soit, ou bien qu'elle ne peut être aliénée qu'en faveur de l'Eglise seulement ? Cette difficulté d'interprétation offre un intérêt tout particulier.

Je suis convaincu, quant à moi, que les recherches relatives à l'influence exercée par l'Eglise chrétienne sur le droit ont toujours été dirigées à faux, et que les historiens du droit ont tenu un compte trop incomplet de la diffusion des idées de libre contrat, de propriété individuelle et de succession testamentaire, opérée par elle dans les régions indépendantes de l'empire romain et peuplées par des communautés que rattachaient les unes aux autres le lien primitif de la consanguinité. Il est généralement reçu dans l'école que le clergé importa chez ces peuples l'usage du testament et du legs; les traités brehons me donnent à penser tout au moins qu'avec la sainteté des legs, il prêcha la sainteté des contrats; et c'est un fait bien connu que, dans les contrées germaniques, les sociétés ecclésiastiques étaient au nombre des plus importants et des plus anciens concessionnaires des terres publiques ou *folk* (1). Le testament, le contrat et la propriété privée étaient indispensables à l'Eglise, en tant que donataire de pieuses libéralités, et ce furent aussi les éléments essentiels et caractéristiques de la civilisation au sein de laquelle elle a atteint son entier développement. Le compilateur du *Corus Bescna* a peut-être été, comme il aurait pu l'être partout ailleurs qu'en Irlande, un ecclésiastique ; mais si c'était un jurisconsulte, il a écrit du moins comme un avocat exposant une affaire en faveur d'un client important et préféré. J'ajouterai que tous les écrivains brehons me semblent pencher vers la propriété privée. Nul doute qu'elle ne fut alors, comme toujours, la source principale des affaires juridiques, et elle leur a sans doute paru ce qu'elle était peut-être, l'indice du degré de civilisation auquel leur pays pouvait prétendre.

Je suis profondément convaincu, quant à moi, que le *fine*, dont les droits et la capacité forment le thème principal du *Corus Bescna*, et que les traducteurs rendent par *tribu*, n'est ni la tribu dans sa plus large extension, ni la famille moderne ou groupe de descendants d'un

---

(1) Stubbs, *Constitutional History*, I, p. 154.

ancêtre encore vivant, mais bien le *sept*. C'est une corporation de parents dont l'auteur commun n'existe plus, mais dont la filiation rattachée à ce dernier est une réalité et non un mythe ni une fiction. C'est la *famille associée* des Hindous, mais considérablement modifiée dans ses éléments essentiels par la vie sédentaire sur un territoire. Cet assemblage particulier ou cette corporation de parents par le sang, dont j'ai plusieurs fois déjà fait mention, est dû à la persévérance de l'union de la famille pendant plusieurs et même un nombre indéfini de générations. Suivant la règle qui prévaut dans la majeure partie du monde civilisé, les familles, pour toutes les relations juridiques, se ramènent aux individus ou se fractionnent en un certain nombre de nouvelles familles, à la mort du chef. Mais il n'en est pas nécessairement ainsi. Le groupe formé de ceux que nous appelons vaguement nos parents — frères, neveux, grands-oncles, oncles, cousins, ascendants et descendants — pourrait fort bien, après un certain nombre de décès, rester uni, non plus seulement par le sang et l'affection, mais par des droits et par des obligations réciproques reconnus ou sanctionnés par la loi. Le droit hindou offre un exemple bien connu de ce genre d'association dans la *famille associée dans l'indivision*, ou, pour employer l'expression technique, « associée pour la nourriture, le culte et la terre. » Si un Hindou devient la souche d'une famille, celle-ci n'est pas forcément dissoute par sa mort; ses enfants restent unis au point de vue juridique comme membres d'une confrérie, et il faut certains actes exprès de l'un ou de plusieurs des frères pour briser le réseau de leurs droits mutuels et opérer le partage du patrimoine domestique. Ainsi formée par la persistance de plusieurs générations à rester unies, la famille ressemble dans ses grandes lignes à un groupe bien connu de ceux qui ont étudié le vieux droit romain, celui des *agnats*. Etaient agnats tous ceux qui auraient été soumis à l'autorité patriarcale d'un ancêtre commun s'il avait assez vécu pour l'exercer. La *famille associée* des Hindous, c'est également cette réunion de personnes qui auraient participé aux mêmes sacrifices lors des funérailles d'un ancêtre commun s'il était mort durant leur vie. Ici le point de vue sacerdotal remplace simplement le point de vue juridique ou civil.

Autant que nous le permettent les conditions défavorables où nous place l'insuffisance de nos autorités, essayons de rechercher quels caractères légaux l'ancien droit irlandais attribue à cette confrérie de parents telle qu'elle existait en Irlande. D'abord, et avant tout, la *tribu* des traités brehons est une unité corporative, organique, autonome. « La tribu subsiste par elle-même (1). » Sa continuité a d'abord dépendu de la terre qu'elle occupait; « la terre, » dit l'un des traités encore inédits, « est un homme qui ne meurt pas. » Mais ce n'était pas un corps simplement propriétaire du sol; elle avait « du mobilier vif et du mobilier mort, » distinct de celui des membres individuels de la tribu (2). Ce n'était pas non plus une corporation exclusivement agricole; elle pouvait exercer un art professionnel (3). Une partie du domaine tributif, probablement les terres arables et les meilleurs pâturages, avait été distribuée entre des familles distinctes, mais la confrérie entière exerçait sur ces allotements un droit de contrôle, et la règle première et fondamentale était que ces familles devaient garder intactes leurs parts des terres tributives. « Tout membre de la tribu est autorisé à prendre son lot de terre; il ne l'est

---

(1) *Ancient laws of Ireland*, II, 283.
(2) *Ibid.*, 289.
(3) *Ibid.*, III, 49-51.

pas à le vendre, à l'aliéner ou le distraire, ou à le donner en paiement de ses crimes ou de ses obligations (1). » « Personne ne doit laisser sa terre ou sa tribu grevée d'une rente qu'il n'y a point trouvée (2). » « Celui-là est riche, qui conserve sa terre dans l'état où il l'a acquise, qui ne la laisse pas chargée de plus de dettes qu'il ne l'a trouvée (3). »

Dans certains cas, les membres de la tribu pouvaient aliéner par donation, contrat ou legs, une partie de la terre qui composait leurs lots; mais dans quelles quantités et en quels cas? les règles sur la matière sont trop obscures et contradictoires pour permettre de rien préciser à cet égard. Le cessionnaire originairement visé est certainement l'Eglise, encore qu'on retrouve clairement un pouvoir général d'aliéner, soit du consentement de la confrérie tributive tout entière, soit sous l'empire d'une pressante nécessité. Il semble en outre avoir été hors de controverse qu'un membre de la tribu eût, relativement à la propriété qu'il s'était acquise, une capacité de disposer beaucoup plus étendue qu'à l'égard

---

(1) *Ancient laws of Ireland*, II, 283.
(2) *Ibid.*, III, 52, 53.
(3) *Ibid.*, III, 55.

de la propriété qui lui était dévolue de son chef en tant que membre de la tribu, et qu'il eût plus de droits sur les acquisitions réalisées à l'aide des revenus exclusifs de sa profession que sur celles effectuées au moyen des profits résultant de la culture de la terre tributive. « Personne ne peut céder la terre autrement que telle qu'il l'a acquise lui-même, si ce n'est du consentement commun de la tribu (1). » « Celui qui n'a pas vendu ou acheté (c'est-à-dire qui conserve sa terre telle qu'il l'a reçue) est autorisé à faire des dons, chacun suivant sa condition (c'est-à-dire, comme l'explique le commentateur, jusqu'à concurrence du tiers ou de la moitié de sa terre). Celui qui ne vend ni n'achète, peut donner jusqu'au tiers de sa part en cas de petite nécessité, et jusqu'à la moitié en cas de grande nécessité (2). » « Si c'est la terre qui en devient acquéreur, c'est la moitié…, si c'est un homme de métier, c'est les deux tiers de ses marchés (3). »

La distinction entre la propriété acquise et la propriété héritée ou reçue de parents, et le droit

---

(1) *Ancient laws of Ireland*, III, 52, 53.
(2) *Ibid.*, III, 47.
(3) *Ibid.*, III, 49.

plus étendu de disposition quant à la première, se rencontre dans plusieurs corps anciens de droit, et entre autres dans l'ancien droit anglais. On retrouve dans maintes dispositions du droit hindou la règle que les aliénations, en principe illicites, peuvent avoir lieu seulement en cas de nécessité pressante. Celle qui exige le consentement de la confrérie tout entière pour les aliénations, de même que plusieurs autres menues règles de cette partie du droit brehon, figure constamment dans les coutumes des communautés de village indiennes et russes. D'autre part, l'obligation de suivre des procédés communs de culture, transmise par ces communautés, qui ont longtemps existé dans les régions germaniques, est classée par le *Corus Bescna*, au même titre que le mariage, parmi les institutions fondamentales du peuple irlandais (1).

Mais les analogies les plus frappantes et les plus inattendues offertes par le droit brehon en ce qui touche la tribu et ses membres sont celles par lesquelles il se rapproche du droit hindou concernant les *familles associées dans l'indivision*. Suivant la législation des brahmanes, quand un des membres d'une *famille associée* doit à sa

---

(1) *Ancient laws of Ireland*, III, 17.

science personnelle ou à la pratique d'un art libéral d'être devenu propriétaire, sa propriété ne tombe pas dans la communauté, à moins qu'il n'ait reçu ses connaissances ou son talent de l'éducation que sa famille lui a donnée directement ou à ses frais. Un procès curieux, soutenu devant la haute Cour de Madras par une *famille associée* qui revendiquait les gains d'une danseuse, a permis de bien connaître l'ensemble du droit sur cette matière (1). L'arrêtiste résume ainsi la décision de la Cour : « Les revenus ordinaires tirés du savoir sont divisibles (c'est-à-dire font partie de la masse partageable dans un patrimoine indivis) quand les frais de l'instruction ont été à la charge de la famille, et que celle-ci a pourvu à la subsistance de l'étudiant pendant la durée de ses études. Il en est autrement si les frais d'éducation ont été supportés par des personnes étrangères à la famille de l'étudiant. » L'ancien droit irlandais reproduit la règle indienne avec son exception : « Si (le membre de la tribu) exerce une profession, c'est-à-dire si la propriété est acquise au moyen des revenus d'une judicature ou de l'art lyrique ou de tout autre profession — il peut en

---

(1) *Madras High Court Reports*, II, 56.

donner les deux tiers à l'Eglise…, mais si c'est la profession légale de sa tribu, il ne donnera des bénéfices de sa profession qu'exactement ce qu'il pourrait donner de la terre de sa tribu (1). »

On voit, par les exemples précédents, que les règles du droit brehon sur la capacité dévolue aux membres individuels de la tribu d'*aliéner* leur propriété privée, correspondent aux règles du droit hindou sur la capacité propre aux membres individuels d'une *famille associée* de *jouir* de leur propriété personnelle. La distinction est importante. Le droit hindou déclare que la jouissance collective par la confrérie entière est la règle, et traite comme une exception la jouissance de la propriété privée par les frères pris individuellement, — exception, faut-il ajouter, autour de laquelle rayonnent actuellement une foule de règles juridiques. D'autre part, le droit brehon, autant qu'on peut le comprendre, ne me paraît conciliable qu'avec l'hypothèse d'un droit de propriété individuelle né et parvenu à une certaine stabilité au sein de la tribu. L'exercice de ce droit est en même temps limité par le contrôle attribué à la con-

(1) *Corus Bescna* (*Ancient laws of Ireland*), III, 5.

frérie collective des membres de la tribu, auxquels, comme aux *agnats* de Rome, certain droit suprême de succession paraît être réservé. L'unité légale en Irlande n'est donc pas précisément la *famille associée* ; à s'en rapporter au droit brehon, elle comporte beaucoup moins de ce « communisme naturel » qui caractérise l'institution hindoue. Nos traités parlent constamment du *fine* en le rapprochant de la propriété foncière, et toutes les fois qu'il s'en rapproche ainsi, c'est, j'imagine, qu'il a subi quelques-unes de ces transformations qu'amène toujours la possession du sol. Je me le représente alors, en ce cas, comme un *mark* ou une *communauté de village* au sein desquels les idées propres au groupe originel d'où elles émanent, la *famille associée*, ont persisté avec une exceptionnelle énergie. Sous ce rapport, il est plutôt analogue au type russe qu'au type indien de la *communauté de village*.

Les *Jugements de cotenure* forment un traité de droit brehon encore inédit, qui présente, en son état actuel, des difficultés considérables d'interprétation. Il pose, dès le début, cette question : « D'où provient la cotenure ? » Et la réponse est : « De plusieurs héritiers et de leur multiplication sur le sol. » Le traité part de là pour exposer que la terre doit être cultivée la première année par les parents comme bon semble à chacun, que la seconde année ceux-ci doivent échanger leurs lots, que dans la troisième les bornes doivent être posées, et que le cours entier de l'appropriation individuelle doit être parfait dans les dix ans. Ce n'est pas, selon moi, une conjecture hasardée d'estimer plus digne de foi le genre de transformation dont il est question que le temps fixé pour chacune de ses phases. La période de dix ans assignée à la transition complète de la propriété collective à la propriété individuelle me paraît de beaucoup trop courte et difficile à concilier avec d'autres témoignages d'origine irlandaise, et je serais porté à croire que le légiste brehon, attaché comme toute sa classe à l'institution de la propriété individuelle, dépeint plutôt une organisation idéale qu'un ordre de choses actuellement existant. Toutefois, en le supposant effectué dans un espace e temps beaucoup plus long, le progrès qu'il etrace concorde réellement avec tout ce que l'on ait de l'origine et des progrès des communautés gricoles. C'est d'abord une *famille associée* comosée de « plusieurs héritiers se multipliant sur e sol, » qui a formé un établissement sédenaire. Dans la phase la plus reculée, les diverses maisons revendiquent la terre sans obéir à des règles déterminées. Puis vient le procédé d'échange des lots. Enfin, toutes les parcelles du sol deviennent l'objet d'une appropriation individuelle.

La littérature proprement dite de l'Irlande ne fournit que de très rares renseignements sur l'ancienne propriété et l'ancienne jouissance collective. Je dois à l'obligeance de mon ami, M. Whitley Stokes, deux fragments ayant trait à ce sujet. Le *Liber Hymnorum*, qu'on croit dater du XIe siècle, contient (folio 5 A) le passage suivant : « Nombreux étaient les humains en Irlande à cette époque (celle des fils d'Aed Slane, 658-694), et tel en était le nombre, qu'ils accoutumèrent de n'attribuer pas plus de trois fois neuf billons à chaque homme en Irlande, à savoir, neuf en tourbière et neuf en plaine (terre arable), et neuf en bois. » Un autre manuscrit irlandais qu'on date du XIIe siècle, le *Lebor na Huidre*, rapporte qu'« il n'y avait pas de fossé, ni de barrière, ni de mur de pierres autour des terres jusqu'à l'époque des fils d'Aed Slane, mai (seulement) des champs tout d'une surface. cause de l'abondance des familles à leur époque ils introduisirent le bornage en Irlande. » Ce curieux fragments ne prouvent évidemmen qu'une chose : c'est qu'à l'époque où ils ont été écrits, on assignait à telle ou telle époque, en Irlande, le passage du mode collectif au mode privé de jouissance, et qu'il existait une tradition relative à la date de cette transformation. Mais il est instructif de les voir tous deux l'attribuer au développement de la population, et un intérêt spécial s'attache à la mention faite par le *Liber Hymnorum* d'une distribution plus récente des terres qui est censée survenir après un ordre de choses plus ancien. L'allotement périodique de chaque maison en une fraction déterminée des terres noyées, boisées et arables présente une étroite analogie avec l'apportionnement en pâturages, bois et terres arables encore pratiqué de nos jours dans les usages communaux des *Allmenden* de la Suisse (1) et qui est indubitablement un reste de l'ancienne constitution de certains cantons suisses, comme les *centuries* teutoniques.

Partout où elle s'est dégagée de la dissolution graduelle des anciennes communautés agricoles, la propriété foncière offre plusieurs caractères essentiels qui la distinguent du genre de pro-

---

(1) Voy. de Laveleye, *La propr. et ses formes primitives*, chap. XVIII.

priété terrienne si familier aux Anglais et à la race anglaise. Le rayon étendu dans lequel cette dernière forme de la propriété se montre exclusive ou dominante est actuellement plus vaste que jamais, grâce à la diffusion de celle-ci dans toute l'Amérique du Nord, sauf le Mexique, et dans toutes les contrées fondées dès l'origine par les Anglais. Néanmoins, l'habitude à peu près exclusive que nous en avons nous porte, je crois, communément à nous en exagérer la prédominance dans le monde et même dans l'Europe occidentale. Elle est née non de l'autorité déclinante de la tribu sur les biens privés de ses membres, mais de l'autorité toujours croissante du chef, d'abord sur son propre domaine et sur ses terres *en charte* (1), ensuite sur les terres de la tribu. L'histoire des premiers progrès du pouvoir du chef intéresse ainsi au plus haut point celle de la propriété foncière. Je m'y arrêterai avec détails dans les chapitres suivants. Pour le moment, je dirai seulement quelques mots des transformations qu'on observe dans le pouvoir patriarcal au sein des groupes d'hommes unis

---

(1) *Booked land.* Ce terme désigne un ancien mode de tenure suivant lequel la terre était concédée en vertu d'une charte, moyennant certaines rentes ou services nobles (N. du T.).

par les liens du sang et appartenant sans contéste aux communautés aryennes.

Partout où on la voit commencer dans ces communautés, la *famille associée dans l'indivision* dérive de la famille patriarcale, groupe de descendants naturels ou adoptifs unis par leur dépendance à l'égard du plus âgé des ascendants vivants, père, grand-père ou bisaïeul. Quelles que soient en la forme les prescriptions de la loi, le chef de ce groupe est toujours en fait un despote, objet d'un respect, sinon toujours d'une affection, dont le fondement est probablement plus solide que toute institution positive. Mais dans les agrégations plus extensives de parents qui constituent la *famille associée*, l'aîné mâle de la plus ancienne des lignes n'est jamais le parent de tous les membres, ni nécessairement le plus âgé d'entre eux. Pour beaucoup, ce n'est qu'un parent éloigné, et il est possible que ce ne soit qu'un enfant. Le sentiment du droit patriarcal ne s'efface pas dans de pareils groupes. Chaque père ou grand-père a plus d'autorité que tout autre sur sa femme, ses enfants, ses descendants. C'est, pour ainsi dire, un article de foi que le sang de la confrérie est plus authentique et plus pur dans une certaine ligne que dans les autres.

Chez les Hindous, l'aîné mâle de cette ligne,

s'il a la maturité d'esprit nécessaire, reçoit habituellement la gestion des intérêts de la *famille associée;* mais partout où l'institution subsiste dans son intégrité, il n'est pas pour cela un *paterfamilias* ni le propriétaire du patrimoine de la famille, mais simplement l'administrateur de ses intérêts, le régisseur de ses domaines. Ne l'estime-t-on pas apte à remplir ces fonctions ? un parent plus capable est élu à sa place, et, de fait, plus longtemps la *famille associée* demeure unie, plus souvent l'élection fonctionne aux dépens de la naissance. Le chef ou régisseur des *communautés domestiques* slaves, — qui sont beaucoup plus artificielles que la *famille associée* hindoue, — est notoirement un représentant électif, et l'on a des exemples d'un conseil de parents appartenants à la ligne aînée des descendants, substitué à un administrateur unique.

Cette évolution est produite par la transformation graduelle du patriarcat en principat. La règle générale, c'est que le chef est élu, mais de préférence dans la branche aînée. Quelquefois un conseil déterminé de proches parents l'assiste; d'autres fois ce conseil prend sa place. En somme, là où la corporation de parents formée sur le type de la *famille associée* est une institution purement civile, on est plus porté à faire bon marché des droits du sang; mais dans l'état social où la confrérie n'est pas une confraternité purement civile, mais bien un groupe politique, militant, subsistant par lui-même, des exemples encore debouts nous montrent l'action d'influences différentes et nous font voir le chef regagnant quelquefois, comme chef militaire, plus de privilèges que ne lui en a fait perdre l'affaiblissement des traditions qui le rattachaient à la souche commune de toute la parenté. Toutefois, la véritable autorité patriarcale renaît dès que le développement d'un groupe s'arrête et que l'une des confréries se constitue à l'écart des autres. L'Hindou qui se sépare d'une *famille associée* — procédé que lui rend très facile la loi telle qu'elle est interprétée par les tribunaux anglais — acquiert bien plus d'autorité sur sa famille, dans le sens que nous attachons à ce mot, qu'il n'en avait comme membre de la grande confrérie. De même, dans la *famille associée* ou dans la *communauté de village* en plein développement, à mesure que la petite société devient plus nombreuse, que le village prend de l'extension, que l'habitude de vivre dans des demeures distinctes se répand, que la terre plutôt que la commune lignée tend à être considérée comme le ciment qui unit la confrérie, chaque homme se trouve investi en pratique, dans sa propre maison, d'un pouvoir patriarcal plus puissant sur sa femme, ses enfants et ses serviteurs. Mais alors, le membre séparé de la *famille associée* ou le chef de la maison individuelle dans la *communauté de village* devient lui-même la souche d'une nouvelle confrérie, à moins que ses enfants ne brisent volontairement après sa mort l'union de la famille. Ainsi toutes les branches du genre humain peuvent ou non provenir de *familles associées* issues à l'origine du régime patriarcal ; mais partout où la *famille associée* apparaît comme une institution aryenne, on la voit naître de ce régime, et donner à son tour naissance, quand elle se dissout, à un certain nombre de familles patriarcales.

CHAPITRE V.

LE CHEF ET L'ARISTOCRATIE.

Rien ne me paraît plus clairement démontré par de récentes recherches que la nécessité d'envisager séparément la tribu et le chef de la tribu comme sources distinctes d'institutions positives. Les généalogies s'enchevêtrent constamment, mais chacune en fin de compte remonte à un point de départ propre et indépendant. Si j'avais à appliquer cette donnée à l'histoire politique, je me bornerais à répéter beaucoup de ce qui a été dit par M. Freeman dans son excellent livre sur la *Politique comparée* (1). Mais, me renfermant dans l'histoire des institutions privées, j'engagerai ceux qui désirent pénétrer les origines de la propriété foncière à garder

---

(1) *Comparative Politics.*

soigneusement le souvenir de la distinction que je viens de poser. Ce sujet a été beaucoup obscurci par l'habitude, empruntée aux vieux auteurs du droit féodal, de passer systématiquement sous silence ou de dénaturer toutes les formes de la propriété qu'ils ne pouvaient expliquer suivant leurs principes, et jusqu'ici quelques règles de tenure ont seules fait voir directement la vérité.

La propriété foncière connue des races aryennes a eu, on peut néanmoins le soutenir aujourd'hui sans témérité, une double origine : d'une part, la séparation des droits individuels des parents ou des membres de la tribu d'avec les droits collectifs de la famille ou de la tribu; d'autre part, le progrès et la transformation de la souveraineté du chef de tribu. Les phénomènes dus à cette double évolution sont pour moi faciles à distinguer les uns des autres. La souveraineté du chef et l'appropriation de la terre par la famille ou la tribu passèrent toutes deux au creuset de la féodalité dans presque tout l'Occident européen ; mais elles reparurent, la première, dans certains caractères très tranchés des tenures militaires ou de chevalerie, et la dernière dans les règles principales des tenures non nobles, notamment du *socage*, tenure distinctive du franc-fermier. La condition du chef se retrouve en partie dans le droit d'aînesse, qui a cependant perdu depuis longtemps sa plus ancienne forme; dans le droit de percevoir certaines redevances et d'exercer certains monopoles, et enfin dans un genre singulièrement absolu de propriété dont jadis le chef seul — et plus tard le seigneur — avait la jouissance sur la portion du territoire tributif qui formait son domaine personnel. D'un autre côté, plusieurs systèmes successoraux — parmi lesquels l'égale division de la terre entre les enfants — sont issus de la propriété collective de la tribu aux diverses phases de sa décadence, genre de propriété qui a laissé également des traces d'une autre nature, mais plus rares, dans une foule de règles coutumières minutieuses sur l'agriculture et quelquefois sur la distribution des produits agricoles.

Les destinées de ces deux ordres d'institutions en Angleterre et en France me semblent fort instructives. J'ai souvent insisté sur le caractère erroné de l'opinion qui fait dater de la Révolution, de la vente des biens ecclésiastiques et de ceux des émigrés, l'extrême morcellement du sol en France. Un écrivain — j'allais dire universellement lu — mais du moins aussi souvent cité que s'il était en effet universellement lu, Arthur Young, signale ce morcellement, à l'aurore même de la Révolution française et immédiatement après son avènement, comme le trait saillant qui distinguait la France de l'Angleterre. « Ce que nous voyons en Angleterre, » dit-il, « ne peut nous donner une idée de l'abondance des petites propriétés en France, c'est-à-dire des petites fermes appartenant à ceux qui les cultivent (1). » Il estime qu'elles occupent plus du tiers du royaume — proportion bien vaste quand on considère l'étendue des terres ecclésiastiques en France ; mais de récentes recherches, faites en France même, ont donné lieu de penser que la proportion réelle était encore bien plus large, et que la petite propriété augmentait au lieu de diminuer, grâce à la prodigalité que favorisait chez la noblesse la vie de cour et qui l'obligeait à vendre ses domaines par parcelles au paysan. Cette division du sol résultait clairement, aux yeux de Young, de quelque règle légale ; aussi, en désaccord complet avec les chefs du parti révolutionnaire qui espéraient la pousser encore plus loin, déclarait-il qu'« il fallait voter une loi qui rendît illicite tout morcellement inférieur à un certain nombre d'arpents. »

---

(1) *Travels in 1787, 1788 and 1789*, p. 407.

Il semble avoir échappé à tout le monde que l'égalité ou la quasi-égalité du partage après décès formait en France la règle générale. Le droit d'aînesse était exceptionnellement appliqué et n'était guère en vigueur qu'à l'égard des terres en tenure de chevalerie. Dans le midi de la France, où la coutume du partage égal était renforcée par la règle identique du droit romain, il fallait, pour sauvegarder les privilèges du fils aîné, recourir aux règles exceptionnelles dont cette législation accorde le bénéfice aux *milites* ou soldats sous les armes, pour la confection de leur testament ou le règlement de leur succession, et soutenir que tout chevalier, tout noble de haut rang était un *miles* dans la pensée des jurisconsultes romains. Les deux systèmes successoraux et les deux formes de propriété subsistaient côte à côte, et des personnes encore vivantes il n'y a pas bien longtemps auraient pu témoigner des haines violentes qu'attisaient leur coexistence et leur antagonisme. Une grande part des terres tenues par les laïques appartenaient aux paysans et se transmettaient par succession suivant le principe du partage égal ; mais les droits seigneuriaux passaient successivement aux fils aînés à l'exclusion des autres. Ce n'était pas néanmoins le droit d'aînesse en vigueur dans les successions nobles qui formait le réel grief; il ne le devint que sous l'influence des sentiments particuliers préconisés par Rousseau.

J'ai placé au second rang le legs, vraiment vexatoire cette fois, fait aux privilèges seigneuriaux par la souveraineté tributive. Le droit de percevoir des redevances féodales et d'exercer de petits monopoles, presque éteint actuellement en Angleterre, grâce aux mesures prises par la commission du *copyhold*, avait perdu, longtemps avant la fin du siècle dernier, toute importance sérieuse pour la classe qui en était investie; mais M. de Tocqueville a exposé, dans son livre sur l'*Ancien Régime* (1), comment ce fut la source presque unique des revenus dont jouissait la majorité de la noblesse française. Outre leurs droits féodaux, un certain nombre de nobles avaient leurs terres, leurs domaines, souvent d'une étendue considérable, leur appartenant en absolue propriété. Les membres les plus opulents de cette classe fermée, les *grands*, qui apparaissent si souvent dans l'histoire de la cour des rois de France, et qui, hors même de la cour, étaient de beaucoup les plus respectés et les plus aimés de leur ordre, formaient, au point

(1) I, 18.

de vue du droit, la contre-partie des propriétaires terriens anglais. Le reste de la noblesse vivait entièrement, non de ses rentes, mais de ses redevances féodales, et subvenait à sa maigre subsistance en servant le roi sous les drapeaux. Le sentiment de la propriété foncière vivait donc, non parmi la noblesse, mais chez le paysan; celui-ci regardait du même œil qu'un impôt lourdement oppressif l'exercice des droits seigneuriaux. Ce sentiment constitue maintenant encore en France, à certains moments, une force politique, et l'on sait que le prélèvement de dîmes en nature a été l'objet dans ce pays d'une répulsion semblable, quoique moins accentuée. C'est un fait digne de remarque, que là où la propriété est reconnue sans conteste comme le droit exclusif d'un détenteur supérieur, on a pu exiger des tenanciers inférieurs une redevance, même exagérée, sans exciter, sauf en de très rares exceptions, des rancunes aussi haineuses.

Le changement introduit en France par la Révolution fut donc celui-ci : le droit terrien du peuple remplaça celui des nobles. En Angleterre, le mouvement a suivi une marche inverse, et le résultat en est sensiblement en harmonie avec beaucoup d'autres dont l'histoire d'Angleterre fournit l'exemple. Le régime nobiliaire est devenu, dans tous ses détails essentiels, le régime populaire. Le droit d'aînesse, jadis uniquement appliqué aux tenures de chevalerie, en est venu à régir la masse des tenures anglaises, à l'exception du *gavelkind* de Kent, et d'autres dont l'importance est purement locale. Cette phase de l'évolution remonte à une époque reculée, et les circonstances qui l'ont accompagnée restent enveloppées d'une grande obscurité. Nous n'en savons guère avec certitude qu'une chose, c'est qu'elle s'opéra rapidement entre l'époque où écrivait Glanville et celle où écrivait Bracton. Glanville, qui n'est probablement pas antérieur à la trente-troisième année du règne de Henri II (1), s'exprime de manière à faire croire qu'en vertu d'une règle juridique générale, les terres tenues en *socage* par de francs cultivateurs devaient être l'objet d'un partage égal entre tous les enfants mâles, à la mort du dernier propriétaire. Bracton, qu'on ne peut guère placer au delà de la cinquante-deuxième année du règne de Henri III (2), laisse entendre que le droit d'aînesse s'appliquait toujours aux tenures militaires et habituellement aux tenures en *socage*.

(1) 1186 (N. du T.).
(2) 1267 (N. du T.).

Une autre phase du progrès ne s'est accomplie que de nos jours. Peu d'Anglais ont peut-être distingué aussi clairement qu'un récent écrivain français (1), dans la transformation de la propriété coutumière et du *copyhold* en *freehold* ou franc-tenure, amenée depuis quarante ans par les efforts de la commission de *copyhold* et d'enclosement, le redressement pacifique et insensible d'un grief, qui plus que tout autre donna lieu à la Révolution française et s'opposa au retour de l'ancien régime. Mais longtemps avant qu'il n'y eût une commission de *copyhold*, la grande masse de la propriété foncière avait revêtu en Angleterre des signes caractéristiques qui la distinguaient profondément de la propriété du paysan sur le continent, telle qu'elle existait avant d'avoir subi l'influence du code civil ançais et qu'elle est organisée encore dans cer- aines contrées. Cette dernière forme de la pro- riété éprouvait presque partout des restrictions mposées par la nécessité de cultiver le sol d'une anière déterminée, et ne pouvait parvenir à pposer un obstacle aux droits réservés par les ois de succession aux enfants et à la veuve du

---

(1) Doniol, *La Révolution française et la féodalité*. Voir surout sur le *copyhold* les chapitres VII-IX du livre III (N. du T.).

propriétaire. On peut encore reconnaître çà et là, dans les coutumes de certains manoirs anglais, les traces d'un genre analogue de propriété, probablement très répandu autrefois. Je persiste dans l'opinion que j'émettais il y a quelques années : l'idée moderne que nous nous formons en Angleterre de la propriété absolue du sol dérive réellement de la propriété spéciale dont jouissait le seigneur, et avant lui le chef de tribu, sur son propre domaine. Ce n'est pas le lieu d'entamer une discussion sur les réformes qui me paraissent désirables pour rendre le sol de l'Angleterre aussi librement échangeable que l'exige la théorie généralement admise aujourd'hui ; mais je n'en considère pas moins ce pays comme voué au principe de la propriété privée et absolue. Tout ce que l'on connaît de l'histoire du droit porte, je crois, à conclure qu'il ne peut y avoir de progrès matériel vers la civilisation si la propriété foncière n'est aux mains de groupes au moins aussi petits que la famille. C'est à la forme anglaise, particulièrement absolue, de la propriété, qu'est dû, je le rappelle de nouveau, le succès admirable de la mise en culture du sol de l'Amérique du Nord.

Avant de montrer quelle lumière nouvelle les anciennes lois de l'Irlande projettent sur l'état primitif des institutions dont je viens de parler, je me permettrai de donner un avertissement relatif aux théories des écrivains irlandais modernes sur les rapports originels de la tribu irlandaise avec son chef. Ce sujet a malheureusement subi l'influence des idées dominantes dans la récente histoire agraire de l'Irlande. D'une part, certains argumentateurs ont cru servir la cause du patriotisme, en soutenant que la terre de chaque tribu lui appartenait d'une façon absolue, formait sa commune propriété, et que le chef était un simple officier administratif récompensé, par une part de terrain un peu plus considérable que celle des autres et à lui départie comme domaine, des services qu'il rendait en distribuant équitablement le territoire entre les membres de la tribu. D'autres écrivains, au contraire, ne professant pas peut-être une grande sympathie à l'endroit du peuple irlandais, ont donné à entendre qu'il avait toujours été cruellement opprimé par ses supérieurs, et probablement par ses chefs naturels plus que par tous autres. Ces auteurs invoquent comme décisives les preuves de l'oppression exercée par les chefs puisées dans les ouvrages des publicistes anglais qui se sont occupés de l'Irlande. Edmond Spenser et sir John Davis ne pouvaient, selon eux, avoir uniquement l'intention de calomnier l'aristocratie indigène de ce pays quand ils déclaraient en termes énergiques que « les chefs n'ont pas honte d'exiger de leurs tenanciers des rentes *extorsives* (1), » et quand ils parlaient avec une véhémente indignation des exactions souffertes par les membres de la tribu, de ces *festoiements* (2), de ces *numéraire et fournitures* qui reviennent sans cesse sous leur plume. Enfin, une troisième école, toute différente de celles-ci, compte parmi ses membres les plus savants Irlandais de notre temps. La thèse qui fait de la terre le domaine commun de la tribu froisse leur susceptibilité comme imputant à l'ancienne Irlande cet état de barbarie profonde que caractérise l'absence de la propriété privée. Ils prétendent trouver partout dans le droit brehon les traces d'une propriété individuelle jalousement

---

(1) Il n'y a guère que ce barbarisme pour rendre littéralement le terme anglais *rackrent* (*rack*, « roue, » « chevalet, « instrument de torture par distension »). C'était, selon Blackstone, une rente annuelle égale, ou à peu près, à la valeur brute annuelle du tènement, rente vexatoire et ruineuse par conséquent (N. du T.)

(2) *Coshering* ; — de l'Irland. *cosair*, « fête, » « banquet, » droit qui appartenait au seigneur de vivre et de se régaler chez ses tenanciers et aux frais de ceux-ci. (N. du T.).

conservée; ils représentent surtout le vasselage que ce droit attribue aux membres de la tribu à l'égard du chef, comme quelque chose d'analogue à la tenure moderne pour ceux-là, à la propriété moderne pour celui-ci ; ils disent que les rapports du seigneur et des tenanciers étaient réglés par des clauses protectrices et bienveillantes, et ils accusent de la décadence de cette institution, comme de tous les malheurs de l'Irlande, la cupidité et l'ignorance des Anglais. La noblesse normande, qui s'établit d'abord en Irlande, ayant pris, on le sait, avec le temps, le gouvernement des tribus irlandaises, ils supposent qu'elle fut la première à oublier ses devoirs envers ses tenanciers pour ne penser qu'à ses privilèges, hypothèse qui n'a rien d'ailleurs d'invraisemblable. Qu'un colon anglais de l'Inde y achète de la terre, il passera pour un seigneur terrien plus dur que les *zemindars* (1) indigènes, ses voisins, non parce qu'il vise à être plus sévère (en fait, dans bien des cas, il est de beaucoup moins exigeant et plus généreux), mais parce qu'il est habitué à un ordre de choses plus strict et ne peut s'accoutumer à la nature indécise et irré-

(1) Feudataires qui détiennent le sol avec la faculté de le sous-affermer (N. du T.).

gulière des relations existant entre le propriétaire et le tenancier indigènes.

Je ne puis entièrement souscrire à aucune de ces théories sur le chef et la tribu. Chacune d'elles me semble renfermer une partie de la vérité, mais non la vérité tout entière. Pris dans son ensemble, le système agraire qui se reflète dans le droit brehon, repose pour moi sur l'appropriation primitive de la terre tributive par la tribu elle-même. Quant au chef, il paraît remplir, en effet, certaines obligations administratives envers cette terre dont une portion déterminée lui était allotie dans le voisinage de sa résidence ou forteresse, pour l'entretien de sa famille et de ses parents. Ce n'est pas tout. Cette organisation, que le droit brehon nous a dévoilée, n'est pas immuable, mais changeante, progressive, susceptible de se désagréger en unités intégrantes et de se reconstituer à nouveau. Même à s'en tenir aux textes en apparence les plus antiques, une grande partie du territoire de la tribu paraît avoir été aliénée d'une façon permanente à des sous-tribus, à des familles ou à des chefs inférieurs; les gloses et les commentaires démontrent que, bien avant leur rédaction, ce procédé était en vigueur. Quelles qu'aient été, en outre, la dignité et l'autorité originelles du chef, elles grandissent incontestablement, non seulement par le fait de l'introduction d'idées et de principes étrangers, mais encore sous l'empire de causes naturelles plus ou moins efficaces dans toutes les contrées de l'Europe. Le caractère général de ces causes est presque absolument le même que celui des causes qui agissent dans les pays germaniques. La puissance du chef grandit d'abord sous l'influence du procédé appelé ailleurs *recommandation*, par lequel le membre libre de la tribu devient *son homme* et passe à un état de dépendance comprenant divers degrés. Elle augmente encore davantage par son autorité toujours croissante sur les terres vagues du territoire tributif et par les colonies serviles ou quasi-serviles qu'il y implante. Elle s'accroît, enfin, par la force matérielle qui lui vient du grand nombre de ses clients et associés, dont la plupart sont avec lui dans les termes d'une dépendance plus ou moins étroite. Mais le droit brehon nous apprend quelque chose de nouveau et d'étonnant sur le cours particulier de ces développements et sur leur nature intime. Il nous fournit des notions entièrement neuves sur le passage des sociétés de la féodalité embryonnaire à la féodalité parfaite, et nous aide à en compléter l'exposé fait d'après les sources germaniques. C'est en quoi consiste surtout, à mon avis, son principal intérêt.

Avec la dignité de chef de tribu commence l'histoire primitive de l'aristocratie et de la royauté modernes. Ces deux grandes institutions ont, en effet, à l'origine la même histoire, et le monde occidental porta longtemps la marque de leur identité première. Le *manoir*, avec ses tènements entre les mains des francs-tenanciers du seigneur, avec son domaine dépendant immédiatement de lui, fut le type de toutes les souverainetés féodales sous leur forme définitive, soit que le maître reconnût un supérieur, soit au moins qu'il en admît un dans le Pape, l'Empereur ou Dieu lui-même. Dans tout comté, duché ou royaume, il y avait de grands tenanciers relevant directement du souverain et se tenant avec lui sur le pied d'une sorte d'égalité; il y avait aussi un domaine placé sous le gouvernement plus immédiat du chef et mis plus entièrement à sa disposition. Il n'est pas de sujet plus obscur et plus difficile que l'origine de la classe dont le pouvoir fut la clé de voûte de tout cet édifice politique et économique, et dans aucun les additions, même les plus modestes, à nos connaissances, ne sont les mieux venues.

Certaine théorie sur la condition primitive

des classes privilégiées, déjà très compromise, malgré l'érudition de ceux qui la soutiennent, par de récentes investigations opérées en Allemagne, me paraît bien plus ébranlée encore par quelques textes du droit brehon. Elle repose sur l'idée que l'aristocratie a toujours formé, comme de nos jours, une classe ou section distincte de la communauté, chacun de ses membres entretenant avec les autres des relations plus étroites qu'avec le reste de la nation ou de la tribu à laquelle tous appartiennent. Les plus vieilles aristocraties modernes offrent incontestablement, en effet, cet aspect particulier, sitôt qu'elles se dessinent dans l'histoire. « La différence entre l'*eorl* et le *ceorl*, » dit M. Freeman (1), « est un fait primordial d'où il faut partir (2). » Tacite distingue expressément le noble du non-noble parmi les hommes libres des sociétés germaniques qu'il étudie, et César, comme je l'ai fait remarquer dans un précédent chapitre, divise toutes les tribus celtiques du continent en deux fractions, les *equites* et la *plebs*. Un spec-

---

(1) *Norman Conquest*, I, 88.
(2) Le titre d'*eorl* s'appliquait à l'Anglo-Saxon du rang le plus élevé ; on désignait au contraire sous le nom de *ceorl* l'homme de la basse classe mais libre, le paysan, le manant (N. du T.).

tateur contemplant de loin un groupe de communautés affectant la forme de tribus, classe naturellement ensemble, on le conçoit, les hommes visiblement placés au-dessus de tous les autres. Mais tel n'est pas l'aspect sous lequel l'antique société germanique s'offre aux regards de l'investigateur qui suit la méthode des Von Maurer et des Landau. Chaque chef ou seigneur lui paraît être noble, moins à l'égard des autres nobles qu'à celui des autres membres libres de la tribu compris dans le même groupe que lui.

La noblesse a maintes origines différentes, mais la source principale semble en avoir été le respect des covillageois, des groupes de parents, pour la branche où le sang de chaque petite société passait pour s'être conservé le plus pur. Il résulte, par exemple, du droit brehon, que les chefs irlandais ne formaient pas par eux-mêmes la classe que César croyait voir dans l'ordre correspondant chez les Celtes du continent, mais qu'ils étaient nécessairement les chefs de groupes distincts composés de leurs parents ou de leurs vassaux. « Chaque chef, » dit le texte déjà cité, « gouverne sa terre, grande ou petite. » Et quand la loi irlandaise décrit de quelle manière un homme libre peut s'élever de la foule au rang de chef (ce que j'exposerai bientôt) elle montre que la position qu'il atteint, c'est la présidence d'un groupe de subordonnés. Toutefois, les individus ainsi montés au faîte tendent incontestablement à former par eux-mêmes, sous l'influence de causes variées, une classe, une section particulière de la communauté générale, et cette tendance se manifeste très probablement dès les temps les plus reculés. Certaines aristocraties, il faut du reste le remarquer, sont au fond, depuis l'origine, une fraction de la communauté. Cette organisation sociale se rencontre là où un groupe complet, sous forme de tribu, se fait conquérant ou impose sa suprématie à d'autres groupes de même nature restés également complets; elle se rencontre encore là où une corporation originelle d'hommes vivant en tribu, de villageois, de citoyens, rassemble graduellement autour d'elle et sous sa protection des subordonnés de toute espèce. Les exemples abondent de ces deux modes de formation, et les rapports particuliers entre les groupes tributifs qu'implique le premier n'étaient certainement pas inconnus aux sociétés celtiques. On sait que chez les *Highlanders*, des *septs* ou clans tout entiers ont été esclaves des autres, et au seuil même de l'histoire d'Irlande se rencontre entre les tribus libres et celles tributaires d'une rente, une distinction impliquant peut-être le même genre de supériorité et de subordination.

Ce que le droit bréhon révèle de plus nouveau, à mon sens, sur la condition du chef, c'est que partout où il y a un chef, celui-ci est avant tout un homme riche, non toutefois riche en terres, comme une association ordinaire d'idées anticipant ici sur les époques le donnerait à penser, mais riche en bétail, en troupeaux de gros et de petit bétail, de moutons et surtout de bœufs. Je ferai observer à ce propos que l'opposition communément établie entre la naissance et la richesse, particulièrement la richesse autre que celle en biens-fonds, est entièrement moderne. Elle commence à se montrer dans la littérature française — à ma connaissance — quand les riches officiers de finances de la monarchie, les surintendants et les fermiers généraux, commencent à attirer l'attention. Chez nous, elle paraît être le résultat exclusif de la grande extension et fécondité d'entreprises industrielles pratiquées sur la plus large échelle. Mais les héros d'Homère ne sont pas seulement vaillants, ils sont aussi opulents (1); les guerriers des *Niebelungen* ne sont pas seulement nobles, ils sont encore riches.

---

(1) *Odyss.*, XIV, 96-106.

Dans la littérature grecque plus avancée, on trouve l'orgueil de la naissance identifié avec l'orgueil d'une suite de « sept riches ancêtres — ἕπτα πάπποι πλούσιοι. — On sait également avec quelle promptitude et de quelle façon complète l'aristocratie d'argent s'assimila à Rome à l'aristocratie du sang. Si nous passons en Irlande, nous lisons dans le traité intitulé le *Cain-Aigillne* (1) que « le chef de chaque tribu devrait être l'homme de cette tribu le plus expérimenté, le plus noble, *le plus riche*, le plus instruit, le plus réellement populaire, le plus puissant qui se puisse trouver, *celui qui offre le plus de garanties pour réaliser un gain ou pour indemniser d'une perte.* » Beaucoup d'autres passages sont conçus dans le même sens. En examinant de près, comme je vais le faire, cette question, on peut reconnaître que la fortune personnelle était pour le chef le principal moyen de maintenir son rang et son autorité.

Tout en indiquant que la jouissance d'une fortune personnelle est la sauvegarde du principat, le droit brehon démontre clairement que la richesse conduisait toujours à cette dignité. Dans quelques sociétés européennes, l'humble

---

(1) Page 279.

bourgeois pouvait aussi, on le sait, s'élever par la richesse à la condition qui devint ensuite la noblesse moderne. Un fait avéré, parmi le petit nombre de ceux suffisamment établis concernant l'origine respective de certaines aristocraties modernes, c'est qu'une partie de la noblesse danoise était à l'origine des paysans. Il y a également dans les vieilles lois anglaises des traces du procédé en vertu duquel un *ceorl* pouvait devenir un *thane*. Ces faits seraient-ils isolés, qu'on aurait encore de sérieuses raisons de soupçonner dans l'aristocratie des origines diverses. Mais les traités de droit brehon indiquent à plusieurs reprises, avec une minutie toute juridique, le mode suivant lequel un paysan libre de l'ancienne Irlande pouvait passer au rang de chef.

Ces lois mentionnent peu de personnages plus intéressants que le *bo-aire*, littéralement le « vacher noble. » C'est tout simplement un paysan devenu riche en gros bétail, probablement pour avoir obtenu la jouissance de parcelles considérables des terres tributives. Les vrais nobles, ou *aires*, — mot dont la consonance est frappante avec celle des termes ayant le même sens dans les idiomes teutoniques, — étaient répartis en sept grades, classification qu'on a du reste peine à admettre comme se rattachant à un fait général. Chaque grade se distinguait des autres par la quotité de biens dont jouissait le chef qui en était investi, et aussi par le poids attribué à son témoignage, par le pouvoir de lier — littéralement de *nouer* — sa tribu en contractant, par les redevances en nature à lui payées par ses vassaux, suivant des règles que j'exposerai tout à l'heure, et par le *prix de son honneur*, sorte de dommages-intérêts spéciaux encourus pour l'avoir outragé. Au pied de l'échelle se trouve le chef ou noble appelé *aire-desa* ; et le droit brehon décide que si le *bo-aire* acquiert trois fois la fortune d'un *aire-desa* et la conserve pendant un certain nombre de générations, il devient lui-même *aire-desa*. Les avantages procurés par la richesse n'excluent pas, on le voit, le respect envers la naissance ; ils s'y joignent au contraire. « C'est un chef inférieur, » dit le *Senchus Mor*, « celui dont le père n'a pas été chef. » Et il est bien d'autres énergiques proclamations de la vénération due au rang héréditaire. L'idée première du principat, c'est évidemment qu'il dérive de la pureté ou de la dignité du sang ; mais on regarde toujours la noblesse de la naissance comme naturellement associée à la richesse, et celui qui s'élève graduellement à la fortune atteint une situation identique à celle qu'il aurait occupée s'il était né noble. Ce que nous découvrons donc ici de vraiment nouveau, c'est la noblesse représentée clairement comme un *état*, un *status*, dont l'origine est liée à la structure organique des anciennes sociétés, mais qui est néanmoins soumis en fait à un perpétuel recommencement.

L'énorme importance attachée à la richesse, surtout à la richesse en bétail, dans la société aryenne archaïque dont l'esprit se reflète dans les traités brehons, facilite, je crois, l'éclaircissement d'un problème difficile qui se pose dès le début des recherches sur l'origine des aristocraties. Dans les communautés modernes, l'opinion vulgaire sur les classes privilégiées ne les rend-elles pas redevables à la faveur royale de leur condition, sinon de leur pouvoir et de leur influence? Un Anglais interrogeait un jour le czar Paul sur la condition de la noblesse russe. « Le seul homme qui soit noble dans mes Etats, » répondit l'empereur, « c'est celui à qui j'adresse la parole, et seulement pendant que je lui parle. » Je cite ces paroles comme l'expression la plus énergique de l'idée à laquelle je fais allusion. Est-il besoin d'ajouter qu'elles étaient prononcées par un monarque au cerveau troublé, dont l'autorité avait reçu de sa longue subordination à la puissance tartare une empreinte tout orientale, et qu'elles ne furent jamais entièrement vraies, même en Russie? Chez nous cependant, l'opinion générale place dans la faveur royale la source de tous les privilèges aristocratiques, bien qu'en pratique les conséquences qu'elle en tire soient très insignifiantes; et telle paraît être, en somme, la théorie du droit anglais. Mais les institutions de maintes régions du continent ont longtemps conservé les traces d'idées toutes différentes qui prévalaient surtout là où le pouvoir royal était beaucoup plus fort qu'en Angleterre. La noblesse française d'avant la Révolution aurait traité d'injurieuse l'allégation qu'elle avait été créée par le roi, et, de leur côté, les rois de France admettaient plus que jamais qu'ils étaient seulement les premiers membres d'une classe à laquelle appartenait leur noblesse.

Les rois ont partout de nos jours, et dans plusieurs contrées ont eu depuis des siècles, le monopole de l'anoblissement. On a si longtemps suivi cette voie pour arriver à la noblesse, qu'on a presque oublié qu'il en existait une autre. Les historiens ne savent pas toutefois d'hier que la noblesse conférée par la faveur royale est une institution relativement moderne; seulement ils n'ont pas encore réussi à expliquer d'une façon satisfaisante comment elle est parvenue à supplanter ou à étouffer l'institution sur laquelle elle s'est greffée. Il ne paraît pas douteux que le *comitatus*, les compagnons du roi aient formé la première aristocratie issue de la faveur royale; et, bien que cette classe d'homme fût à l'origine, cela est amplement démontré, regardée sous certains rapports comme servile, elle devint peu à peu dans quelques pays le type de la noblesse. Un petit nombre de faits connus nous rappelleront combien a été remarquable dans tout l'Occident la fortune des maisons royales. Le maire du palais frank devint roi des Franks. Le chambellan des empereurs romano-germains est aujourd'hui empereur d'Allemagne. Le sang des sénéchaux d'Ecosse coule dans les veines des rois d'Angleterre. Les connétables de France ont tour à tour ébranlé ou raffermi le trône. Chez nous-mêmes, les grands officiers d Conseil et de la Maison royaux ont encore l pas, soit sur tous les pairs, soit sur ceux d même degré. D'où vient donc la grande supré matie du maire ou comte du palais, du gran sénéchal ou intendant, du grand chancelier, d grand chambellan, du grand connétable, titres qui, quand ils n'indiquent pas un office originairement clérical, désignent une fonction qui dut être d'abord servile?

La maison royale a eu certainement une bien humble origine. Tacite dépeint les compagnons du chef germain comme vivant avec lui sous son toit et aux dépens de sa libéralité. De son côté, M. Stubbs, après avoir établi que « les *gesiths* d'un roi (anglais) formaient sa garde et son conseil privé, » observe que « les serviteurs libres de la maison d'un *ceorl* sont aussi, dans un certain sens, ses *gesiths* (1). » Les compagnons du roi apparaissent aussi dans la littérature juridique de l'Irlande, mais ce ne sont pas des nobles et ils sont associés à la garde du corps royale, qui est essentiellement servile. Bien qu'à parler strict, il n'ait jamais existé, sauf à de courts intervalles, le roi d'Erin tendait toujours, pour ainsi dire, à exister, et le *Crith Gablach*, traité brehon dont la traduction se trouve à la fin de l'édition des *Dissertations* d'O'Curry donnée par Sullivan, décrit son palais et ses Etats. L'édifice que l'auteur a voulu dépeindre paraît être à peu près le même que la grande maison irlandaise dont la restitution a été essayée par M. Dasent,

---

(1) *Constitutional History*, p. 150.

dans son *Histoire de Burnt Njal*, d'après les descriptions fournies par les littératures du Nord. Là, le roi traite magnifiquement ses hôtes, depuis des rois et des fils de roi jusqu'à une troupe hideuse de prisonniers enchaînés, otages livrés par des chefs inférieurs ou des sous-*septs* qui ont forfait à leurs engagements. Les *compagnons* sont là aussi ; ils sont représentés comme les tenanciers privilégiés du roi et ses gardes du corps, pris parmi les hommes qu'il a délivrés de la mort, de la prison ou de la servitude, mais jamais, — exception significative, — parmi ceux qu'il a sauvés sur les champs de bataille. Je crains que le tableau de la société irlandaise tracé par le *Crith Gablach* ne soit, pour une grande part, idéal ou théorique. De nombreux voyageurs anglais en Irlande ont rapporté toutefois que plu sieurs grands chefs irlandais étaient beaucoup plus modestement meublés que le roi d'Erin Tara. Il est néanmoins probable qu'ils avaient tou des compagnons autour d'eux; l'obligation d tenir une petite cour n'est pas étrangère, je le pré sume, à ce singulier privilège dont l'histoire fu par la suite si déplorable : le droit imparti au che d'aller avec sa suite chez ses tenanciers et d' être traité aux frais de ceux-ci. Que même le petits chefs des *Highlands* d'Ecosse aient eu un suite de même nature ; c'est un fait connu de tous ceux dont la mémoire a retenu cette immortelle description de la société celtique qui révéla pour la première fois à la génération presque contemporaine de la nôtre, la persistance à peu près jusqu'à son époque des anciennes coutumes et mœurs des Celtes : — on a nommé le roman de *Waverley*.

Ce service personnel rendu au chef ou au roi avait très probablement partout pour mobile, dans un certain état social, l'espoir d'obtenir une terre en récompense. Les compagnons des rois teutons, dans l'Europe continentale, eurent grande part aux *bénéfices*, concessions de terres provinciales romaines largement peuplées et approvisionnées. Dans l'ancienne Angleterre, la même classe a été, croit-on, la plus grande concessionnaire de terres publiques avant l'Eglise ; et ceci nous révèle sans doute en partie le secret du changement mystérieux qui consista dans l'absorption de la vieille noblesse des *eorls* par la nouvelle aristocratie des *thanes* dont la dignité et l'autorité émanaient du roi.

Mais on est un peu porté à oublier quelle était l'abondance des terres dans les pays situés au delà des limites septentrionales et occidentales de l'empire romain, ou sur ces limites mêmes.

Traitant d'une période relativement plus récente, et s'appuyant sur les preuves encore existantes de paiements faits en terres de manoir, M. Thorold Rogers parle de la terre comme du « moins cher des objets d'échange au moyen âge. » S'il n'était pas difficile d'acquérir la terre, il l'était beaucoup de se procurer des instruments pour la faire valoir; et ainsi, dans une société relativement plus primitive que toute société teutonique sur laquelle nous possédions quelque notion précise, dans cette société même que nous révèlent les traités brehons, il a pu très bien se faire qu'en venant grossir la cour du prince, on ait eu beaucoup moins pour but d'obtenir une terre que du bétail. Le chef, je le répète, était surtout riche en troupeaux. Il était commandant militaire; une grande partie de ses richesses ont dû consister en butin de guerre; son pouvoir civil lui permettait par ailleurs de multiplier ses têtes de bétail, grâce à un droit croissant d'appropriation sur les terres de vaine pâture, et au procédé suivant lequel il répartissait ses troupeaux entre les membres de la tribu; procédé sur lequel je reviendrai au chapitre suivant. Le compagnon qui le suivait dans ses expéditions ou qui était prêt à le faire, n'a pu manquer d'être enrichi par sa faveur; et alors, s'il était déjà noble, il le devenait davantage, s'il ne l'était pas, la fortune le conduisait à la noblesse.

Voici qui peut donner une idée de ce qui se passait probablement, quoique aucun rapport, si ce n'est la commune humanité, n'existe entre les Teutons et les Celtes primitifs et les tribus dont le passage suivant retrace les coutumes. Dans un volume très intéressant, intitulé : *Précis des lois et coutumes des Cafres* (1), le Rév. H. Dugmore parle en ces termes de la plus avancée des races indigènes de l'Afrique méridionale, les Cafres ou Zoulous : « L'unique richesse de ces populations consistant en bétail, celui-ci forme leur seul intermédiaire dans les transactions emportant, par exemple, échange, paiement ou récompense. Les clients d'un chef le servent pour du bétail ; le chef ne saurait conserver son influence ni s'assurer un nombre quelconque de suivants, s'il n'était en mesure de les pourvoir de ce qui constitue à la fois leur monnaie, leur nourriture et leurs vêtements. Il lui faut donc un fonds inépuisable pour satisfaire ses subordonnés, et l'on peut juger de la valeur de ce fonds par la nature des demandes qui lui

---

(1) *Compendium of Kafir Laws and Customs* ; Wesleyan Missionary Press, Mount Coke, British Kaffraria, p. 27.

sont adressées. Sa suite, sa cour, — comme on voudra l'appeler, — est composée d'hommes jeunes, robustes, braves, venus de tous les points de la tribu pour faire temporairement le service de la cour jusqu'à ce qu'ils aient obtenu assez de bétail pour se procurer des femmes, des armes ou autres objets de leurs désirs. Quand ils les ont obtenus, ils retournent chez eux et cèdent la place à d'autres. La suite d'un chef se renouvelle ainsi sans cesse et absorbe constamment ses ressources. » M. Dugmore part de là pour nous apprendre que la fortune du chef a sa source dans le bétail qu'il a hérité de son père, dans les présents qu'il reçoit lors de sa circoncision, dans les taxes qu'il lève sur sa tribu, dans les amendes et confiscations, et enfin dans le produit de ses expéditions et de ses pillages.

Le rôle important joué par le bœuf dans l'ancienne société irlandaise apparaîtra, je l'espère, dans tout son jour au chapitre suivant. Je me bornerai, pour le moment, à faire observer que les deux sociétés celtiques établies dans les îles britanniques et qui ont le plus longtemps conservé leurs vieux usages, étaient notoirement adonnées au vol du bétail. En parlant des soustractions de bétail en Irlande, lord Macaulay s'exprime quelquefois, à mon sens, comme si dans sa pensée cette pratique devait être attribuée à un vice propre au caractère irlandais. Mais c'est là incontestablement ce que M. Tylor appelle une *survivance*, une habitude ancienne et invétérée dont la persistance est due, dans le cas présent, à cette fatalité qui a privé l'Irlande u grand facteur des idées juridiques modernes, n fort gouvernement central. Le talent d'un 'crivain a presque élevé à la hauteur d'une vertu a même pratique chez les Celtes des *Highlands* 'Ecosse et chez la rude population germanique e la plaine. Et pour rappeler encore *Waverley*, e ne crois pas qu'il y ait de portrait plus ressemlant du chef celtique primitif que ce Donald ean Lean, qui détourne les troupeaux de Tully eolan, et charge un devin de prédire le nomre de bœufs qu'il rencontrera probablement sur on chemin. Ce type est bien plus fidèle au passé ue celui de Fergus Mac Ivor qui déserte sa cause, u à peu près, à la suite d'une déception portant ur un comté.

J'ai dit que la condition des compagnons du oi était à l'origine servile sous certains rapports. Partout où il est besoin d'un terme juriique pour définir les relations du *comitatus* vec les rois teutons, on a uniformément recours aux textes du droit romain qui établissent la condition quasi-servile du client ou de l'affranchi vis-à-vis de son patron. Le droit brehon nous permet ainsi de nous former la même idée de la classe correspondante dans les sociétés celtiques. Il résulte de plusieurs textes qu'un chef de haut rang est toujours censé s'entourer de subordonnés serviles. Si l'on s'en souvient, la suite du roi d'Erin aurait compris, non seulement des hommes libres de la tribu, mais une garde du corps composée d'hommes liés à sa personne par des obligations serviles. Quelle qu'en soit la portée, j'adopte l'explication donnée par M. Freeman de la connexité originelle entre l'état servile et cette aristocratie dans laquelle la noblesse primitive de naissance est venue se confondre et se perdre. « La basse clientèle du patriciat romain, » dit-il, « et la suite noble des chefs grecs et teutons peuvent avoir la même origine et faire toutes deux partie d'un même héritage primitif (1). »

Peut-être pouvons-nous aller plus loin. Les compagnons du chef, même quand ils étaient des hommes libres, n'étaient pas nécessairement ni ordinairement ses proches parents. Leur dé-

---

(1) *Comparative Politics*, p. 261.

pendance à son égard, comportant l'amitié et l'affection, leur aurait assigné, dans la société moderne, une position bien définie, et les aurait placés sur un certain pied d'égalité avec lui. Mais, à l'origine, un homme était toujours le parent ou l'esclave ou l'ennemi d'un autre, et la simple amitié ou affection n'établissait par elle-même aucun lien d'homme à homme. Pour que ce sentiment produisît quelque effet pratique, il aurait fallu lui attribuer le pouvoir de fonder une des relations connues à cette époque. Entre égaux, ç'aurait été la parenté supposée ou fictive. Mais entre le chef qui incarnait en lui la pureté de la filiation tributive, et ses compagnons, ç'aurait été plus ou moins à l'exemple de la dépendance de l'esclave à l'égard de son maître; et quand le compagnon n'aurait pas été actuellement l'esclave du chef, le lien qui les aurait unis aurait été probablement calqué sur le mode de relations le plus honorable subsistant entre un ancien maître et son ancien esclave.

CHAPITRE VI.

LE CHEF ET LA TERRE.

Au nombre des choses les plus oubliées de notre temps, les traités de droit brehon nous révèlent le prix attaché aux bêtes à cornes, non seulement dans l'enfance des sociétés, mais même à une époque très rapprochée de leur entier développement. On peut à peine tourner quelques pages sans rencontrer des allusions aux bœufs, aux taureaux, aux vaches, aux génisses, aux veaux. Il y est aussi question des chevaux, des moutons, des porcs et des chiens. Les abeilles, ouvrières de luxe des temps primitifs, sont, parmi les choses appropriables, l'objet d'un classement qui rappelle l'ancien droit romain. Mais de tous les animaux, celui dont il est le plus souvent question, c'est le bœuf.

Certaines particularités étymologiques et juridiques trahissent l'importance du bœuf aux temps primitifs. Le mot *capitale*,— bœufs comptés par têtes, bétail — a donné naissance à l'un des termes de droit et à l'un des termes d'économie politique les plus fameux, *cheptel* et *capital*. Le mot *pecunia* a été probablement employé pendant des siècles par la majeure partie du genre humain pour désigner la monnaie. Mais bien que de son nom soit dérivé, dans le langage moderne, le terme synonyme de propriété mobilière (1), le bœuf n'était pas classé, j'ai à peine besoin de le dire, au dernier rang des biens dans tous les anciens systèmes juridiques. Le droit romain primitif le plaçait dans la classe la plus élevée, et le comprenait, avec les terres et les esclaves, au nombre des *res mancipi*. Comme en bien d'autres circonstances, la dignité légale de cette division de la propriété semble correspondre chez les Romains à sa dignité religieuse chez les Hindous. Le bœuf, que les plus anciens monuments de la littérature sanscrite représentent comme un objet d'alimentation, devint sacré à une époque inconnue, et sa chair fut prohibée. Ultérieure-

---

(1) La propriété mobilière en général est désignée en anglais par le mot *chattel*, dérivé avec *cattle*, « bétail, » du vieux français *chatel*, *catel*, corruption évidente de *capitale* (N. du T.).

ment, deux des principales choses qui, à Rome, exigeaient la mancipation, le bœuf et la terre, eurent leurs analogues dans le taureau sacré de Siva et le sol sacré de l'Inde.

Ce sujet a pu devenir obscur pour ceux qui restreignent l'importance considérable des bêtes à cornes à cette période pastorale de la société, objet de tant de théories à peu près stériles. Il paraît démontré aujourd'hui que cette espèce de bétail atteignit sa plus grande valeur quand les groupes humains s'établirent sur des portions de territoire et s'adonnèrent à la culture des céréales. Le bœuf fut peut-être estimé d'abord exclusivement pour sa chair et son lait, mais à une époque tout à fait reculée il jouissait certainement d'une importance toute spéciale comme instrument ou moyen d'échange. Tel il apparaît dans la littérature homérique, et rien de sérieux ne permet de révoquer en doute la tradition relative à la figure du bœuf empreinte sur les premières monnaies frappées à Rome ; l'analogie est d'ailleurs frappante entre *pecus* et *pecunia*. Il faut certainement attribuer en partie, mais non entièrement, à l'utilité de leurs rôles dans les échanges, la prééminence accordée aux bêtes à cornes par les légistes brehons. Ceux-ci, dans leurs traités, estiment toujours en bétail et presque exclusivement en bœufs, les amendes, dettes, rentes, paiements, etc. Tout est constamment rapporté à deux étalons, le *sed* et le *cumhal*. Ce dernier terme a originairement signifié, dit-on, une femme esclave; mais *sed* exprime incontestablement une somme ou quantité de bétail variable dans une certaine mesure.

Une période nouvelle commence dans l'histoire du bétail avec l'accroissement des services que l'homme en retire. On estime alors le bœuf surtout, et, dans certaines communautés, uniquement, pour le labourage, pour son travail et son engrais. Dans presque tout l'Occident européen, le cheval l'a remplacé à la charrue; mais cette substitution a été lente et elle est relativement moderne; dans beaucoup de contrées, le cheval est encore exclusivement employé comme il semble l'avoir été partout à une autre époque, pour la guerre, le plaisir ou la chasse. Le bœuf représentait presque seul alors ce qu'un économiste appellerait aujourd'hui le capital appliqué à la terre. Les mêmes causes économiques qui l'ont fait abandonner comme moyen d'échange ont entraîné, selon moi, dans sa condition juridique, les modifications dont Rome et l'Inde nous offrent l'exemple. Il y a une relation certaine entre la sanctification du bœuf, dont l'usage de la chair comme aliment devient par là illicite chez les Hindous, et le désir de conserver cet animal pour l'agriculture. De même, son élévation au rang des *res mancipi* peut bien avoir procédé du même mobile, puisque l'aliénation en devint dès lors extrêmement difficile et dut en rendre l'usage fort gênant dans les échanges.

A partir de ce moment, l'histoire des bêtes à cornes se confond, hélas ! avec celle d'une grande partie du genre humain. Les causes qui altèrent la condition du bœuf et en font un animal partiellement *adscriptus glebæ*, amènent également, sans nul doute, une recrudescence de l'esclavage. Dans ses volumes si instructifs sur *l'Agriculture et les Prix au moyen âge*, qui rendent intelligibles plus d'un point d'histoire demeuré obscur, M. Thorold Rogers a mis en pleine lumière ces deux faits concomitants : l'abondance des terres, jusqu'à une époque relativement récente, même dans des contrées regardées comme anciennes, et la rareté du capital, même sous sa forme la plus grossière. L'énorme importation des esclaves dans les territoires du centre de l'Etat romain, et la déchéance en masse des communautés agricoles libres de l'Europe occidentale en rassemblements de vilains, semblent être des expédients analogues aux restrictions apportées à l'aliénation du bœuf et à sa consommation alimentaire, et résulter également de la même nécessité impérieuse de trouver et de conserver des instruments pour la culture du sol.

On se fera une idée exacte de l'importance des bêtes à cornes dans un certain état social, en se pénétrant de l'une des parties les plus importantes de l'ancien droit irlandais, celle relative à la pratique de *fournir du bétail*. J'ai déjà dit que, tout en me séparant d'eux quant aux conclusions à tirer du fait, je m'accordais avec les auteurs selon lesquels le système terrien de l'ancienne Irlande était fondé en principe sur la division des terres tributives entre les hommes libres de la tribu. Mais j'ai ajouté qu'à mon sens, la vraie difficulté des temps consistait moins alors à se procurer la terre que les moyens de la cultiver. Le besoin de *capital*, pris dans le sens originel du mot, telle était la nécessité pressante qui pesait sur le petit tenancier et le réduisait quelquefois au plus cruel dénuement. D'autre part, les grands propriétaires de bétail, c'étaient les divers chefs dont la supériorité à cet égard sur le reste des membres de la tribu tenait probablement à leurs fonctions de chefs militaires. J'infère du droit brehon que les chefs eux-mêmes éprouvaient de leur côté un autre genre d'embarras, celui de trouver des pâturages suffisants pour leurs troupeaux. Sans doute, leur puissance sur les terres vagues du groupe particulier qu'ils présidaient allait toujours croissant ; mais les régions les plus fertiles du territoire tributif étaient probablement occupées par les hommes libres de la tribu. Ainsi, d'une part, la richesse du chef en bétail était supérieure à ses droits sur les terres tributives, et de l'autre, les membres de la tribu souffraient souvent de la rareté des moyens de culture. N'est-ce pas la meilleure explication de la coutume de donner et de recevoir du bétail à laquelle sont consacrés deux traités secondaires du *Senchus Mor*, le *Cain-Saerrath* et le *Cain-Aigillne*, c'est-à-dire *la loi de la tenure noble du bétail*, et *la loi de la tenure roturière du bétail* (1).

Ces deux abrégés offrent un très grand intérêt. Ils nous apprennent d'abord comment le pouvoir du chef de tribu vint à se fortifier à l'égard, non seulement de ses subordonnés serviles, mais même des membres libres de la tribu parmi lesquels il n'avait été primitivement que *primus inter pares*. Ils nous fournissent, en se-

---

(1) *The Law of Saer-Stock tenure and the Law of Daer-Stock tenure.*

cond lieu, par la peinture authentique des anciennes coutumes d'une société particulière, un exemple absolument nouveau de l'un des procédés auxquels le vasselage féodal doit sa création. Je n'ai pas à insister sur l'importance historique des divers agents qui concoururent à établir la relation de seigneur à vassal. C'est par eux que l'Europe du despotisme romain devint l'Europe des souverainetés féodales. On est frappé de la dissemblance offerte dans son aspect extérieur par la société européenne, suivant qu'on l'examine sur l'un ou l'autre bord de cet abîme plein d'orages où roule avec fracas l'invasion barbare. Avant que celle-ci ne se répande, on voit une large portion du genre humain disposée, pour ainsi dire, sur un vaste plan que domine seule de toute part, en le couvrant de son ombre, l'autorité de l'empereur romain. Là gisent les nations comme autant d'unités égales reliées ensemble par des institutions dont pas une n'est réputée être autre chose qu'une création du droit positif romain, et entre ces peuples et leur souverain, il n'y a qu'une armée de fonctionnaires, serviteurs de celui-ci. Une fois l'Europe féodale constituée, tout a changé de face. Chacun est devenu le subordonné d'un autre, plus grand que lui, quoique placé peu au-dessus de lui. Si j'osais employer de nouveau une image dont je me suis déjà servi, je dirais que la société peut alors se comparer à une pyramide ou à un cône dont la grande multitude des cultivateurs occupe la base et dont les sections s'élèvent de proche en proche jusqu'à un sommet qui n'est pas toujours visible, mais qui est toujours réputé reconnaissable en la personne, soit de l'Empereur, soit du Pape, soit de Dieu lui-même.

Aucun tableau ne reproduit, on peut le croire, tous les détails d'une époque. Ni la théorie des jurisconsultes romains, ni celle des feudistes ne tiennent vraisemblablement compte d'un certain nombre de coutumes et d'institutions qui de leur temps existaient dans la pratique. Mais chacune de ces théories n'en repose pas moins sur les faits les plus frappants de l'époque à laquelle elles ont pris naissance. Nous connaissons quelques-unes, quoique en petit nombre, des causes positives qui concoururent à différencier si notablement ces deux époques. M. Stubbs (1) résume ainsi les notions actuelles sur ce sujet. La féodalité, dit-il, « dérive de deux grandes sources principales : les *bénéfices* et la pratique de la *recommandation*. Le système bénéficiaire avait

---

(1) *Constitutional History*, I, 252.

son origine, partie dans des dons de terre prélevés par les rois sur leurs domaines en faveur de leurs parents et de leurs serviteurs, moyennant une promesse formelle de fidélité, et partie dans l'abandon par les propriétaires fonciers de leurs domaines aux églises ou à des hommes puissants, pour les recevoir d'eux à nouveau et les détenir à titre de tenanciers, moyennant services ou redevances. Ce dernier accommodement assurait au faible la protection du fort et plaçait sous la sauvegarde de l'Eglise celui qui ne se sentait pas en sûreté. D'un autre côté, par la pratique de la *recommandation*, l'inférieur se confiait lui-même à la garde personnelle d'un seigneur, mais sans changer son titre ni se dépouiller de son droit de propriété; il devenait vassal et devait l'hommage. »

La *recommandation*, en particulier, se répandit dans toute l'Europe occidentale, fonctionna avec une singulière universalité et produisit des résultats étonnamment uniformes; elle concourut à remanier l'ancienne organisation de la société teutonique, non moins que les institutions des provinces romaines. Mais un grand mystère recouvre encore les motifs qui ont pu engager les hommes à recourir à un procédé aussi onéreux. Presque tous les auteurs émettent sur ce point de simples conjectures. Ce qu'on peut jusqu'ici avancer de plus positif concernant les raisons pour lesquelles une si grande partie du monde s'est volontairement placée dans un état de subordination personnelle, c'est qu'il les faut rattacher au système de responsabilités civiles et criminelles en vigueur à cette époque. Les familles — réelles ou artificielles, naturelles ou conventionnelles — étaient responsables des délits et même des obligations civiles de leurs membres. Mais la responsabilité solidaire doit avoir été remplacée, du consentement des intéressés, par la responsabilité d'un seul seigneur qui pût prévenir le dommage ou en payer la compensation, et dont le témoignage, dans le serment compurgatoire et les autres formalités légales, pesât souvent plus que celui de plusieurs inférieurs ensemble. Plus généralement, et tout aussi probablement, on peut attribuer au désordre universel du monde une grande part des nouvelles institutions. Une petite société formant un tout compact sous l'égide du seigneur féodal était beaucoup plus forte pour se défendre ou attaquer que n'importe quelle corporation de parents ou de covillageois et que tout assemblage de confédérés volontaires. Mais, encore une fois, il serait absurde de supposer qu'on possède les éléments nécessaires pour asseoir une opinion certaine au sujet des mobiles dont se sont inspirés les hommes pour se soumettre à un changement auquel vraisemblablement ils ont été engagés ou contraints par des circonstances diverses, dans des pays différents et des phases sociales relativement dissemblables.

Je ne veux pas exagérer la portée des nouvelles informations fournies par le droit brehon; mais depuis longtemps les savants ont soupçonné que les coutumes celtiques jetteraient quelque lumière sur la *recommandation*, et certes, dans la disette où nous sommes de tous matériaux, ce qu'une source authentique peut y ajouter ne mérite aucun dédain. Qu'on me permette de retracer à nouveau, suivant l'idée que j'en ai conçue, l'ancien système terrien de l'Irlande à l'époque où les traités brehons nous le révèlent. La terre tributive, cultivée ou en friche, appartient à la tribu, que celle-ci se compose d'une famille associée de parents, ou qu'elle comprenne une agglomération plus considérable et plus artificielle : tel est en théorie le principe, si toutefois l'on peut appeler théorie les idées traditionnelles d'une société primitive. Mais dans les grandes tribus, de nombreuses parcelles de territoire ont été assignées en permanence aux familles princières ou à de petits groupes tributifs, et la terre de ceux-ci tend toujours à se diviser entre leurs membres, en restant toutefois l'objet de certains droits réservés à la confrérie tout entière. Toute tribu considérable, et à peu près chaque corporation qu'elle renferme, reconnaissent un chef, soit l'un des nombreux législateurs tributifs que les annales irlandaises appellent des rois, soit l'un de ces chefs de familles associées que les juristes anglo-irlandais ont appelés plus tard *capita cognationum*. Mais ce chef n'est pas propriétaire du territoire de la tribu. Il peut avoir sa terre à lui, consistant en domaine privé ou en domaine officiel, ou en les deux ensemble ; quant au territoire général de la tribu, il y exerce un pouvoir administratif général, qui s'augmente sans cesse à l'égard des terres vagues non appropriées. Il est en même temps chef militaire, et probablement en cette qualité, il s'est fort enrichi en bétail. D'une façon ou d'une autre, il est devenu pour lui de la plus haute importance que ses troupeaux soient disséminés entre les mains des membres de la tribu, et de leur côté ceux-ci ont quelquefois éprouvé, sous la pression des circonstances, un besoin impérieux de bétail pour faire face aux nécessités de l'agriculture. Aussi le droit brehon nous montre-t-il perpétuellement les chefs fournissant du bétail et les membres de la tribu en recevant de lui.

De cette pratique dérivent, chose digne de remarque, non seulement les phénomènes connus du droit de propriété, comme la créance des rentes et l'obligation de les payer, ainsi que d'autres accessoires moins familiers à ceux qui étudient l'histoire d'Irlande, mais en outre et surtout presque tous les phénomènes notoires de la tenure féodale. C'est en recevant du bétail que l'Irlandais tribal libre devient *ceile* ou *kyle*, c'est-à-dire le vassal ou l'homme de son chef, lui devant avec la rente le service et l'hommage. Ce sont là les propres effets de la *recommandation*, et ce qui est notable, c'est qu'on découvre ici une cause simple et intelligible. L'accommodement entre le seigneur et le vassal est bien onéreux pour ce dernier; mais la nécessité qui l'impose est pressante, et plus primitive serait la société où elle se fait sentir, plus récent son établissement sédentaire sur le sol, plus urgent serait aussi le besoin. Tout cela est très instructif, car il n'est aucune raison de supposer que les *bénéfices* et la *recommandation* ont surgi soudainement à la dissolution de l'empire romain. Ces institutions étaient plutôt, sous une forme ou sous une autre, profondément latentes dans les coutumes rudimentaires de toutes les sociétés aryennes.

La situation nouvelle faite au membre de la tribu par l'acceptation du bétail des mains du chef variait suivant la quantité de bétail reçue. Sa condition devenait d'autant plus inférieure qu'il en recevait davantage. Sur cette différence dans la quantité repose la distinction entre les deux grandes classes de tenures irlandaises, entre les tenanciers *saer* et les tenanciers *daer* dont la condition présente avec celle des francs et des bas tenanciers du manoir anglais une analogie qu'il faut retenir. Le tenancier *saer*, ou noble, de bétail, caractérisé par la portion limitée de bétail qu'il recevait du chef, restait homme libre et conservait intacts ses droits tributifs. Sa tenure avait une durée normale de sept ans, au bout desquels il devenait propriétaire du bétail dont il avait eu la possession. Il avait l'avantage de l'employer à ses usages agricoles, et de son côté le chef recevait « le croît, le produit et le lait, » les deux premiers termes désignant les petits et les engrais. A tout prendre, cet accommodement n'a rien de bien remarquable; mais il était entendu qu'en outre le chef aurait droit à l'hommage et au travail manuel, c'est-à-dire aux services du vassal pendant la moisson, et à sa main-d'œuvre pour la construction du château ou du fort seigneurial. Il était toutefois stipulé qu'au lieu de travailler pour lui, le vassal pouvait être requis de suivre son chef à la guerre.

Une notable addition au bétail confié au tenancier *saer*, ou une quantité extraordinaire acceptée dès le début par un membre de la tribu, établissait entre le chef et le vassal la relation dite tenure *daer*, ou roturière, du bétail. Le tenancier *daer* avait incontestablement aliéné une partie de sa liberté, et ses obligations sont invariablement représentées comme très onéreuses. Le bétail à lui donné par le chef se divisait en deux parts : l'une était proportionnée au rang du donataire, l'autre à la rente en nature dont le tenancier devenait redevable. La dignité de celui-ci s'estimait d'après *le prix de son honneur*, c'est-à-dire l'amende ou les dommages-intérêts payables en cas de préjudice à lui causé, et qui, dans ces anciens systèmes juridiques, variaient avec le rang de la personne offensée. Quant au rapport entre la seconde portion de bétail et la rente, il est défini avec soin par le droit brehon. « Le bétail proportionné à un veau de la valeur d'une saie, avec ce qui l'accompagne, et à la réfection de trois personnes pendant l'été, et de trois journées de travail, consiste en trois génisses *sam-*

haisc ou leur valeur (1). » En d'autres termes, pour avoir droit au veau, aux réfections et au travail, le chef doit remettre au tenancier trois génisses. « Le bétail proportionné à une génisse *dartadh*, avec ce qui l'accompagne, est de douze *seds*; » c'est-à-dire, comme l'explique l'auteur, douze génisses *sam-haisc* ou six vaches. Et ainsi de suite. La rente en nature ou rente alimentaire, ainsi proportionnée au bétail reçu, est devenue, sans contredit, avec le temps, une rente payable en raison de la terre; mais c'est là certainement un fait curieux et inattendu, que la rente payée par cette classe d'hommes à laquelle appartenait, croit-on, la majeure partie des anciens tenanciers irlandais, ne correspondait nullement, sous sa forme primitive, à la valeur de la terre en tenure, mais uniquement à la valeur des biens du chef déposés par lui entre les mains du tenancier.

De toutes les obligations imposées au tenancier *daer*, la plus onéreuse était celle que désigne, dans le passage ci-dessus rapporté, le mot *réfection*. Outre la rente en nature et les services féodaux, le chef qui avait fourni du bétail était investi du droit de venir, avec un certain nombre de compagnons, se régaler chez le tenan-

(1) *Cain-Aigillne*, p. 25.

cier *daer*, à des époques déterminées et pendant une série fixée de jours. Ce *droit de réfection* compte parmi les traits caractéristiques de l'ancienne coutume d'Irlande. Il doit probablement son origine à ce que le chef irlandais, quoique bien plus privilégié que ses tenanciers, n'était guère mieux logé ni moins pauvrement meublé que ceux-ci, et ne pouvait parvenir à consommer à domicile les provisions auxquelles ses dons en bétail lui donnaient droit. Mais cette pratique a une autre et triste histoire. Le droit brehon la définit et la délimite en tous sens, mais ses inconvénients et sa tendance à dégénérer en abus sont manifestes. De là sont certainement venues ces mesures oppressives qui ont révolté tant d'observateurs, tels que Spenser et Davis, ces « numéraire et fournitures, » ces « festoiements » des chefs irlandais, qu'ils dénoncent avec une verve indignée. Aucune des coutumes de l'Irlande n'a peut-être paru aux Anglais aussi bien faite pour justifier ce qui, à mes yeux, a été une grande erreur et une grande faute : l'abolition complète, judiciaire et législative, des coutumes irlandaises. Les précautions dont les entouraient les légistes brehons n'étaient guère efficaces, sans doute ; mais, je l'ai dit, ils ont fait ce qu'ils ont pu. Bien plus, définie par eux, la relation qui donnait lieu à la tenure *daer* du bétail, avec ses obligations spéciales, n'était pas perpétuelle. Si après avoir reçu pendant sept ans la rente alimentaire et les services, le chef décédait, le tenancier devenait propriétaire du bétail; et d'autre part, si le tenancier mourait, ses héritiers étaient en partie, mais non entièrement, relevés de leurs obligations. Il est toutefois très probable que la tenure *daer*, à laquelle les besoins du tenancier avaient donné lieu, fut souvent, pour le même motif, continuée en pratique d'une façon permanente.

On a fréquemment soupçonné que certaines particularités de la tenure féodale se référaient à un état de choses antérieur, analogue à celui dont les traités brehons font la description. Le *heriot* de la tenure anglaise en *copyhold*, *la meilleure bête* prise par le seigneur à la mort d'un bas tenancier, a été interprété comme une reconnaissance de la propriété du seigneur sur le bétail dont il aurait anciennement garni la terre de ses vilains, de même qu'on a attribué à une remise originaire d'armes le *heriot* du tenancier militaire (1). Adam Smith a reconnu la grande

---

(1) Voy., sur le *heriot*, Doniol, *La Révolution fr. et la Féodalité*, liv. III, chap. VIII, § 1 (N. du T.).

antiquité du métayage, encore très répandu sur le continent, et dont il existait de son temps en Ecosse une variété connue sous le nom de *steelbow*. Je ne suis nullement étonné du rapprochement établi dans l'une des préfaces de la traduction officielle des lois brehons entre ce genre de tenure et la tenure *saer* et *daer* de bétail de l'ancien droit irlandais. Entre elles les rapports extérieurs sont frappants, et si obscure est l'histoire du métayage que je n'ose nier toute corrélation entre la forme primitive de ce dernier et les usages correspondants à ceux que j'ai décrits. Mais entre les tenures anciennes et les modernes les différences passent les analogies. Dans le métayage, le seigneur terrien fournit la terre et le bétail, le tenancier seulement son travail et son savoir-faire ; dans les tenures *saer* et *daer*, la terre appartient au contraire au tenancier. De plus, les rapports établis entre les parties, dans l'ancienne tenure irlandaise, n'engendraient pas seulement un engagement contractuel, mais une condition, un *status*. En acceptant du bétail, le tenancier changeait dans un sens parfaitement déterminé sa condition sociale et tributive. Cette acceptation n'était pas au surplus toujours volontaire. Tout membre de la tribu était tenu, au moins à une certaine période du développement de la coutume irlandaise, de recevoir du bétail des mains de son propre *roi*, ou, en d'autres termes, du chef de sa tribu prise dans sa plus large acception, et partout les lois brehons me semblent représenter l'acceptation du bétail comme une dure nécessité. Enfin, la tribu dont faisait partie le tenancier avait en certains cas un droit de *veto* contre l'adoption par celui-ci de cette condition nouvelle, procédé qui, on le comprenait à merveille, empiétait sur les droits tributifs et visait à les paralyser. Pour permettre à la tribu d'intervenir quand elle y était légalement autorisée, l'acceptation du bétail devait être notoire et publique. La loi énumère avec soin les conséquences d'une acceptation clandestine, que n'encourageait pas d'ailleurs — c'est prouvé pour moi — la morale populaire. Une de ces règles, fréquentes dans les anciens corps de droit, qui sont plutôt des préceptes moraux que des prescriptions légales, voulait que « personne ne laissât sa terre grevée d'une rente qu'il n'y avait pas trouvée. »

Un tel état de choses doit avoir puissamment contribué à détruire l'organisation la plus ancienne de la tribu et de la famille. Si le chef qui donnait et le *ceile* qui recevait le bétail appartenaient à la même tribu, la convention avait pour effet d'établir entre eux une relation, non sans doute absolument distincte des rapports tributifs, mais cependant différente d'eux en fait sur plusieurs points, et bien plus avantageuse pour le chef. Mais le supérieur dont un homme tenait son bétail n'était pas toujours le chef de son propre *sept* ou de sa tribu. Pour autant qu'on peut dire le droit brehon favorable au nouveau genre de vasselage, s'il l'encourage entre le chef et les membres d'une même tribu, il y apporte du moins des entraves quand un membre de la tribu et un chef étranger veulent l'établir entre eux. Je crois reconnaître cependant à de nombreux indices que les hommes libres se recommandaient quelquefois de cette façon à des supérieurs autres que leurs chefs. Tout noble, je l'ai déjà dit, était régulièrement censé riche en bétail, et l'usage d'en donner semble avoir eu pour but de disperser les troupeaux. Le paysan enrichi qui était sur le point d'être anobli, le *bo-aire*, paraît avoir eu, comme les nobles plus élevés que lui, des *ceiles* qui ont reçu de lui du bétail. En conséquence, le nouveau groupe formé par le seigneur et son vassal — si ce n'est pas un anachronisme d'user déjà de ces termes, — était quelquefois complètement distinct des groupes anciens formés par le chef et son clan. Les nouveaux rapports ne concernaient pas du reste exclusivement les *aires*, ou nobles, et les *ceiles*, ou membres libres mais non nobles de la tribu. Les *bo-aires* certainement, et peut-être aussi les grands chefs, recevaient parfois du bétail des chefs plus haut placés qu'eux, et *donner du bétail* finit par devenir l'expression en usage pour signifier la supériorité féodale, comme *recevoir du bétail* par désigner ce qui, dans la langue d'autres sociétés, a porté le nom de *recommandation*.

Une fiction du droit brehon, celle qui nous montre le roi d'Irlande « recevant du bétail » de l'Empereur, vient confirmer puissamment ce qui a été dit dans ces derniers temps par des historiens, notamment par M. Bryce, de l'influence profonde et étendue exercée, même dans sa décadence, par l'empire romain. « Quand le roi d'Erin n'en est pas empêché — (c'est-à-dire, comme on l'explique, quand il tient les ports d Dublin, Waterford et Limerick, qui étaient or dinairement aux mains des Danois) — il reçoi du bétail du roi des Romains (1). » La suite d commentaire porte que quelquefois « le bétai

---

(1) *Senchus Mor*, II, 225.

est donné au roi d'Erin par le successeur de Patrice, » — passage remarquable, car il paraît démontrer qu'un écrivain irlandais parlait du successeur de saint Patrice quand, à peu près à la même époque, en Angleterre et sur le continent, on eût certainement parlé du Pape.

Je n'ai pas besoin, je l'espère, d'insister sur l'intérêt offert à ce point de vue par le droit brehon. On ne s'est pas fait faute, en se fondant sur les coutumes des *Highlanders* écossais, de signaler entre les coutumes tributives celtiques et les règlements féodaux, de violents contrastes. Certes, il y eut entre ces coutumes et la féodalité à son état parfait des différences considérables. Toutefois, si l'on peut faire fonds sur es traités brehons, ces différences doivent être ttribuées, non à des particularités essentielles, ais à peu près dans tous les cas, à une inégaité relative dans le développement des deux ociétés. Les germes de la féodalité étaient déjà atents sous les plus antiques formes sociales, t prêts à affirmer leur vitalité, même dans un ays comme l'Irlande, qui, une fois christiaisée, n'aurait pu, isolée du continent par la istance et de l'Angleterre par d'invincibles anipathies nationales, faire aucun emprunt aux nstitutions de ses voisins. Il est aussi digne de remarque que ce progrès naturel de la féodalité n'a rien eu d'absolument étranger, comme l'ont supposé dernièrement d'éminents auteurs, au procédé suivant lequel s'est développée l'autorité du chef ou du seigneur sur la tribu ou le village, mais qu'il en a fait plutôt partie. Quand les terres vaines et vagues tombèrent dans son domaine, les villageois ou les membres de l[a] tribu passèrent, par la force des choses, sous le pouvoir personnel du chef ou du seigneur.

La coutume irlandaise de « fournir du bétail » paraît se rattacher aussi à un autre ordre d[e] phénomènes qu'on croit généralement apparte[ɴir] à une période historique différente. Nou[s] avons tiré des traités de droit brehon le tablea[u] d'une aristocratie d'argent sous sa forme la plu[s] primitive, et nous avons vu que la fortune do[n]nait aux nobles une puissance immense sur le[s] hommes libres non nobles qui ne possédaie[nt] que leurs terres. C'est, dans la société celtiqu[e] sœur de celle-ci, un genre analogue de relation[s] que César semble dépeindre quand il parle d[es] chefs gaulois, les *equites*, dont l'influence gra[n]dissait avec le nombre de leurs débiteurs (1[).] Qu'on veuille maintenant se rappeler avec quel[le]

---

(1) *De bell. Gall.*; I, 4 ; VI, 13.

uniformité, dès le premier regard jeté sur l'ancien monde, on trouve les classes plébéiennes profondément endettées envers les ordres aristocratiques. Au commencement de l'histoire d'Athènes, le peuple est esclave pour dettes des Eupatrides; au commencement de l'histoire de Rome, la plèbe est également asservie aux patriciens, ses créanciers. On a donné de ce fait plusieurs explications; on l'a attribué, avec quelque vraisemblance, à l'influence de mauvaises saisons répétées qui réduisirent les petits fermiers de l'Attique et du territoire romain à la merci des nobles opulents. Pour être complète, cette interprétation doit être rapprochée du rincipal enseignement tiré des traités brehons, savoir que l'importance relative de la terre et u capital s'est altérée dans le cours de l'hisoire. Dire en thèse générale que la terre est ne quantité limitée et se distingue par cette imitation de toutes les autres utilités susceptiles en fait d'une multiplication indéfinie, cela 'a jamais cessé d'être vrai *in abstracto*; mais omme pour bien d'autres principes d'économie olitique, la justesse de celui-ci dépend des cironstances auxquelles il se rapporte. A une époue très reculée, la terre était absolument sans aleur, tandis que le capital de reproduction,

14

extrêmement précaire, s'accumulait avec la plus grande difficulté, et n'était réparti qu'entre très peu de mains. L'importance comparative de ces deux éléments indispensables de culture se modifia très lentement, et ce n'est que tout récemment qu'elle a été à peu près intervertie dans certaines contrées. Dans les communautés agricoles primitives, la propriété des instruments de culture autres que la terre elle-même constituait donc une puissance de premier ordre, et comme vraisemblablement le pillage était la source la plus ordinaire de toute réserve du capital primitif supérieure aux besoins de la production, il est permis de penser que ces réserves étaient surtout détenues par les classes nobles, uniquement adonnées à la guerre, et qui en tout cas accaparaient les bénéfices de leurs fonctions. De telles conditions économiques eurent pour conséquence des prêts de capitaux à intérêts usuraires, et la ruine irrémédiable des emprunteurs.

Mais, il faut le reconnaître à leur honneur, les auteurs brehons obscurs et oubliés du *Cain-Saerrath* et du *Cain-Aigillne* poursuivaient un but absolument semblable à celui qui valut l'immortalité à un grand législateur athénien. En déterminant avec une précision minutieuse la proportion à observer entre le bétail fourni par le chef et le retour payé par le tenancier, ils ont clairement voulu introduire des règles fixes et équitables dans un système de sa nature oppressif. Dans un état social où l'argent monnayé n'avait pas depuis longtemps remplacé un moyen d'échange analogue aux *seds* du droit brehon, Solon n'eut d'autre ressource que l'avilissement du cours et l'abolition des dettes; mais il attaquait le même mal que les légistes brehons, et s'en prenait comme eux à cette liberté des contrats dont l'aspect est bien différent, suivant l'état de la société où elle prévaut.

Le grand rôle joué dans le droit brehon par le bétail, comme forme archaïque du capital, ne laisse plus aucun doute sur le caractère originel du système d'amendes dites *eric*, ou composition pécuniaire pour violences criminelles. Aucune des institutions de l'Irlande n'a été, je l'ai dit, lus énergiquement dénoncée que celle-là en ngleterre, et avec une indignation plus justiée en apparence. Membres d'une communauté pulente, accoutumés depuis longtemps à un ouvernement fort, les Anglais se sentaient réoltés de l'imperfection apparente de cette cou_ ume et de l'inique impunité qu'elle semblait ssurer au riche en la refusant au pauvre.

Quoique leur propre système pénal, qu'ils voulaient substituer en Irlande aux compositions pécuniaires, ne manquerait pas d'être dépeint aujourd'hui par le premier publiciste venu sous des couleurs tout aussi noires que celles employées par Spenser et par Davis pour les institutions irlandaises, il est très possible qu'au XVIᵉ siècle l'Irlande eût gagné à recevoir la procédure et la pénalité anglaises. L'utilité de l'amende *eric* avait certainement disparu, et celle-ci favorisait injustement le riche et le puissant. Mais la seule conclusion à tirer de là, c'est que les agitations de l'Irlande avaient fait survivre à son époque une institution qui avait été à l'origine une grande victoire sur la barbarie. Si les auteurs modernes qui ont parlé en termes sévères de ces compositions pécuniaires avaient rencontré dans une société où les conflits de tribu à tribu étaient perpétuels, où la vie ne comptait absolument pour rien, un ensemble de coutumes en vertu desquelles le *sept* ou la famille du criminel perdait une portion considérable de sa terre, n'auraient-ils pas vu dans une telle institution une mesure d'ordre intérieur très avancée pour l'époque? Il est permis de le supposer. Or, dans l'enfance des sociétés, une amende pécuniaire imposée aux communautés agricole était un châtiment bien plus sévère que la confiscation du sol. Celles-ci avaient des terres en abondance, mais peu de ressources pour les cultiver, et c'était sur ces ressources que se prélevaient les compositions. Sans doute, cette coutume perdit son caractère avec la dissolution des communautés et la répartition inégale de la propriété ; mais à son heure, elle n'en fut pas moins une grande institution qui a partout laissé des traces, même dans le droit romain, où elle ne se retrouve cependant qu'à l'état de lointain souvenir (1).

(1) Deux mots, avant de laisser ce sujet, sur l'étymologie du terme célèbre *feodum*, en anglais *feud* ou *fief*. On a complètement abandonné aujourd'hui la dérivation qui le ferait venir de ἐμφύτευσις, et l'on s'accorde généralement à le faire dériver de l'une ou l'autre des nombreuses familles de mots vieux-teutoniques qui se retrouvent dans l'allemand moderne *vieh*, « bétail. » On suppose que les mêmes changements de signification intervenus dans les termes latins analogues se sont produits ici. *Pecunia*, joint à *pecus*, signifiait d'abord la monnaie, et de là la propriété en général. Les jurisconsultes romains nous disent, en effet, que ce sont les termes les plus compréhensifs pour signifier toute espèce de propriété. On suppose que, par le même procédé, *feodum* a désigné la propriété pour avoir originairement désigné le bétail. Mais nos investigations ne nous montrent-elles pas la connexité entre ces deux idées plus étroite et plus directe encore ? Il faut ajouter que le Dr Sullivan assigne à *feodum* une origine différente de celle

Outre les *ceiles saer* et *daer*, on trouve établis sur le territoire de chaque tribu irlandaise certaines classes de personnes dont l'état se rapprochait plus de l'esclavage que celui des membres libres de la tribu qui, en recevant du bétail des mains du chef, avaient profondément dégénéré de leur condition première dans la société tributive. Elles portaient différents noms : *sencleithes*, *bothachs* et *fuidhirs*. Ces deux dernières classes se subdivisaient, comme celle des *ceiles*, en *bothachs saer* et *daer*, et en *fuidhirs saer* et *daer*. Il résulte des traités brehons, surtout de celui encore inédit, intitulé *Corus Fine*, que ces subordonnés serviles avaient, comme les hommes libres du territoire, une famille ou une organisation tributive; et, en effet, toutes les fractions d'une société comme celle de l'ancienne Irlande, se moulent plus ou moins sur le type principal. La condition des classes confusément indiquées dans le *Domesday Book* et autres anciens recueils anglais, comme les *Cotarii* et les

proposée jusqu'ici (1). Il le tient pour un terme celtique et le rattache à *fuidhir*, nom d'une classe d'étrangers naturalisés et établis sur le territoire tributif, dont la condition va maintenant faire l'objet de mon examen.

(1) *Introd.*, p. ccxxvi.

Bordarii, se rapprochait probablement beaucoup de celle des *sencleithes* et des *bothachs*. Quant à l'origine de ces classes serviles, on a soupçonné qu'elle n'était pas la même que celle de la race dominante, et qu'elle remontait aux habitants primitifs et aborigènes du pays. Les familles ou sous-tribus formées par elles fournissaient probablement à la tribu dominante et à ses subdivisions leurs bûcherons et leurs porteurs d'eau. D'autres dépendaient directement du chef et étaient spécialement à son service; elles cultivaient son domaine particulier et faisaient paître ses troupeaux, ou bien, établis par lui sur les terres vagues de la tribu, y formaient des colonies séparées. Le bon plaisir seul du chef déterminait vraisemblablement la rente ou les services qui lui étaient dus en retour de la jouissance du sol.

De ces classes, celle placée ainsi par le chef sur les terres inappropriées de la tribu est de beaucoup la plus importante et la plus intéressante au point de vue historique. On a même identifié ses vicissitudes à celles du peuple irlandais tout entier. Elle était composée de *fuidhirs*, étrangers ou fugitifs des autres territoires, hommes qui avaient brisé le lien tributif originel auquel ils devaient leur place dans la communauté, et qui en cherchaient une autre aussi bonne que possible dans une nouvelle tribu ou dans un autre lieu. Cette classe doit avoir été très nombreuse ; les traités brehons le démontrent surabondamment : il y est à chaque instant question d'émigration de familles ou de fractions de familles. Dans certains cas, la rupture du lien tributif et la désertion de ceux qui l'ont brisé sont des éventualités que la loi envisage nettement. La responsabilité collective des tribus, sous-tribus et familles, remplace, dans le droit brehon, comme dans d'autres anciens systèmes juridiques, cette responsabilité pénale et jusqu'à un certain point civile qui, dans nos institutions modernes, pèse sur l'individu. Mais on peut se préserver de l'encourir en forçant ou en décidant à s'éloigner des limites du groupe un de ses membres habituellement violent ou porté à la vengeance. Le *Livre d'Aicill* expose la procédure légale à suivre pour cette expulsion : mise hors la loi du fugitif par la tribu, et paiement au chef et à l'Eglise d'une indemnité. De telles mesures permettent une certaine tranquillité à la société où elles s'appliquent, et cependant on sait que, pendant des siècles, celle-ci fut violemment troublée. Le pays fut vraisemblablement inondé d'hommes sans feu ni lieu, qui ne pouvaient trouver asile et protection qu'en devenant tenanciers *fuidhirs*. En résumé, tout ce qui tendait à jeter le désordre dans l'Irlande du droit brehon favorisait aussi la multiplication de cette classe particulière de personnes.

Le *fuidhir* dépendait exclusivement du chef, et ne se rattachait à la tribu que par son intermédiaire. La responsabilité pénale qui, dans l'état normal de la société irlandaise, pesait sur la famille ou la tribu, était, en ce qui concerne les *fuidhirs*, encourue par le chef, qui devint en fait, pour cette classe de tenanciers, ce qu'avaient été leur tribu ou leur parenté originelles. Du reste, la terre qu'ils cultivaient dans leurs lieux de refuge n'était pas la leur, mais la sienne. Ce furent les premiers tenanciers à titre précaire connus en Irlande, et nul doute qu'ils ne fussent toujours redevables en principe d'une rente *extorsive* (1). Les « trois rentes, » dit le *Senchus Mor*, sont « *la rente extorsive exigée d'une personne de tribu étrangère*, une rente équitable prélevée sur un membre de la tribu, et la rente stipulée qui est payée à la fois par la tribu et par la tribu étrangère. » La « personne de tribu étrangère » est évidemment le *fuidhir*, et bien que

---

(1) Voyez p. 160, note 1. (N. du T.)

l'expression irlandaise traduite en anglais par *rackrent*, ne puisse naturellement, dans l'ancien rapport entre la population et la terre, dénoter un concours exagéré de redevances, elle trahit néanmoins une rente excessive, car l'une des gloses la compare d'une façon pittoresque au lait d'une vache obligée de se laisser traire tous les mois jusqu'à la fin de l'année. Il n'y a pas lieu de supposer cependant que les chefs opprimèrent, dès l'origine, les tenanciers *fuidhirs*. Le chef était très intéressé à les ménager ; « il recueille des *fuidhirs* » dit l'un des traités brehons, « pour augmenter son bien. » C'était plutôt la tribu dont les intérêts étaient en souffrance. L'accroissement de la population sur son territoire la fortifiait sans doute pour l'offensive et la défensive ; mais en tant qu'association de propriétaires, elle souffrait de la réduction croissante des terres de vaine pâture.

L'avènement des *fuidhirs* a dû favoriser sous plus d'un rapport la décadence déjà signalée dans la condition des membres de la tribu comme parallèle à la marche ascendante de la puissance du chef. Les indications fournies par le droit brehon sur ce genre d'évolution concordent d'une façon très curieuse avec certain passage d'un livre récemment publié qui, entre autres sujets remarquables, donne un tableau animé de la vie agricole dans la province reculée d'Orissa (Inde). L'auteur, M. Hunter, parle des relations entre le propriétaire terrien et le tenancier; mais comme la « paysannerie héréditaire » dont il est question jouit à l'égard du propriétaire foncier de droits définis par la loi, elle ne manque pas de quelque analogie avec les anciens Irlandais tribals. « L'agriculteur qui émigrait — le *fuidhir* de l'Inde moderne — ne perdait pas seulement sa situation héréditaire dans son propre village, il devenait un objet de mépris et de défiance dans la nouvelle communauté où il se glissait. Toute adjonction de cultivateurs tendait, en effet, à améliorer la condition du propriétaire terrien et à nuire d'autant à celle des cultivateurs plus anciens. Tant ue la terre d'un domaine restait le double de e que la paysannerie héréditaire pouvait culiver, les agriculteurs résidents étaient trop tiles pour être molestés et poussés au mécontentement. Mais une fois les immigrants établis n grand nombre, rien ne retint plus le seineur terrien dans la voie des exactions. Les enanciers émigrés ne perdirent donc pas seuleent leur position dans leurs anciens villages, ais ils furent en outre pressurés dans leurs nouveaux établissements, et, ce qui est encore pis, confondus jusqu'à un certain point avec les castes inférieures dépourvues de terres, lesquelles, restées en dehors des affiliations locales si avidement recherchées dans les sociétés rurales comme une preuve d'honorabilité, erraient çà et là, louant leurs services en cultivant au jour le jour l'excédent des terres du village (1). »

On a peut-être deviné maintenant pourquoi les tenanciers *fuidhirs* méritent une attention spéciale, et l'on apprendra sans surprise que leur condition particulière n'est pas sans rapports — c'est au moins probable — avec ces difficultés agraires qui se reproduisent avec une fréquence quasi-mystérieuse dans l'histoire de l'Irlande. L'esprit est certainement frappé de rencontrer dans le lointain des traditions irlandaises des conflits entre des tribus débitrices et des tribus créancières de rentes; puis, dès que nos renseignements sur l'Irlande deviennent complets et véridiques, d'entendre ceux qui les fournissent se plaindre avec indignation des exactions auxquelles les tenanciers sont en butte de la part des chefs irlandais; enfin, d'avoir vu en Irlande les

---

(1) Hunter, *Orissa*, I, 57, 58.

rapports entre seigneurs et tenanciers, toujours considérés dès le commencement de ce siècle comme une question sociale de la plus haute importance, se transformer finalement en un problème politique dont la solution date d'hier seulement. Je ne conteste pas qu'un lien commun ne relie ces divers stages de l'histoire agraire de l'Irlande ; mais on risque de tomber dans deux erreurs opposées si l'on va jusqu'à voir ici un rapport constant et uniforme. On peut être d'abord induit à antidater l'influence des lois économiques qui s'affirmèrent avec tant de puissance en Irlande dans ces derniers temps, et dont les conséquences de la grande famine de 1845-1846 épuisèrent presque toute l'énergie. Une population surabondante et une surface limitée de terres arables, telle était la meilleure explication de l'état de l'Irlande durant cette période. Mais à la fin du XVIe siècle le pays n'offrait ni l'un ni l'autre de ces caractères. On peut, d'autre part, être porté, comme me le paraissent quelques publicistes de grand mérite, à postdater les changements sociaux qui finirent par soumettre une si large portion du sol irlandais à la loi souveraine du marché, ou, pour employer la phraséologie habituelle, qui multiplièrent d'une façon inaccoutumée les « tenanciers à titre précaire. »

Sans doute, s'il fallait, à propos de ces causes, asseoir une opinion exclusivement sur l'ancien droit irlandais ou sur le droit anglais moderne relatif à la propriété foncière, on serait peut-être amené à conclure qu'un système archaïque qui se bornait à admettre la propriété absolue avait été violemment et artificiellement remplacé par un système beaucoup plus moderne de caractère et fondé sur la propriété absolue du sol. Mais à la fin du XVIe siècle les chefs avaient évidemment tant de puissance sur leurs tenanciers qu'on peut à peine en concevoir une augmentation quelconque. « Les seigneurs du sol, » — dit Edmond Spenser, qui n'écrivait pas plus tard qu'en 1596, — « n'y ont pas l'habitude d'affermer leurs terres à leurs tenanciers pour un certain nombre d'années, mais seulement d'année en année ou tant qu'il leur plaît, et le tenancier ou laboureur irlandais ne détient la terre que pour le temps qu'il veut lui-même. La raison en est, quant au tenancier, que les seigneurs terriens n'ont pas honte de pressurer leurs tenanciers, leur réclamant à plaisir numéraire et fournitures, et exigeant d'eux à sa fantaisie au delà des termes du contrat, en sorte que le pauvre cultivateur ou bien n'ose pas se lier à lui pour un terme plus long, ou bien espère que sa liberté constante de changer peut faire craindre à son seigneur de le molester. Et la raison pourquoi le seigneur ne veut pas avec lui de conventions plus durables, c'est que chaque jour il cherche à les changer et à les altérer, et balance entre de nouvelles fantaisies. » Sir John Davis écrivait un peu avant 1613, dans un langage plus énergique encore : « Le seigneur est un véritable tyran, le tenancier un véritable esclave, un vilain plus misérable en un sens que l'esclave, car le maître nourrit son esclave, tandis qu'ici l'esclave nourrit le maître. »

Le sort misérable des tenanciers irlandais, tel qu'on vient de le dépeindre, a bien peu de rapports avec la condition du dernier des *ceiles* ou vilains qui avait reçu du chef des têtes de bétail. S'il faut en croire le droit brehon, le *daer eile* était à plaindre, bien plus pour avoir dégénéré de ses prérogatives de membre libre de la ribu égal au chef par le sang, que pour s'être exposé à une oppression effrénée. Outre le paiement de redevances analogues aux rentes modernes, il devait certainement, obligation déplorable, traiter périodiquement le chef et sa suite. La loi ne fixait pas seulement le montant de ses redevances, elle réglait encore formellement et avec le plus grand soin la quantité exacte de pièces de viande et la qualité de l'*ale* dont il devait régaler le chef. Et si l'une des dispositions de la loi est plus précise que l'autre, cela tient à ce que la durée ordinaire de la tenure ou du vasselage était, non pas d'une année, mais de sept ans.

Comment expliquer maintenant cette différence? Serait-ce que les faits ne répondirent jamais entièrement à la théorie du droit brehon? Cela peut être jusqu'à un certain point; mais une étude attentive des traités brehons dispose à croire que les auteurs en étaient plus portés à exagérer les privilèges du chef qu'à augmenter les immunités des membres de la tribu. Est-ce plutôt, comme l'ont affirmé quelques patriotes irlandais, que Spenser et Davis subissaient l'influence des préjugés anglais, et qu'ils ont dépeint avec une grossière inexactitude l'Irlande de leur temps? Leurs écrits trahissent en effet des préjugés d'une certaine nature, et je les crois bien capables d'avoir mal compris à l'occasion ce dont ils étaient témoins; mais rien de ce qu'ils ont écrit n'autorise néanmoins à leur attribuer un parti pris de dénaturer les faits soumis à leur observation. J'admets très bien que certains détails des relations entre les chefs et les tenanciers aient pu leur échapper : par exemple, d'un côté, une fidélité librement gardée, et de l'autre, beaucoup de bonté et de bienveillante jovialité; mais on ne peut sérieusement révoquer en doute que les chefs irlandais aient joui à leur époque des pouvoirs et des droits qu'ils leur attribuent.

La puissance des chefs irlandais et leur rigueur envers leurs tenanciers, au XVIe siècle, étant admises, on les a expliquées, je l'ai déjà dit, en supposant que les nobles normands investis peu à peu de la dignité de chef en Irlande — les Fitzgerald, les Burke, les Barry — abusèrent d'une autorité qui, entre les mains des nationaux, aurait souffert des limites naturelles, et donnèrent ainsi un funeste exemple à tous les autres chefs irlandais. L'explication n'est pas aussi invraisemblable qu'elle pourrait le paraître à première vue; cependant je ne connais pas de preuves positives à l'appui. On doit au docteur Sullivan une thèse bien plus acceptable sur la cause de cette transformation, qu'il attribue, dans son *Introduction* (1), à la multiplication soutenue des tenanciers *fuidhirs*.

Cette classe de personnes n'aurait pas été protégée, on s'en souvient, par les institutions primitives ou naturelles découlant de la commu-

---

(1) *Introduction*, p. cxxvi.

nauté du sang. Le *fuidhir* n'était pas membre de la tribu; c'était un étranger. Dans toutes les sociétés qu'assemble la parenté, la condition d'une personne qui a perdu ou brisé le lien de l'unité est toujours extraordinairement misérable. Elle y a non seulement perdu sa place naturelle, mais nulle part ailleurs il n'en existe pour elle. L'avilissement des proscrits de l'Inde, c'est-à-dire de l'homme qui a perdu sa caste ou qui en a été exclu, ne caractérise pas une dégradation subie en passant d'un rang social élevé à un rang inférieur, mais l'absence de tout rang quelconque, aucun rang social n'étant ouvert à celui qui descend du sien. En perdant la protection de sa famille et de sa tribu, le *fuidhir* n'était pas, il est vrai, actuellement exposé aux dommages et aux violences; le nouveau chef auquel il s'était attaché l'en garantissait; mais entre ce chef et lui il n'y avait rien de commun, si ce n'est qu'il était en principe à sa merci. Tout au plus, à la longue, certains usages favorables à ses intérêts pouvaient s'établir, mais sans jamais avoir rien de la force obligatoire des règles qui définissaient les droits du chef à l'égard de ses tenanciers *saer* et *daer* de bétail. Plusieurs des obligations correspondant à ces droits prêtaient aux abus; à bien plus forte raison des obligations analogues, mais imposées par le bon plaisir du chef, devaient-elles devenir cruellement oppressives. Par une triste décadence, les *réfections* du droit brehon allaient se transformer à l'égard des *fuidhirs*, pour parler le langage de Spenser et de Davis, en « numéraire et fournitures, tailles, festoiements et gaspillages. »

Plusieurs causes puissantes et persistantes concouraient cependant à augmenter le nombre des individus de cette classe. Les Irlandais mêmes qui croient à l'existence dans le passé d'une Irlande assez bien policée, admettent que pendant des siècles leur patrie fut bouleversée par des troubles perpétuels. Les pirates danois, les discordes intestines, les tentatives de conquête des Anglo-Normands, jamais poussées avec suite ni complètement réussies, l'existence même du *pale* (1), et surtout la politique qui y prévalait et dont le mot d'ordre était de semer la division entre les chefs de l'intérieur, telles sont les causes qui, de l'aveu de tous, ont fomenté, dans des mesures diverses, la guerre civile qui a désolé l'Irlande. Ces conflits ont bien pu désagréger et dis-

(1) Ce terme désigne, dans l'histoire d'Angleterre, la bande de territoire longtemps et exclusivement occupée en Irlande par les conquérants anglais après leur descente dans l'île, en 1172 (N. du T.).

perser des tribus, éparpillant ainsi des multitudes d'hommes. Même dans les courts intervalles de paix, les mœurs violentes engendrées par un désordre continuel ont dû motiver souvent, de la part des familles, l'expulsion de membres dont elles ne voulaient plus demeurer responsables; et durant les périodes plus fréquentes de guerre, des fractions entières de tribus ont dû s'en détacher et les individus se disperser dans toute l'Irlande. C'est donc une hypothèse des plus vraisemblables que celle qui rattache à la classe des *fuidhirs* la plupart des tenanciers irlandais, dont le sort malheureux a excité l'indignation de Spenser et de Davis.

On peut même aller plus loin dans la voie des interprétations. Le lecteur se souvient du passage emprunté au livre de M. Hunter sur *Orissa*, qui montre comment un corps de tenanciers, jouissant de droits héréditaires, souffre, même sous un gouvernement rigide gardien de l'ordre et de la paix, d'une immigration considérable de cultivateurs dépendants du seigneur terrien ou *zemindar*. Les appropriations opérées par ceux-ci réduisent progressivement les terres en friche propres à la culture; et quoiqu'ils ne disputent pas directement aux tenanciers jouissant de droits héréditaires les terres déjà cultivées, ils élèvent beaucoup à la longue le taux de la rente, et arment le seigneur des moyens de l'exiger, moyens que, dans l'ancienne Irlande, le chef puisait dans la force même de son bras, et que dans l'Inde moderne il emprunte à l'argent, moteur efficace des rouages judiciaires. Quant à moi, je suis convaincu qu'une grande multiplication de *fuidhirs* a dû sérieusement empirer la condition des tenanciers *saer* et *daer* de bétail.

CHAPITRE VII.

ANCIENNES DIVISIONS DE LA FAMILLE.

« Avant l'introduction du droit coutumier anglais, toutes les propriétés du territoire de l'Irlande étaient soumises soit au régime de *tanistry*, soit à celui de *gavelkind*. Toute seigneurie ou puissance de chef, ainsi que les terres qui en dépendaient, passait sans partage au *tanist*, toujours choisi à l'élection ou par un coup de main, mais non par droit de naissance. Quant aux tenures inférieures, elles étaient partagées entre les mâles sous le régime de *gavelkind* (1). »

Ce passage se rencontre dans l'un des fameux débats à la suite desquels les juges anglo-irlandais prononcèrent l'illégalité des modes nationaux de tenure en Irlande. Ils décidèrent que le

---

(1) Sir J. Davis' *Reports* : *Le cas de Gavelkind*, Hil. 3, Jac. 1.

droit coutumier anglais avait force de loi en Irlande, et que le fils aîné succéderait désormais comme héritier *ab intestat*, tout à la fois aux terres relevant de la seigneurie et aux domaines partagés suivant la coutume irlandaise de *gavelkind*. Les juges savaient pertinemment opérer là une révolution, et ils croyaient probablement substituer une institution civilisée à un ensemble d'usages dommageables propres seulement à des barbares. Il y a cependant de sérieuses raisons de penser que le *tanistry* est le régime successoral d'où est sorti le droit de primogéniture, et que le *gavelkind* irlandais, qu'ils distinguaient avec soin du *gavelkind* de Kent, n'était rien de plus qu'une forme archaïque de cette même institution à laquelle les cours anglaises se sont toujours référées, et qui a prévalu sur le continent européen bien plus généralement que le droit d'aînesse.

Il convient d'examiner d'abord le *gavelkind* d'Irlande, ainsi défini par sir John Davis : « En vertu de la coutume irlandaise de *gavelkind*, les tenures inférieures se partageaient entre tous les mâles du *sept*, qu'ils fussent bâtards ou légitimes ; et le partage opéré, si quelqu'un du *sept* venait à mourir, sa part ne se divisait pas entre ses fils, mais le chef du *sept* faisait un nouveau partage de toutes les terres de ce *sept*, et apportionnait chacun eu égard à son ancienneté. »

Cet exposé, très digne de foi d'ailleurs, soulève quelques difficultés. Il ne concerne pas, on l'a remarqué, le clan ou la tribu dans sa plus grande extension, mais seulement le *sept*. La tribu était une corporation considérable et formée d'éléments variés, composée en grande partie d'hommes qu'un lien purement fictif de parenté rattachait au chef et à la masse des membres libres de la tribu. Le *sept* au contraire était une corporation plus restreinte, assez rapprochée d'un ancêtre commun pour que la parenté de ses membres fût réelle ou pût passer pour telle. On y rencontre certains rapports avec les petites communautés des *Highlands* observées en Ecosse vers 1730 par un officier du génie anglais. « Les *Highlanders* se divisent, » dit-il, « en tribus ou clans sous des chefs ou capitaines, et chaque clan se subdivise de nouveau en fractions du corps principal également soumises à des chefs. Celles-ci forment à leur tour de petites subdivisions de cinquante à soixante hommes qui tiennent leur origine de leurs chefs particuliers (1). » Une pareille corporation

---

(1) Cité par Skene, *Highlanders*, I, p. 156.

paraît être, je l'ai déjà dit, l'association familiale bien connue des Hindous, mais continuée comme unité corporative, — ce qui est très rare dans l'Inde, — durant plusieurs générations successives. Aucune différence ne distingue en principe, seule une légère sépare dans la pratique, le mode de succession décrit par Davis de l'effet produit sur la *famille associée* hindoue par la mort d'un de ses membres. Toute propriété étant l'objet d'une jouissance commune, et tous les profits étant versés dans la « caisse ou bourse commune, » le décès d'un individu devait entraîner en principe, sinon en réalité, la répartition de la part du défunt entre tous les parents unis dans le groupe familial; et si, à la dissolution de l'association, le partage des biens de celle-ci n'avait pas lieu par tête, mais par souche, il devait correspondre à ce que désigne probablement Davis quand il représente le chef donnant à chacun « selon son ancienneté. »

Ce que l'ancien droit irlandais nous apprend e vraiment nouveau, c'est l'existence d'une ociété de race aryenne établie sans doute à deeure sur le sol et influencée par cette fixité, ais n'en gardant pas moins un nombre excepionnel d'idées et de coutumes particulières à 'époque où la parenté, et non la terre, forme la base de l'union sociale. Il n'y a donc rien d'étonnant à rencontrer parmi les anciennes coutumes des Irlandais une institution aussi empreinte que le *gavelkind* du « communisme naturel » des formes primitives de la propriété. Ce « communisme naturel, » j'ai souvent insisté sur ce point, n'a pas existé en vertu d'une théorie qui concluait *à priori* à sa supériorité et à son équité comme mode de partage des terres d'une communauté ; il résultait simplement de l'incapacité des idées primitives à établir des distinctions entre une certaine quantité d'hommes unis seulement par leur descendance réelle ou supposée d'un ancêtre commun. Le dissolvant naturel de ce communisme, c'est la terre même sur laquelle les parents sont établis. A mesure que l'origine commune s'efface dans le lointain des âges, et que la communauté se considère peu à peu moins comme un rassemblement de parents que comme une corporation de covillageois, chaque maison se cramponne, pour ainsi dire, avec une ténacité croissante à l'allotement dont elle a été une fois pourvue, et les répartition nouvelles des terres entre toute la communauté, soit périodiques, soit après décès, deviennent d plus en plus rares et finissent par cesser entière ment ou par passer à l'état de simple tradition

C'est de la sorte que s'établit enfin ce genre largement répandu, mais modifié, de succession tri- utive connu en Angleterre sous le nom de *ga- elkind*. Les descendants du dernier possesseur rennent son domaine à l'exclusion de tous au- es, et les droits du reste de la communauté dis- inct de la famille se réduisent au pouvoir de 'opposer aux ventes ou au droit de régler les odes de culture.

En jetant un regard d'ensemble sur le monde ryen, et en considérant les sociétés qui con- ervent encore quelques vestiges de l'ancienne rganisation sociale, on y voit les successions ou propriété soumises à des régimes qui se rap- rochent étonnamment du *gavelkind* irlandais écrit par Davis. La plus remarquable de ces nalogies se rencontre dans une coutume qui a ubsisté jusqu'à notre époque dans une grande artie de la Russie. Chaque maison du village ait, proportionnellement au nombre d'adultes u sexe masculin qu'elle contenait, titulaire 'une parcelle des terres villageoises. Tout décès adulte diminuait donc d'autant la part de la aison ; au contraire, en parvenant à la virilité, aque membre en augmentait le lot en surface ltivée. On prenait pour unité fixe de mesure 'tendue du sol qu'un seul homme pouvait cultiver par son travail, et lors de la division périodique, chaque maison recevait une étendue de terres correspondant exactement au nombre d'agriculteurs adultes qu'elle renfermait. La différence principale entre cette coutume et celle qui parut si monstrueuse, si contre nature à si John Davis, c'est que sous la première, la répartition nouvelle avait lieu, non à chaque décès mais à des intervalles déterminés. Je ne prétend pas que cette différence soit sans importance. I est très possible que des répartitions nouvelle d'un fonds commun après décès indiquent dan l'histoire de la propriété un stage plus avan que la répartition périodique, et le règleme des intérêts pour une vie entière peut avoir pré cédé et amené l'attribution de parts permanent à chaque maison en particulier. Mais on pe sûrement rapporter au même principe tous l modes connus de partages répétés antérieurs ce dernier progrès.

Il n'y aurait aucune difficulté à tenir po vrai le point établi par le *Cas de Gavelkind*, ce document était isolé ou s'exprimait en te mes moins généraux. Mais il déclare nettemé qu'en Irlande toutes les terres qui n'étaient p soumises à la règle de *tanistry* l'étaient à cel de *gavelkind*; et d'autre part, les indicatio

urnies par les traités brehons sur l'économie
es lois et des coutumes irlandaises paraissent
compatibles avec cette assertion. Ceux-ci nous
ontrent en effet les droits du propriétaire
éfinis avec une rigueur et défendus avec une
lousie difficilement conciliables avec l'état de
communisme naturel » que fait supposer le
ngage de Davis. Il résulte du *Corus Bescna*, dont
i déjà parlé et qui traite des droits sur les terres
ibutives, que celles-ci peuvent être aliénées dans
rtains cas à titre perpétuel, au moins à l'Eglise ;
nous allons discuter quelques règles très
rieuses de succession qui, tout en affectant la
ille, paraissent certainement étrangères au
t. Enfin, j'ajoute que le Dr Sullivan, qui sem-
avoir consulté beaucoup plus de documents
iginaux qu'il n'en a encore été traduit ou
ré au public, s'exprime comme s'il croyait à
e analogie assez étroite entre le droit succes-
al général de l'Irlande et le *gavelkind* de
nt. « Dans la coutume irlandaise, » dit-il, « la
priété passait d'abord uniquement aux héri-
s mâles du défunt ; chacun des fils recevait
part égale... Plus tard, les filles semblent
ir eu le droit d'hériter de tous les biens
nd il n'y avait pas de garçons (1). »

Introduction, p. CLXX.

On ne pourra se rendre entièrement compte d[e]
cette contradiction apparente entre les traité[s]
brehons et le langage de Davis et de ses contem[-]
porains, au sujet du droit de succession à la pro[-]
priété foncière en Irlande, qu'après la publica[-]
tion intégrale des monuments de l'ancienne li[t-]
térature juridique. Il est déjà possible cependa[nt]
de se l'expliquer en admettant que les écrivai[ns]
irlandais et anglais ont observé, chacun de leu[r]
côté, un ordre différent de phénomènes. Nul dou[te]
pour moi que le *gavelkind* irlandais n'ait été e[n]
vigueur dans une grande partie du pays; les a[u-]
teurs anglais s'expriment là-dessus avec toute [la]
précision possible : ils affirment « qu'aucune h[a-]
bitation sortable n'était construite, aucun tr[a-]
vail d'enclôture exécuté, aucune améliorati[on]
introduite sur les terres où le *gavelkind* était [en]
vigueur, » et ils ajoutent que tel était nota[m-]
ment le cas dans l'Ulster, « qui ne formait qu'[un]
désert. » Il est néanmoins très probable que d[es]
faits d'une nature différente justifiaient les in[di-]
cations fournies par les traités brehons, et qu'[ou-]
tre la succession par *tanistry* d'une part, et [de]
l'autre le système singulièrement archaïque [en]
vertu duquel toute part défaillante se distribu[ait]
entre les membres du *sept*, on connaissait d'[au-]
tres modes encore de succession.

Une institution comme celle que je viens d'indiquer en dernier lieu porte en elle-même un [g]erme de décadence, en dépit des circonstances [q]ui peuvent exceptionnellement la maintenir en [v]igueur. Plus on s'éloigne de l'ancêtre commun, [p]lus aussi chacune des maisons dont se compose [l]a *famille associée* s'affermit dans la possession [d]e son lot des terres communes, si bien qu'elle [fin]it par se l'approprier entièrement, et ne la [t]ransmet plus qu'à ses descendants particuliers. [R]ien de plus probable qu'une telle organisation [fo]ncière dans beaucoup de *septs* irlandais, et il [e]st plus vraisemblable encore que des coutumes [p]ortant un cachet tout aussi moderne préva[la]ient dans les domaines définitivement disjoints [d]es possessions tributives ou situés à distance [du] siège principal de la tribu. Sans doute, dans [un]e société fondée sur les liens du sang, chaque [fa]mille séparée du reste tend elle-même à se dé[ve]lopper en *famille associée* ou en *sept*; mais dans [le]s domaines privés, la coutume devait être sus[ce]ptible d'une atténuation et disposée à rabattre [un] peu de sa tyrannie. Aussi, abstraction faite [de la] *tanistry*, j'admets sans difficulté la coexistence [en] Irlande du *gavelkind* irlandais, du *gavelkind* [mo]derne de Kent, et de plusieurs régimes succes[sifs] aux intermédiaires entre ces deux derniers.

Les autorités juridiques, tant anglaises qu'irlandaises, nourrissaient chacune de leur côté des préjugés qui ont pu les amener à concentrer exclusivement leur attention sur certaines coutumes. Les écrivains brehons me paraissen[t] nettement favorables à la transmission des biens dans chaque famille individuellement, régim[e] qu'ils devaient apprécier comme jurisconsultes, comme amis de l'Eglise, peut-être comme bon[s] patriotes. D'autre part, l'antique et étrang[e] forme de la propriété, qu'il appelait *gavelkind* devait accaparer l'attention de l'Anglais résidan[t] en Irlande, non pas qu'elle excitât en lui le genr[e] de curiosité dont elle est aujourd'hui l'objet mais en ce sens que sa surprise et sa répulsio[n] en faisaient pour lui un sujet d'observation co[n]stante, l'empêchant peut-être par là d'aperce[-] voir l'extension relativement considérable d'in[s]titutions d'un caractère tout opposé.

Cet essai de conciliation entre nos auteu[rs] s'accorde avec le peu que l'on sait des divisio[ns] territoriales dans l'ancienne Irlande. Souve[nt] un chef possédait, tant en Irlande que dans l[es] *Highlands* d'Ecosse, outre le domaine inhérent [à] sa qualité, une grande propriété dont la tenu[e] était regardée comme inférieure par les juri[s]consultes anglais. On connaît deux cas dans l[es] quels des chefs irlandais très élevés en dignité partagèrent ces propriétés entre leurs parents. Au XIVe siècle, Connor More O'Brien, chef ayant des enfants à lui, divise ses terres suivant des règles qui doivent correspondre plus ou moins à celles proscrites par les juges anglo-irlandais. Il assigne presque toute la propriété aux diverses familles du *sept* formé par ses propres parents, n'en gardant pour lui que « le sixième de la moitié du tiers ; » et encore, ce sixième, le partage-t-il entre ses trois fils, en ne se réservant qu'une simple rente. Mais à la fin du XVe siècle, Donogh O'Brien, fils de Brien Duff, fils de Connor, roi de Thomond, partage toutes ses terres entre ses onze fils, ne gardant pour lui que la maison d'habitation et le domaine voisin. La différence offerte par ces deux exemples, à un siècle au moins d'intervalle — il est instructif de le remarquer — est, à mon sens, suffisamment saillante. Dans le premier cas, la terre est restée indivise pendant plusieurs générations ; dans le second, elle a été périodiquement divisée. Connor More O'Brien a partagé l'héritage d'une *famille associée* ; Donogh O'Brien a partagé celui d'une famille pure et simple (1).

(1) Vallancey, *Collectanea de rebus hibernicis*, I, 264, 265.

Il est digne de remarque que Connor O'Brien semble avoir pris en considération les diverses souches ou *stirpes* entre lesquelles se sont répartis les descendants du premier fondateur de sa famille. Il a procédé, je crois, conformément au principe auquel Davis fait allusion quand il parle du chef divisant une part caduque entre les membres d'un *sept* « eu égard à leur ancienneté. » Ce procédé mérite d'être noté comme un progrès sur les plus anciennes coutumes tributives connues. Sous leurs formes les plus archaïques, la *famille associée* et l'institution qui en est sortie, la communauté de village, opèrent le partage par tête; aucun des copartageants ne reçoit plus que les autres du domaine entier ou de la portion partagée, et l'on ne tient nul compte de la nature particulière de la parenté de tel individu avec l'ancêtre commun. Dans un système plus avancé, le partage a lieu par souche; on observe soigneusement les lignes distinctes formées par les descendants de l'ancêtre de la *famille associée*, et on leur attribue à chacune des droits distincts. Finalement les souches elles-mêmes brisent les mailles de la *famille associée*; la part de propriété de chaque personne, désormais périodiquement divisée, est répartie à sa mort entre ses descendants directs. Dès ce moment, la propriété est constituée sous sa forme moderne; mais la *famille associée* n'a point perdu toute influence sur les successions. A défaut de descendants directs, l'héritage est attribué maintenant encore suivant les règles de la *famille associée*. Les successions collatérales, lorsque le degré est éloigné, gardent la forme primitive de la vieille institution, le partage par tête; elles ne revêtent leur forme moderne, le partage n'a lieu par ~ouche, que lorsque le degré de parenté est très roche.

Un autre point à noter, c'est que Connor 'Brien et Donogh O'Brien ont partagé tous eux de leur vivant leurs terres entre leurs ls ou leurs parents. Comme Laërte, dans 'Odyssée*, comme Lear, dans la tragédie de hakespeare, le vieux chef, au déclin de ses rces, abdique le pouvoir et ne retient qu'une artie des biens qu'il a administrés. Dès lors, embre libre, mais pauvre, de la tribu, il en evient un de ces *anciens* pensionnaires dont il ~t si souvent question dans les traités brehons. r, précisément la même coutume est reconnue même, on le croit, prescrite par les corps les us archaïques de jurisprudence hindoue. Ils sent en principe que, par le seul fait de sa issance, chacun des membres de la famille se trouve investi de ses droits, et comme la famille existe théoriquement à perpétuité, on ne voit pas pourquoi, si la propriété doit être divisée, elle ne le serait qu'au décès. Le droit de partage attribué aux chefs de race celtique a donné lieu à des théories douteuses. Pour moi, c'est certainement, au fond, la même institution que l'humble privilège réservé dans l'Inde par le *Mitakshara* au père de famille; c'est une des faces du privilège attribué dans la *famille associée* au représentant du sang le plus pur. Mais plus la *famille associée*, le *sept*, le clan, deviennent une organisation artificielle, plus le droit d partage prend le caractère d'une simple attri bution administrative.

Certains systèmes du droit hindou autorisen le père qui partage ses biens de son vivant, garder pour lui un double lot. Certaines cou tumes de l'Inde permettent également au frèr aîné qui divise son patrimoine entre ses frère de s'attribuer une part double de celle des a tres. On retrouve dans beaucoup de communa tés humaines des traces nombreuses de cette pa ticularité de la coutume du partage. C'est, pa exemple, le *droit d'aînesse* hébraïque de l'époq patriarcale. J'en fais spécialement mention par qu'on le confond souvent à tort avec ce que no appelons le *droit de primogéniture*. Mais le double lot est plutôt accordé comme la rémunération, peut-être même comme la garantie d'un partage impartial, et on le trouve souvent joint au droit exclusif de prélever certains objets réputés impartageables, par exemple la maison familiale, certains ustensiles. La preuve que ce n'est pas un privilège essentiellement propre à l'aîné, c'est qu'on en voit jouir souvent le père ou le plus jeune des fils; et sous ce rapport il a son analogue en Angleterre dans la coutume du *borough-english* (1), dont j'aurai bientôt beaucoup à dire. Cette sorte de succession privilégiée et celle que nous appelons *droit de primogéniture*, diffèrent historiquement par leur origine. Celle-là dérive d'une coutume tributive; celle-ci, à laquelle je passe maintenant, résulte, selon moi, de la condition particulière du chef.

Les traités brehons traduits jusqu'à présent n'ajoutent guère à nos connaissances sur les coutumes irlandaises correspondant au droit de succession exclusivement attribué au fils aîné; le droit de primogéniture reste toujours ce que

---

(1) Coutume suivant laquelle les biens étaient transmis, non à l'aîné, mais au dernier des enfants, et, en cas de mort sans enfants, au plus jeune frère (N. du T.).

je l'appelais il y a treize ans, « un des problèmes les plus difficiles de l'histoire du droit (1). » La première de toutes les difficultés qui l'environnent, c'est l'absence totale, avant une époque historique donnée, de tout exemple d'un pareil mode de succession. Le monde hellénique ne le connaissait pas, pas plus que le monde romain. Les Juifs, et probablement le monde sémitique tout entier, ne le connaissaient pas davantage. Les annales de ces diverses sociétés attestent de grandes différences entre la succession des hommes et celle des femmes ; mais on n'y trouve rien d'analogue à la succession exclusive d'un seul fils, quoique l'avènement au trône du fils aîné du roi défunt fut un fait ordinaire, et que les philosophes grecs aient supposé que dans un état social antérieur au leur, les plus petits groupes d'hommes — familles et villages — ont été gouvernés par les aînés succédant toujours aux aînés.

Même quand les races teutoniques se répandirent dans l'Europe occidentale, elles n'apportèrent pas avec elles le droit de primogéniture comme règle ordinaire de succession. La propriété allodiale du Teuton libre, cette part qu'il

---

(1) *L'Ancien droit*, p. 214.

était censé avoir reçue quand la confrérie à laquelle il appartenait avait pour la première fois pris possession de son domaine, était divisée à sa mort, quand elle était partagée, entre ses fils par portions égales ou entre ses fils et ses filles aussi par parts égales. C'est cependant un point bien établi, que l'avènement au droit de primogéniture et sa diffusion rapide en Occident sont dus à l'invasion des Barbares et aux notions tributives réintroduites par eux dans le monde romain. Mais ici surgit une nouvelle difficulté. Le droit de primogéniture n'est pas à l'origine exactement le même que celui qui nous est aujourd'hui familier. Quelquefois le droit du fils aîné donne naissance au droit de l'aîné des parents mâles du défunt; et dans certains cas, l'on dirait que la saisine du fils aîné comme celle de l'aîné des parents serait inefficace sans une élection ou une ratification émanée des membres du groupe auquel appartient l'héritier.

Comme d'habitude, les coutumes des Hindous jettent une vive lumière sur cet ancien système successoral. Suivant elles, la famille est despotiquement gouvernée par son chef; mais si à la mort de celui-ci elle se désagrège, les fils se partagent également les biens du père; si, au contraire, la famille se continue et se développe en *famille associée*, on y rencontre alors le même mélange d'élection et de succession incertaine offert en Europe par les exemples primitifs du droit de primogéniture. Le fils aîné, et, après lui, son fils aîné, ont d'ordinaire l'intendance de la *famille associée*; mais leurs privilèges dépendent en principe de leur élection par la confrérie, qui peut les leur retirer ; et quand elle les leur retire, c'est ordinairement en faveur d'un frère de l'intendant décédé, estimé, à raison de son âge, plus compétent que ses neveux en affaires et en administration.

Dans l'ancienne société irlandaise, la *famille associée*, se perpétuant de génération en génération, forma d'abord le *sept*, puis le clan, et devint d'autant plus artificielle que le cercle s'en élargissait davantage. Et cependant, loin de diminuer, l'importance du chef de la tribu augmenta ; il n'en administra plus seulement les intérêts civils, il en devint le chef militaire.

Le système que révèlent ces données me paraît facilement intelligible. Ce ne sont pas les membres de la famille du chef qui sont individuellement l'objet de la vénération de la tribu, c'est cette famille elle-même en qui la confrérie entière se voit représentée dans son sang le plus pur. La tribu, sauf de très rares exceptions, choisit dans cette famille son chef et son guide, et il y a des exemples de choix faits systématiquement dans deux familles à tour de rôle. Mais la nécessité d'avoir un chef militaire jouissant de la plénitude de sa vigueur physique et de ses facultés mentales, est beaucoup trop impérieuse pour que celui-ci n'ait été invariablement élu qu'à la mort de son prédécesseur, et pour que le choix se soit toujours ou même généralement porté sur le fils du dernier chef. « Aussitôt après la mort de l'un de leurs principaux seigneurs ou capitaines, les Irlandais ont coutume, » dit Spencer, « de s'assembler en un endroit déterminé et connu à l'avance, afin de lui choisir un successeur, et ils nomment et élisent, la plupart du temps, non le fils aîné ni aucun des enfants du seigneur décédé, mais le plus proche de ses parents qui soit le plus âgé et le plus digne, comme son frère, s'il en a, ou son plus proche cousin, et ainsi de suite, tant qu'il y a dans ce parentage ou dans ce *sept* un aîné quelconque; et alors, aussitôt après l'élu, ils choisissent son plus proche par le sang pour être *tanaist* et lui succéder dans ladite capitainerie, s'il vit assez pour cela... Car, lorsque leur capitaine meurt, si la seigneurie passait à son enfant, lequel peut être en bas âge, quelqu'un pourrait d'aventure entrer en compétition avec celui-ci ou le chasser par la force, alors qu'il serait incapable de défendre ses droits et de repousser l'intrus à main armée ; c'est pourquoi ils confèrent la seigneurie à l'aîné de la race, qui est d'ordinaire un homme dans la force de l'âge et plus expérimenté pour garder l'héritage et défendre le pays... Pour cela, le *tanaist* est toujours connu d'avance, au cas où le capitaine mourrait subitement ou serait tué dans la guerre ou seulement absent du pays, comme devant défendre et sauver la communauté du danger résultant de pareilles conjonctures (1). »

Le droit de primogéniture comme règle successorale est donc pour moi un produit de la décadence du principat tributif. Toutes les communautés tributives qui se répandirent sur le territoire de l'empire romain ont eu probablement, à une certaine époque, des institutions analogues à celle dont le *tanistry* irlandais reste pour nous le type ; mais on ne peut préciser à quel stage de leur histoire ces institutions commencèrent à se transformer, surtout depuis que les recherches de Sohm (2) ont démontré com-

---

(1) Spenser, *View of the state of Ireland*.
(2) Dans son *Fränkische Reichs-und Gerichtsverfassung*.

bien, dans l'intervalle qui s'étend entre les observations de Tacite et la rédaction de la loi salique, un pouvoir central ou royal a profondément modifié l'organisation sociale de quelques-unes de ces communautés. On peut cependant supposer, je crois, avec quelque assurance, que la transition de l'ancien droit de primogéniture au nouveau a été partout favorisée par des circonstances à peu près inverses de celles auxquelles le *tanistry* a dû en Irlande sa longue vitalité.

Là où une ère de paix suffisamment longue a pu s'ouvrir à l'intérieur, où l'on s'est rapproché du type distinctif des sociétés modernes, où les institutions civiles et militaires ont commencé de se grouper autour de l'autorité centrale d'un roi, on a dû attacher moins de prix à la capacité stratégique chez les chefs inférieurs, et le respect pour la pureté du sang a dû prévaloir dans les petites confréries. Ce respect s'adresse naturellement à celui qui descend en ligne la plus directe du dernier gouvernant; aussi le fils aîné, même mineur, est-il préféré à un oncle dans la succession, et à défaut du fils, celle-ci peut-elle être dévolue à une femme. Cette transformation dans les idées s'opéra graduellement, comme le démontrent une foule d'indices. C'est d'une époque où les vieilles et les nouvelles règles successorales étaient encore en conflit que semblent dater les querelles des grandes familles des *Highlands* sur leur droit de primauté dans certains clans; et plus tard, quand le droit féodal a remplacé dans presque tout l'Occident européen les coutumes tributives, quelques-unes des règles féodales ne s'appliquent qu'avec une hésitation évidente en matière de succession. Glanville, écrivant sur les tenures militaires anglaises à la fin du règne de Henri II, relate ceci : « Quand une personne décède laissant un jeune fils et un petit-fils, enfant de son fils aîné, la question est très controversée de savoir lequel des deux, du fils ou du petit-fils, la loi préfère dans la succession du défunt. Quelques-uns estiment que le jeune fils a plus de droits que le petit-fils à hériter...; d'autres inclinent à penser que le petit-fils doit être préféré à son oncle (1). »

Cette controverse juridique a laissé des traces dans la littérature comme dans l'histoire. L'intrigue du *Hamlet* de Shakespeare repose manifestement sur ce doute. Mais c'est surtout entre les descendants par les filles, dans la compétition entre Bruce et Baliol, qu'a été réellement

(1) Glanville, VII, 7.

agitée la question de principe. La succession à la couronne d'Ecosse fut définitivement réglée, comme elle l'aurait été à une époque plus reculée, par ce qui équivalait à l'élection nationale; mais la décision d'Edouard Ier en faveur de Baliol était, sans aucun doute, conforme aux principes qui alors gagnaient partout du terrain, et je crois avec M. Burton (1) que le retentissement de la querelle et l'examen approfondi auquel elle donna lieu contribuèrent beaucoup à fixer la règle qui prévalut finalement, savoir, que tous les descendants d'un aîné doivent avoir disparu pour qu'un titre passe à ceux du cadet.

Quand toutefois le fils aîné avait succédé à son oncle dans les principats inférieurs, il obtenait aussi sans doute cette « portion de terre attachée à la seigneurie ou à la suzeraineté, qui passait sans partage au *tanaist;* » et comme chaque communauté entra peu à peu dans une paix relative sous une autorité royale ou centrale, ce domaine, comme on l'appela plus tard, dut revêtir de plus en plus le caractère d'une propriété pure et simple, transmise conformément à la règle de primogéniture. De cette manière, on peut l'admettre, s'établit une règle de suc-

(1) Burton, II, 249.

cession qui, du domaine proprement dit, s'étendit d'abord à tous les biens-fonds, même acquis, du tenancier de la seigneurie, et finit par former dans l'Europe féodale le droit successoral des classes privilégiées. On peut voir un vestige de cette dernière transformation dans la tenure noble jadis très répandue sur le continent et appelée en France *parage*, dans laquelle les proches parents du fils aîné gardaient encore leur part d'intérêt dans la propriété de la famille, mais la tenaient de lui en tant que ses *pairs*. D'autres causes contribuèrent en outre au développement considérable du droit de primogéniture dans la première partie du moyen âge; je renvoie, pour ce qui les concerne, à mon précédent ouvrage, déjà mentionné (1).

Je ne crois pas qu'on puisse compter avec justice parmi les erreurs ou les crimes des Anglais en Irlande, l'abrogation légale du *tanistry* et la substitution à cette règle de celle de primogéniture. A la faveur des désordres de ce pays, s'était perpétuée la coutume qui prêtait une vitalité contre nature à de petits groupes de parents et à leurs chefs minuscules. Sir John Davis n'en parle pas trop sévèrement quand il

---

(1) L'*Ancien droit*, chap. VII.

l'accuse de « rendre toute propriété incertaine, d'engendrer la confusion, la barbarie, la grossièreté des mœurs. » L'abrogation du *gavelkind* irlandais était beaucoup moins justifiée. Alors même que l'institution fut vraiment ce que Davis supposait, il était injuste de ruiner soudainement les espérances des parents éloignés qui composaient le *sept* du dernier tenancier. Mais divers systèmes successoraux se confondaient probablement sous le nom de *gavelkind*, et dans bien des cas un certain nombre d'enfants étaient sans doute dépossédés sans motifs au profit d'un seul. Tout ce qu'on peut dire en faveur des auteurs de cette révolution, c'est qu'ils semblent avoir cru sincèrement détruire des institutions funestes. Et de fait, quand, un siècle plus tard, leurs descendants se proposèrent délibérément de mater l'Irlande, ils y réintroduisirent, sous une forme qui n'était pas, il est vrai, la plus ancienne, le *gavelkind*. Ils *gavellèrent* les terres des *papistes* et les rendirent transmissibles à tous les enfants sans distinction.

Il existe de tristes analogies entre quelques-unes des erreurs commises par les Anglais à deux époques bien éloignées l'une de l'autre, et selon toute apparence avec les meilleures intentions, lorsqu'ils se heurtèrent à des institutions dont le degré de développement accusait une civilisation plus arriérée que la leur. Le langage de sir John Davis à propos de la coutume irlandaise de *gavelkind* serait aussi bien celui d'un jurisconsulte anglo-indien blâmant avec violence les juristes brahmaniques de ne pas confondre la famille proprement dite avec la *famill[e] associée dans l'indivision*. Je ne sache pas qu[e] pareille erreur ait été commise dans l'Inde, quoique, à n'en pas douter, nos cours de justic[e] aient mal à propos encouragé au début la disso[-]lution de la *famille associée*. Mais il y a, malheureusement, une étroite similitude entre cer[-]taines expériences tentées par les Anglais, d'un[e] part en Irlande, d'autre part dans l'Inde. U[n] *act* de la douzième année d'Elisabeth autorisai[t] le Lord-Député à recueillir les fonds délaissé[s] et à les rétrocéder aux Irlandais. Les seigneur[s] irlandais, dit Davis, « faisaient abandon de r[é]gions entières et obtenaient la rétrocession d[e] tout à eux seuls et pas à d'autres, le tout à titr[e] de domaine. On ne tenait aucun compte, pou[r] faire ces concessions, des *septs* inférieurs de l[a] population... De sorte que, à chacun de ces d[é]laissements ou de ces concessions, il n'y ava[it] dans toute une région qu'un seul franc-tena[n-]cier d'institué, lequel était le seigneur lu[i-] même ; tout le reste n'était que tenanciers à titre précaire ou plutôt tenanciers en villenage. » L'ensemble des terres de quelques *familles associées* ou de quelques *septs* de l'Inde, alors finalement devenus des *communautés de village*, a été également, croit-on, aux débuts de la colonisation indienne, conféré à une seule famille ou à un royal percepteur d'impôts étrangers à ces dernières. L'erreur ne consistait pas à introduire en Irlande ou dans l'Inde la propriété absolue ; elle portait sur la répartition des divers droits dont la propriété se compose. Mais, à vrai dire, déterminer comment cette répartition sera le plus sagement et le plus équitablement opérée, quand l'heure sonne de substituer, par une mesure réfléchie de l'Etat, la propriété individuelle à la propriété collective, c'est là un problème qui met à une rude épreuve la science politique d'un siècle plus avancé, quand un vif sentiment d'humanité l'anime et que de vastes connaissances l'inspirent. Il appartenait à notre génération, témoin des grandes mesures connues sous le nom collectif d'affranchissement des serfs en Russie, d'assister ainsi à l'essai le moins défectueux qui ait été tenté jusqu'ici de résoudre cette grave question.

Le *tanistry* irlandais se rattache à la règle de

primogéniture; le *gavelkind* irlandais, aux régimes successoraux les plus usités parmi les branches tant orientales qu'occidentales de la race aryenne. Mais certains passages des traités brehons reproduisent une division intérieure de la famille irlandaise, une classification de ses membres, à laquelle correspond un système successoral; toutes choses absolument différentes des diverses combinaisons que nos idées modernes nous permettent de concevoir relativement à la consanguinité. Il y a peu d'années encore, ces passages auraient paru trop peu intéressants eu égard à leur difficulté, pour mériter qu'on s'ingéniât à les interpréter. Mais il est aujourd'hui plus d'une raison pour s'y arrêter quelque peu.

La division de la famille irlandaise en *geilfine*, *deirbhfine*, *iarfine* et *indfine* — dénomination dont les trois dernières se traduisent par l *véritable*, la *postérieure* et la *dernière famille* est confusément indiquée dans plusieurs texte des premiers volumes de la traduction officielle mais le *Livre d'Aicill*, en son troisième volume nous fournit pour la première fois sur ce poin des documents à peu près précis. Le savant édi teur de ce volume, qui les a soigneusemen examinés, en résume ainsi la substance : « Dan la famille, dix-sept membres formaient quatre divisions ou classes, dont la plus jeune, le *geilfine*, comprenait cinq personnes; les autres, le *deirbhfine*, deuxième en nombre, le *iarfine*, troisième, et l'*indfine*, celle des membres les plus âgés, comptaient respectivement quatre membres. Cette organisation admettait dans son ensemble et pouvait seulement admettre dix-sept membres; quand une naissance se produisait dans le *geilfine*, le plus âgé de ses membres passait dans le *deirbhfine*, dont le membre le plus âgé passait à son tour dans l'*iarfine*, qui envoyait ui-même son aîné dans l'*indfine*; et quant au embre le plus âgé de l'*indfine*, il sortait entièrement de l'organisation. Ce passage d'un egré inférieur à un degré supérieur semblerait voir lieu à l'avènement d'un membre nouveau ans le *geilfine*, et dépendre en conséquence, on du décès des plus anciens membres, mais e l'adjonction de membres nouveaux. »

Des divers fragments relatifs à ce sujet, on eut inférer, ce semble, que tout membre de la amille associée ou du *sept* pouvait être choisi omme point initial, et devenir la souche d'auant de ces groupes de dix-sept hommes qu'il avait ui-même de fils. Dès que l'un de ceux-ci compait quatre enfants, une subdivision *geilfine* de cinq personnes se trouvait formée au complet; une nouvelle naissance d'un enfant mâle à ce fils ou à l'un de ses descendants mâles, avait pour effet de pousser dans le *deirbhfine* le membre le plus âgé de la subdivision *geilfine*, à l'exception toutefois de celui qui avait fondé ce dernier groupe. Une suite de naissances semblables complétaient à la longue le *deirbhfine* et finissaient par former l'*iarfine* et l'*indfine*, les familles *postérieure* et *finale*. Le principe essentiel de ce système me paraît être le partage par quart. Pour moi, la cinquième personne du *geilfine*, c'est le *parens* dont sont issus les seize descendants; et je ne crois pas qu'il ait jamais changé de place dans cette organisation; les traités paraissent en faire mention sous le nom de *chef du geilfine*.

L'intérêt de cette répartition des membres d la famille consiste en ceci : quelle qu'elle soit, c n'est pas une classification basée sur des degré de consanguinité tels que nous les entendons Même à s'en tenir là, cela suffirait à suggére cette réflexion générale qui se présente souven à l'esprit quand on étudie l'histoire du droit, savoir, que maintes choses qui nous semblen tout à fait naturelles, simples, et auxquelle pour cette raison nous attribuons volontiers u caractère d'universalité, sont plutôt, en réalit' artificielles et restreintes à une sphère d'application des plus limitées. Quand l'un de nous ouvre son livre de prières au tableau des degrés prohibés (1), ou que l'étudiant en droit prend son Blackstone et consulte la table de succession, il connaît peut-être les controverses auxquelles ont donné lieu les droits et les obligations inhérentes à ces degrés de parenté, mais il ne s'est jamais douté qu'on puisse professer sur la nature de la parenté des idées différentes de celles qui servent de fondement à ces tables mêmes. Voilà cependant, dans le *Livre d'Aicill*, une notion de la parenté et des droits qui en dérivent absolument différente de celle que révèlent les tables de parenté et de succession. Les groupes ne sont pas formés d'après les mêmes principes ; les mêmes principes ne les distinguent pas les uns des autres. Les tables anglaises sont fondées sur une classification par degrés, sur l'identité dans le nombre des descendants qui séparent une personne donnée d'une classe déterminée de personnes. Mais l'ancienne classification irlandaise ne suppose manifestement rien de sem-

---

(1) On trouve généralement dans les manuels de piété, en Angleterre, l'indication des degrés de parenté prohibés pour le mariage (N. du T.).

blable. Un père et quatre fils qui ne sont pas au même degré peuvent former un *geilfine*. Les auteurs brehons le représentent même composé d'un père, d'un fils, d'un petit-fils, d'un arrière-petit-fils, et d'un autre fils plus éloigné encore d'un degré, cas possible de parenté quant au *geilfine*, mais qui n'a dû guère se rencontrer dans la pratique. Ajoutons que chacun de ces parents est éloigné des autres à des degrés différents. Cette classification de la famille réagit, en outre, indubitablement, sur le droit successoral ; le *geilfine*, si anormal à nos yeux, pouvait hériter, en certains cas, des autres classes dont la composition est pour nous également arbitraire.

Cette bizarre organisation de la famille soulève une question qu'au point où nous sommes parvenus dans ces recherches, il est impossible de passer sous silence. J'ai parlé plus haut d'un livre sur les *Systèmes de parenté et d'alliance dans la famille humaine* publié par le *Smithsonian Institute*, de Washington. L'auteur, M. Lewis Morgan, est un de ces Américains encore en assez petit nombre, qui comprennent, à voir seulement les nombreux monuments encore subsistants de la civilisation dont quelques peuples de leur race ont joui dans le passé, combien les idées et les mœurs des Peaux-Rouges méritent d'être intelligemment étudiées. En poursuivant ses recherches, M. Morgan fut frappé de trouver chez les Indiens une notion de la famille, à la vérité très claire et très précise, et tenue par eux en très haute considération, mais absolument différente de celle qui prévaut aujourd'hui chez les peuples civilisés. Il entreprit alors de laborieuses investigations sur la matière, principalement à l'aide de correspondances entretenues avec toutes les parties du monde ; et il fut amené à conclure que les idées professées par la grande famille humaine sur la parenté sont extraordinairement variées, mais qu'il est cependant possible de les généraliser et de les ramener à l'une ou à l'autre des deux théories distinctes appelées respectivement par lui le *système descriptif* et le *système classificatif*. Voici très brièvement l'explication de l'un et de l'autre.

Le *système descriptif* est celui dont nous avons l'habitude. Il nous vient du droit canonique et même du droit romain, de celui surtout que nous révèle la Novelle CXVIII de Justinien. Mais les sociétés profondément imbues du droit civil et du droit canonique ne sont pas seules à en user. Il consiste essentiellement à donner des noms distincts aux classes de parents composées des membres de la famille que sépare de vous, par exemple, ou d'un ancêtre commun, le même nombre de générations. Ainsi, votre oncle est par rapport à vous au troisième degré, puisqu'il y a un degré de vous à votre père ou à votre mère, un second degré de vos père et mère à leurs auteurs, et un troisième de ceux-ci à leurs autres enfants, parmi lesquels se placent vos oncles. *Oncle* est le nom générique de tous les parents mâles qui sont, par rapport à vous, au troisième degré. Les autres noms employés dans le *système descriptif* sont au nombre des mots les plus usités. On remarquera toutefois que ce procédé ne peut être poussé très loin en pratique. On dit *oncle, tante, neveu, nièce, cousin*; mais on arrive bientôt à *grand-oncle, petit-neveu, arrière-grand-oncle, arrière-petit-neveu*, et bientôt l'on se perd dans les répétitions d'*arrière* pour finir par ne plus désigner d'un nom spécial ses parents éloignés. La technologie du droit romain allait beaucoup plus loin que nous dans la nomenclature des degrés de parenté; il y a lieu de penser toutefois que les dialectes populaires de la langue latine étaient moins riches, et qu'aucun *système descriptif* ne peut ainsi continuer indéfiniment son procédé.

Quant au *système classificatif*, il groupe les

parents par classes souvent très étendues, sans tenir nécessairement compte des degrés. Dans ce système, le père d'un individu et ses oncles sont groupés ensemble ; quelquefois ses oncles paternels, quelquefois ses oncles maternels, quelquefois tous ses oncles indistinctement, et tous sont peut-être indifféremment appelés ses pères. De même, les frères d'une personne et ses cousins peuvent être classés ensemble, et appelés en bloc ses frères. Ce système a généralement pour effet de vous permettre d'embrasser mentalement un bien plus grand nombre de parents que vous ne le pouvez faire dans le système ordinaire. On obtient, il est vrai, cet avantage aux dépens de la faculté de distinguer entre les membres de chaque classe ; mais dans certains états sociaux ce système peut être très utile, la responsabilité de chaque classe étant habituellement collective.

Je n'entreprends pas d'expliquer l'origine du *système classificatif*. M. Morgan et son école trouvent cette explication, je l'ai déjà dit, dans certaines formes des rapports entre les sexes qu'on prétend avoir universellement prévalu jadis chez la race humaine, et qui nous sont actuellement connues grâce à leur persistance chez quelques peuples obscurs. On peut lire dans l'ouvrage très original de M. Mac Lennan sur le *Mariage primitif*, l'exposé complet de l'état social auquel on croit devoir attribuer cette notion particulière de la parenté. Nous avons seulement à nous demander si la division irlandaise de la famille en quatre petits groupes dont aucun ne comprend forcément des parents au même degré, dont chacun a des droits propres et distincts, et encourt des responsabilités déterminées, ne renferme pas quelques traces du *système classificatif*. Sans doute, les anciens Irlandais ont surtout adopté le *système descriptif*; ce n'en serait pas moins un fait intéressant, important même, dans l'opinion des adeptes de la science préhistorique, que de retrouver à l'état de *survivance* parmi les institutions des Brehons une division de la famille qui ne se peut expliquer que comme un débris du *système classificatif*. Mais j'estime, quant à moi, purement apparente et accidentelle cette ressemblance entre la classification irlandaise de la parenté et les modes de classification exposés par M. Morgan. Je vais tout de suite dire pourquoi. La dernière explication qu'admettrait M. Morgan des idées remarquables relatives à la parenté, dont traite so livre, serait qu'elles ont de l'analogie avec l *patria potestas*, cette institution célèbre qui réu nissait les éléments de ce que, avec son école, il regarde comme une forme relativement moderne de la famille. Eh bien! je crois pouvoir motiver d'une façon tout au moins plausible l'opinion que cette embarrassante division quadruple de la famille celtique n'est ni une simple *survivance* d'un état barbare immémorial, ni, comme on l'a souvent supposé, l'effet d'une convention purement arbitraire, mais une attestation nouvelle de ce pouvoir du Père qui marque le premier et le plus important jalon de l'histoire du droit.

La famille irlandaise, il faut bien se le rappeler, passe pour avoir été composée de trois groupes de quatre et d'un groupe de cinq personnes. J'ai déjà dit qu'à mon sens la cinquième personne de ce dernier groupe n'est que le *parens* dont sont issus tous les autres membres des quatre divisions, ou auquel ils sont unis par une descendance adoptive. L'ensemble des descendants naturels ou adoptifs est donc réparti entre quatre groupes de quatre personnes chacun, et leur rang dans la famille suit l'ordre inverse des âges. Le groupe *geilfine* est plusieurs fois désigné par les jurisconsultes brehons comme étant à la fois le plus élevé et le plus jeune. Or, je crois, avec M. Whitley Stokes, que *geilfine* signifie *manus-familia* (1). Comme j'ai quelque raison de penser qu'une version différente de ce terme a été adoptée par une autorité éminente, je dois donner les raisons qui militent en faveur de celle de M. Whitley Stokes. *Gil* signifie *main* — c'est aussi la traduction d'O'Curry — et correspond en fait au grec χείρ. Dans plusieurs langues aryennes, le terme signifiant *main* est le synonyme expressif de *puissance*, spécialement en ce qui concerne le pouvoir familial ou patriarcal. En latin, *herus*, maître, dérive d'un ancien vocable analogue à χείρ; et l'un des termes capitaux de l'ancien droit familial romain *manus*, était pris dans le sens d'autorité patriarcale. Dans la phraséologie juridique de Romains, l'épouse qui devenait en droit par le mariage la fille de son mari, était dite *in manu*. Le fils affranchi de la puissance paternelle était *émancipé*. L'homme libre qui avait subi la manumission était *in mancipio*. Nous avons e outre dans les idiomes celtiques, entre autre

(1) *Hand-family*, litt. « main-famille. » Cette expression n supportant pas une traduction littérale, j'ai cru devoir la rendr par les mots latins correspondants qui la font plus intell gible pour le lecteur, surtout s'il possède quelque notion droit romain, que la traduction approximative de *maîtresse-f mille* (N. du T.).

mots, *gilla*, domestique, terme familier aux sportsmen et aux touristes dans les *Highlands*, et aux lecteurs de Walter Scott sous sa forme anglicisée de *gillie*.

J'estime donc qu'il convient de chercher dans la *patria potestas* la clé de la division irlandaise de la famille, comme de beaucoup d'autres institutions de l'ancien droit. Je crois cette division fondée sur la marche suivie dans l'émancipation de l'autorité paternelle. Le *geilfine*, la *manus-familia*, est formé du père et de quatre fils naturels ou adoptifs soumis à son autorité immédiate. Les autres groupes renferment des descendants émancipés dont la dignité diminue en proportion de leur éloignement du groupe qui, dans les idées archaïques, constitue la famille vraie et typique.

Ce qui nous reste du très vieux droit romain porte la trace d'un ordre d'idées tout à fait semblable à celui qui paraît avoir enfanté l'institution irlandaise. La famille placée sous la *patria potestas* formait avec le *paterfamilias* la véritable famille romaine. Les enfants émancipés pouvaient avoir acquis un avantage pratique, mais ils étaient incontestablement déchus de leur dignité spéculative; ils avaient encouru cette perte du *status* désignée dans l'ancienne phraséologie juridique sous le nom de *capitis deminutio*. On sait aussi que dans le droit romain primitif, ils perdaient leurs droits successoraux et qu'ils ne les regagnèrent peu à peu qu'à l'aide d'une institution relativement moderne, l'équité du préteur romain. Quoi qu'il en soit, de toutes parts il nous est laissé entrevoir qu'à l'instar d'une règle générale, les fils, à mesure qu'ils avançaient en âge, étaient affranchis de l'autorité paternelle, et nul doute que cet usage n'explique en partie la persistance de la *patria potestas* parmi les institutions de Rome. Ce qu'on nous rapporte donc de la famille celtique s'appliquerait sans trop d'inexactitude à la famille romaine. Les plus jeunes enfants étaient les premiers en dignité.

Bien entendu, je ne prétends pas qu'il existe une ressemblance parfaite entre l'ancienne famille romaine et l'ancienne famille celtique. On ne possède aucun indice d'une émancipation systématique de la *patria potestas* chez les Romains ; l'affranchissement des fils paraît avoir toujour dépendu de la volonté du *paterfamilias*. Quan aux divisions de la famille celtique, elles sem blent dues à un principe qui puisait en lui-mêm sa force. Certains passages du *Livre d'Aicill* don nent même à penser que le parent qui gardai a place dans le groupe dit *geilfine*, pouvait voir son père encore vivant. Cette particularité, qui n'a pas d'analogue dans l'ancien droit romain, trouve peut-être son explication dans des coutumes que nombre d'allusions dans le droit brehon démontrent avoir été suivies par les Celtes comme elles l'ont été par plusieurs autres sociétés antiques. Dans un âge avancé, les aînés de la famille ou de la *famille associée* paraissent en être devenus les pensionnaires, et avoir, comme Laerte dans l'*Odyssée*, renoncé à leur autorité ou à leur propriété privilégiées. Il est toutefois prudent de suspendre là-dessus son jugement jusqu'à ce que le droit brehon ait subi plus à fond l'examen de la critique.

A l'époque où le *Livre d'Aicill* fut compilé, l'importance de la division irlandaise de la famille semble restreinte au droit successoral. C'est d'ailleurs ce qui se produit régulièrement dans toute société. Quand l'ancienne constitution de la famille a déjà perdu partout son influence, elle affecte encore l'hérédité. Toutes les lois de succession sont faites en réalité des débris des diverses formes revêtues par la famille. Notre système successoral mobilier et le droit successoral français tout entier proviennent du droit romain qui, dans son dernier état, est un mélange de règles empruntées aux stage successifs de la famille romaine, et une sort de compromis entre elles toutes.

Les auteurs des traités de droit brehon com parent souvent le *geilfine* à la main humaine mais chez eux cette comparaison paraît êtr d'abord un enfantillage : le *geilfine* a cinq mem bres, et la main cinq doigts. Selon le Dr Sulli van — qui donne toutefois à *geilfine* un sens tou différent de celui attribué à ce mot par les au torités que nous suivons — « comme ils (les cin membres) représentaient les souches des bran ches divergentes de la famille, on les appelai les *cuic mera na fine*, c'est-à-dire les cinq doigt du *fine*. » Si la traduction de *geilfine* que j' en partie empruntée à M. Whitley Stokes es exacte, on peut admettre qu'à l'époque où le traités brehons revêtirent leur forme actuell la *patria potestas* des anciens irlandais, quoiqu souvent représentée dans les traités comme l pouvoir de « jugement, épreuve et témoignage du père sur ses fils, s'était néanmoins consid rablement affaiblie, comme cela peut arrive dans toute société sous l'influence de conjon tures défavorables, et qu'à la suite de cette d cadence, le rapport entre *geilfine* et *manus* da le sens de puissance paternelle, était également devenu moins étroit.

Il existe cependant une analogie réelle d'un autre genre entre le *geilfine* et les cinq doigts de la main. Pourquoi, dans un grand nombre d'anciennes sociétés, le nombre cinq est-il symbolique? La seule réponse qu'on puisse faire, c'est que la main de l'homme a cinq doigts. Je recommande sur ce point à l'attention du lecteur le chapitre si instructif de M. Tylor sur l'enfance du calcul, dans le premier volume de sa *Civilisation primitive* (1). « Compter sur les doigts, » dit-il, « n'est pas une pratique particulière aux sauvages et aux hommes illettrés, à l'aide de laquelle ils poursuivent certaines de leurs opérations intellectuelles que le langage serait en partie impuissant à suivre; c'est encore un procédé qui s'est maintenu en usage chez les nations les plus cultivées, comme préparation et moyen d'accès à des méthodes arithmétiques plus relevées. » Cinq est ainsi un nombre *maximum* naturel et primitif. On sait que la vieille municipalité anglaise était représentée par le bailli et les quatre bourgeois. Le conseil d'une

---

(1) *Primitive culture,* I, 246. — Cet ouvrage a été traduit en français sous le titre de *La Civilisation primitive*, par Mme P. Brunet et M. Ed. Barbier; Paris, Reinwald (N. du T.).

communauté de village indienne est le plus souvent composé de cinq personnes, et dans les provinces de l'est, le nombre normal d'un jury ou bureau d'arbitres est toujours de cinq : c'est le *punchayet*, familier à tous ceux qui connaissent un peu l'Inde. Le *geilfine*, groupe représentatif de la famille irlandaise, comprenant le *parens* et les quatre descendants encore retenus sous la *patria potestas* de celui-ci, rentre donc dans cet ordre d'idées symboliques si universellement répandues.

Je crois trouver dans la *patria potestas* l'origine la plus probable d'une coutume anglaise bien connue qui ne laisse pas d'étonner profondément ceux qui étudient notre droit. On regarde depuis un temps immémorial le *borough-english*, coutume suivant laquelle le plus jeune fils, et non l'aîné, hérite des tènements en *burgage* (1) de son père, comme un usage largement répandu dont il est du devoir des cours anglaises de tenir juridiquement compte; et nombre d'auteurs qui, depuis Littleton, ont traité de nos lois sur la propriété immobilière, ont essayé d'ex-

---

(1) Le *burgage* est un mode de tenure suivant lequel les terres sont tenues du seigneur d'un bourg moyennant une certaine rente annuelle ou des services commerciaux ou industriels (N. du T.).

pliquer cette coutume. Littleton croyait en trouver la raison d'être dans l'âge tendre du plus jeune fils, qui ne lui permettait pas de subvenir à ses besoins comme ses autres frères. Suivant une autre explication, rapportée par Blackstone, il faudrait voir là l'effet d'une présomption d'illégitimité contre le fils aîné, en raison du prétendu *droit du seigneur* qui est maintenant regardé comme apocryphe par presque tous les historiens. Blackstone, lui, va chercher son explication jusque dans le nord-est de l'Asie; il prétend, d'après Duhalde, que cette coutume prévaut chez les Tartares. « Cette nation, » dit-il, « est uniquement composée de bergers et de pasteurs; dès que les fils aînés peuvent mener la vie pastorale, ils quittent leur père avec un certain lot de bétail, et vont à la recherche d'une nouvelle habitation. C'est pourquoi le
lus jeune fils, qui reste le plus longtemps avec
on père, hérite naturellement de la maison de
e dernier, les autres étant déjà pourvus. Chez
lusieurs autres peuples septentrionaux, tous
es garçons, sauf un seul, avaient aussi coutume
'émigrer de chez leur père, qui avait alors
our héritier celui qui était demeuré. »

Cette explication était la meilleure qu'on pût
roposer au temps de Blackstone; mais ce n'était

pas la peine, pour la trouver, de voyager si loin de chez soi. Circonstance digne de remarque, on rencontre, dans les lois du pays de Galles une institution tout à fait analogue au *borough-english*, laquelle règle la succession des vilains agriculteurs. *Cum fratres inter se dividant hæreditatem* — porte une règle de cette partie du droit gaélique qui s'est conservée en latin — *junior debet habere tygdyn, i. e. œdificia patris sui, et octo acras de terrâ, si habuerint* (1). Et quand le plus jeune fils a eu pour lui la maison paternelle, huit acres de terrain et certains outils et ustensiles, ce qui reste doit être partagé entre les aînés. Pour moi, cette institution repose sur le même ordre d'idées que celle qu' donne le pas à la division dite *geilfine*, dans l famille celtique. On préfère à tous ses frères, le fils qui demeure à la maison, qui n'est pas éman cipé, mais retenu sous la *patria potestas*. S'il e est ainsi, le *borough-english* n'a plus rien qu doive surprendre. Il contraste sans doute ave la règle de primogéniture; mais ces deux ins titutions ont une origine différente. Le droit d primogéniture n'est pas un produit naturel d la famille; c'est une institution politique, et no

(1) L. Wall., vol. II, p. 780.

pas tributive; elle ne nous vient pas des membres du clan, mais du chef. Quant à la règle du *borough-english*, quant aux privilèges du *geilfine*, ils se rattachent étroitement à l'ancienne notion de la famille, conçue comme un faisceau dont la *patria potestas* est le lien. Ceux qui représentent de la façon la plus sensible la famille, quand elle est dissoute par la mort de son chef, sont de préférence héritiers, conformément aux idées qui semblent avoir été jadis communes aux Romains primitifs et aux Celtes irlandais et gaéliques, comme aux observateurs originaux, quels qu'ils furent, de la coutume anglaise.

CHAPITRE VIII.

COMMENT NAISSENT ET SE PROPAGENT LES IDÉES PRIMITIVES.

M. Tylor a fait observer avec raison que le véritable résultat de la science nouvelle de la mythologie comparée, c'est de mettre en relief la stérilité, dans les temps primitifs, de cette faculté de l'esprit dont nous faisons la meilleure condition de la fécondité intellectuelle, l'imagination. Le droit comparé conduit plus infailliblement encore à la même conclusion, comme on pouvait s'y attendre en raison de la stabilité naturelle de la loi et de la coutume, et classe parmi les caractères les plus généraux de l'enfance du genre humain le petit nombre des idées et la lenteur avec laquelle s'augmente le fonds intellectuel.

Notre habitude invétérée de nous arrêter exclusivement, en étudiant la nature humaine, à un petit nombre des phénomènes qu'elle présente, nous a seule empêchés de remarquer que la genèse des idées nouvelles n'est pas aussi rapide dans toutes les phases de la société que dans l'état social contemporain. Quand nous abordons l'examen des faits sociaux, nous sommes très portés à ne tenir compte que d'une partie de l'Europe occidentale, et peut-être du continent américain; nous laissons régulièrement de côté l'Inde, la Chine et tout l'Orient musulman. Il n'y aurait aucun inconvénient à limiter ainsi le champ de son observation si l'on faisait des recherches sur les lois du progrès. Le progrès ou la production incessante d'idées nouvelles, c'est en effet la même chose, et l'on ne peut en découvrir la loi qu'en examinant la suite des idées là où la succession en est fréquente et le développement étendu. Mais pour bien établir la condition primitive des sociétés progressives, il convient d'étudier celles qui sont stationnaires, et c'est laisser une grave lacune dans nos connaissances que de négliger comme un phénomène sans intérêt et nullement instructif l'état intellectuel de ces milliers et de ces millions d'hommes qui peuplent ce qu'on appelle vaguement l'Orient. Beaucoup d'entre nous savent que parmi ces multitudes, la littérature, la religion, les arts, — ou ce qui correspond à tout cela — tournent toujours dans un cercle rigoureusement tracé de notions immuables; mais on établit rarement, avec toute la clarté voulue pour rendre cette démonstration instructive, que cet état intellectuel est dû plutôt à la prolongation de l'enfance de l'esprit humain qu'à une maturité différente de la nôtre.

Je suis loin de nier d'ailleurs qu'il ne s'agisse entre l'Orient et l'Occident, quand au renouvellement rapide des idées, que d'une affaire du plus au moins. L'Inde a connu cette activité intellectuelle, même pendant l'époque désastreuse qui a immédiatement précédé l'avènement des Anglais, et dans les âges antérieurs cette activité a dû être très grande. Pendant toute une suite de siècles les progrès des Chinois ont dû se maintenir à un niveau constant, et il faut s'en prendre sans doute à notre ignorance de cette réputation d'immobilité absolue faite à la Chine et à d'autres pays. Mais la réciproque n'est-elle pas vraie? Les idées nouvelles éclosent-elles dans l'Occident aussi vite que notre littérature et nos relations modernes le font quelquefois supposer? On ne peut certainement pas douter que des causes inconnues à l'ancien monde aient contribué chez nous à multiplier les idées. Parmi ces causes viennent en première ligne la découverte incessante de nouveaux phénomènes naturels, les inventions qui changent la modalité et les conditions matérielles de l'existence, et enfin les règles nouvelles du gouvernement des sociétés. En tête de celles-ci, je place comme l'agent le plus énergique dans le domaine articulier du droit la maxime célèbre suivant aquelle toutes les institutions doivent tendre à rocurer au plus grand nombre la plus grande omme de bonheur possible.

On peut néanmoins constater à de nombreux ndices que les efforts les plus délibérés réussisent très médiocrement à augmenter la circulaion des idées. Voyez la poésie et la fiction! De emps en temps un esprit doué de cette réunion e qualités qui forment le génie vient tout à oup ajouter de nombreuses combinaisons de ensées, de mots, de sons à celles qu'il apparient à ces arts de produire. Alors, aussitôt près un ou plusieurs de ces efforts, on voit s'arêter la fécondité inventive de l'esprit humain ui s'attarde pendant un siècle peut-être à des uvres d'imitation. C'est ce qu'on observe en etit pour les règles auxquelles se conforment os habitudes sociales. On parle des caprices de la mode; mais en en reconstituant l'histoire, on s'aperçoit qu'ils sont singulièrement limités, à ce point qu'on est quelquefois tenté de croire que la mode parcourt constamment des cercles qui ramènent les mêmes procédés. La fécondité intellectuelle connaît de même plus de limites naturelles qu'on ne se le figure, et celles-ci se traduisent dans les corporations humaines par cette défaillance devant toute production nouvelle dont paraissent atteintes par moments toutes les sociétés occidentales, comme en particulier les intelligences les plus diversement douées d'instruction et de culture.

Je me propose de montrer actuellement quelques-unes des conséquences de cette stérilité intellectuelle à l'époque du stage primitif des sociétés humaines qui a fait jusqu'ici l'objet d notre examen. Les relations d'homme à homm se résument toutes alors, nous le savons, dan la parenté. C'était une présomption fondamentale que tout homme qui ne vous était pas un par le sang était votre ennemi ou votre esclave Peu à peu cette présomption devint erroné en fait, et des hommes qui n'étaient point pa rents par le sang établirent leurs relations le uns avec les autres sur un pied de paix, de to lérance mutuelle ou de services réciproques

NAISSANCE ET DÉVELOPPEMENT DES IDÉES PRIMITIVES. 283

ais aucune idée exactement correspondante à ces relations nouvelles ne se fit jour dans les esprits, et l'on n'inventa aucune phraséologie our les exprimer. On parla des nouveaux memres de chaque groupe comme s'ils y étaient pparentés, on les traita comme tels, on les onçut comme tels. Les idées avaient si peu hangé, que, nous le verrons, les sentiments t les passions mêmes qui naissent de la parenté aturelle se reproduisirent avec une force exraordinaire dans la parenté fictive. Ces faits ien compris éclairent plusieurs problèmes hisoriques, de ceux notamment qui sont particu'ers à l'histoire d'Irlande. Il n'y a rien là du este qui doive nous surprendre, ces observa'ons rentrant, sous une forme différente, dans domaine de notre expérience quotidienne. out le monde a pu remarquer que des conjoncres nouvelles venant à se produire, nous les isons rentrer dans le cadre de nos idées anté'eures; quand à nos idées elles-mêmes, c'est ulement plus tard, beaucoup plus tard, qu'elles rivent à changer. En Angleterre, les cours de stice sont en grande partie les instruments ce procédé. Les faits se groupent sans cesse ns un ordre nouveau, mais on les interprète clusivement, au début, suivant les vieilles idées juridiques. Puis, un peu plus tard, les jurisconsultes admettent que ces idées ne répondent plus entièrement à ce qu'elles étaient avant les faits nouveaux.

Il faut nécessairement recourir à cette génération paresseuse des idées aux temps primitifs pour expliquer cette foule de fictions que l'o rencontre sur le double seuil de l'histoire et d droit. On peut en choisir partout des exemple dans les coutumes archaïques ou dans les sys tèmes juridiques rudimentaires; mais ceux qui répondent le mieux à notre sujet ont trait au présomptions fictives de parenté naturelle. J'a signalé ailleurs l'étrange contradiction qu'o observe, dans les sociétés romaine et hellénique entre la croyance ou la théorie et ce qui est ac tuellement pour tous un fait notoire. « On peu affirmer, des anciennes républiques, que leur citoyens considéraient tous les groupes dont il étaient membres comme fondés sur la desce dance d'un même auteur. Ce qui était évide ment vrai de la famille était cru vrai de la *gen* puis de la tribu, et enfin de l'Etat. Et cependa nous trouvons qu'avec cette croyance, ou, nous pouvons ainsi parler, cette théorie, chaq communauté conservait des titres ou des trad tions qui montraient clairement la fausseté cette supposition. Soit que nous considérions les Etats grecs ou Rome, ou les aristocraties teutoniques du Ditmarsh qui ont fourni à Niebuhr tant d'exemples intéressants, ou les clans celtiques, ou cette étrange organisation sociale des Slaves, Russes et Polonais, qui n'a été remarquée que récemment, nous découvrons partout dans l'histoire un moment où des hommes d'origine étrangère ont été admis dans la communauté primitive et y ont été incorporés. Si nous considérons Rome en particulier, nous trouvons que le premier groupe, la famille, y était constamment altéré par la pratique de l'adoption, et qu'il a toujours couru des histoires sur l'origine étrangère d'une des tribus primitives et sur la grande augmentation des *gentes*, due à l'un des premiers rois. La composition de l'Etat, que l'on considérait toujours comme naturelle, était cependant connue comme artificielle pour une grande part (1). »

On a récemment demandé aux anciennes religions la clé de ces singuliers phénomènes, et l'on a cru l'avoir trouvée dans l'usage prétendu universel de faire des ancêtres défunts l'objet d'un culte. Mais les lois et coutumes de l'Irlande

---

(1) L'*Ancien droit*, chap. V (trad. de M. Courcelle-Seneuil).

offrent, après des siècles de christianisme, et quand aucun ancêtre éponyme n'a pu depuis longtemps inspirer aucun culte, des exemples frappants de ces singularités. La famille, la maison, la tribu des Romains, et, si loin que s'étendent nos connaissances, toutes les divisions analogues des communautés helléniques, étaient désignées par des noms distincts et séparés. Dans le droit brehon, au contraire, le même mot, *fine* ou famille, s'emploie pour désigner : — la *famille* telle que nous l'entendons ordinairement, c'est-à-dire les enfants d'un *parens* vivant et leurs descendants; — le *sept*, ou, pour parler comme le droit indien, la *famille associée dans l'indivision*, c'est-à-dire la réunion des descendants d'un ancêtre depuis longtemps décédé; — la *tribu*, qui était l'unité politique de l'ancienne Irlande; — et même enfin les grandes tribus dans lesquelles s'absorbaient quelquefois les petites. Eh bien ! la famille irlandaise n'en a pas moins été incontestablement augmentée par l'adoption. Il y a dans le *sept*, le groupe le plus considérable de parents, une place réservée aux étrangers qui y sont admis sous des conditions déterminées, le *fine taccair*. La tribu comprenait notoirement un certain nombre de personnes, pour la plupart des transfuges des autres tribus, qui ne se rattachaient à elle que par une commune obéissance au même chef. Bien plus, la tribu prise dans sa plus large extension et considérée comme unité tout autant politique *ue* sociale, pouvait être absorbée avec d'autres *d*ans une grande, dans une *archi-tribu*, où l'uni*q*ue source de la parenté, toujours préjugée en *t*héorie, était alors la conquête. Tous ces grou*p*es n'en étaient pas moins, dans un sens ou dans *u*n autre, des familles.

Le procédé artificiel n'a pas seulement con*s*isté à étendre le bénéfice de la parenté à des *c*lasses d'hommes bien connues pour avoir été *o*riginairement étrangères à la vraie confrérie ; *o*n en a un exemple plus intéressant encore : *l*'idée de parenté et les dénominations propres *à* la consanguinité ont été étendues à des asso*c*iations que nous concevons aujourd'hui comme *e*xclusivement fondées sur la volonté contract*u*elle, telle que les *partnerships* (1) et les *ghildes*. Il n'est pas, dans l'*Introduction* du Dʳ Sulivan (2), de pages plus intéressantes que celles *o*ù il discute l'origine tributive des *ghildes*. Il

---

(1) La *partnership* est une société analogue à notre société *e*n nom collectif (N. du T.).

(2) Pages ccvi et suiv.

donne au mot lui-même une origine celtique, e
il fait remonter l'institution aux association
pour l'élève du bétail, très communes chez le
anciens Irlandais. Quoi qu'il en soit, il n'est pa
moins très instructif de rencontrer les même
mots employés pour désigner des corporation
de coassociés fondées sur le contrat, et des cor
porations de cohéritiers ou de copropriétaire
indivis fondées sur la commune descendance
Toute réunion d'hommes paraît avoir été con
sidérée comme une famille. En ce qui concern
spécialement les *ghildes*, je persiste à penser
comme il y a quelques années, qu'on leur a tro
facilement attribué une origine relativemen
moderne, et que beaucoup d'entre elles, comm
la plupart des caractères qui leur sont commun
à toutes, proviennent, selon toute vraisem
blance, des confréries primitives de covillageoi
et de parents. Les *ghildes* commerciales qui sur
vivent encore en Angleterre ont subi plus d
transformations qu'il n'en fallait pour nous dé
rober leur origine. D'abord, elles sont toute
artificielles, bien que le principe héréditair
tende assez à s'y manifester; elles ont délaiss
depuis longtemps les opérations auxquelles elle
doivent leur célébrité; elles font surtout re
monter leurs privilèges et leurs constitutions

quelque charte royale. Tout cela n'empêchera pas quelqu'un de familier avec l'histoire et le droit primitifs de reconnaître en plus d'un point, dans une société londonienne dont il étudiera le mécanisme intérieur et les procédés, des traces évidentes de cette ancienne confrérie de parents « associés pour la nourriture, le culte et la terre; » et je trouve un rapport très étroit entre ces terres confisquées qui appartiennent maintenant à plusieurs de ces sociétés, et certaine vieille tenure tributive de l'Irlande.

C'est dans l'histoire du droit romain, j'ai à peine besoin de le dire, qu'il faut rechercher presque exclusivement l'histoire primitive du contrat. J'ai fait remarquer, il y a quelques années, la confusion qui résulte des institutions primitives de Rome entre la translation de propriété et le contrat de vente (1). J'ajoute aujourd'hui qu'un ou deux autres des grands contrats romains me paraissent porter en eux-mêmes, à les examiner de près, les traces d'une évolution successive nécessitée par les transformations organiques de la société primitive. Nous savons comment des confréries de parents deviennent à la longue de simples alliances entre personnes qui

(1) *L'Ancien droit*, ch. IX (N. du T.).

ne méritent plus que le nom d'associés; mais à première vue on n'aperçoit pas le chaînon qui nous permettrait d'y rattacher l'origine du contrat de société. Et cependant, examinons ce contrat particulier appelé par les Romains *societas omnium* ou *universorum bonorum*. Nous le traduisons ordinairement par *société à responsabilité illimitée*, et il n'est pas douteux que la forme primitive de la société ait exercé une grande influence sur sa forme dernière; mais remarquons que dans la *societas omnium bonorum*, non seulement tous les engagements de la société engageaient chaque associé séparément, mais que la totalité des biens de chacun constituait le capital social et un fonds commun de jouissance. Dans notre monde moderne, un pareil arrangement ne résulte jamais tacitement d'un contrat ordinaire, quoiqu'en certaines contrées il puisse être la conséquence du mariage. Or, ne touchons-nous pas par là aux confréries associées de l'époque primitive, et n'est-ce pas en se développant qu'elles ont dû engendrer le contrat dont nous parlons?

Passons maintenant au contrat de mandat. Le droit romain n'admettait qu'une seule représentation complète d'une personne par une autre, celle du *paterfamilias* par le fils ou par l'es clave en sa puissance. La représentation du mandant par le mandataire était de beaucoup moins complète, et il me paraît probable qu'il s'y rencontre une ombre de cette identification parfaite qui n'était autrefois possible qu'entre deux individus appartenant à la même famille.

Les institutions que j'ai choisies comme exemple sont des produits indigènes que la notion de parenté, en se répandant, a développés sans doute plus ou moins au sein de toutes les sociétés primitives. Mais une institution absolument étrangère s'introduit quelquefois du dehors dans l'intérieur d'une société fondée sur une consanguinité présumée, et il devient alors très instructif d'observer combien étroitement ce qui nous aurait paru auparavant le plus disposé à résister avec obstination à l'infiltration des idées tributives se conforme néanmoins en ce cas au type de la famille ou de la tribu. On sait que l'ancienne Eglise d'Irlande a longtemps embarrassé les historiens ecclésiastiques. Elle soulève certaines difficultés sur lesquelles je n'ai pas la prétention de jeter une lumière nouvelle, et dont ce n'est pas d'ailleurs le lieu de s'occuper. Parmi ces problèmes se placent le nombre extraordinaire des évêques et leur dépendance, quasi-servile selon toute apparence, vis-à-vis des maisons religieuses auxquelles ils étaient attachés. Les rapports des diverses corporations ecclésiastiques entre elles tenaient, cela n'est pas douteux, des relations tributives. Le droit brehon confirme pleinement, à mon sens, la description faite de cet état de choses par le Dr Todd, d'après les sources purement ecclésiastiques, dans l'introduction de sa *Vie de saint Patrice*.

Un des grands missionnaires irlandais ou écossais, qui ne manque pas d'être par la suite, à peu d'exceptions près, vénéré comme un saint, obtient de quelque chef ou de quelque tribu de l'Irlande ou de la Bretagne celtique une concession de terrain, et y fonde un monastère. Il peut se rencontrer aussi que le fondateur de la maison religieuse soit déjà lui-même chef d'une tribu. Cette maison en enfante d'autres qui peuvent à leur tour jeter les fondements de petits établissements religieux à la fois monastiques et consacrés aux missions. On applique les mots de *famille*, de *tribu*, de *parenté* à tous les corps religieux créés par ce procédé. Chaque monastère, avec ses moines et ses évêques, forme une famille, une tribu qui paraît embrasser quelquefois tous ses subordonnés laïques ou serviles. On donne le même nom à l'ensemble des maisons religieuses fondées par la maison-mère, et aux diverses églises ou corporations monastiques qui en sont sorties. Tout cela forme *la tribu du saint*. Mais cette expression n'est pas toujours employée dans ce sens particulier. L'abbé de la maison-mère et tous les abbés des succursales, sont les *comharbas* ou cohéritiers du saint. Dans un autre sens encore, on désigne par famille ou tribu du saint ceux qui font actuellement partie de la tribu de ce dernier ou de ses parents par le sang. On sait que Iona ou Hy est le fameux monastère fondé par saint Columba proche les côtes d'Ecosse (1). « L'abbé de Hy, » — dit le Dr Todd — « ou *co-arb* de Columba, était le chef commun de Durrow, de Kells, de Swords, de Drumcliff et autres maisons fondées en Irlande par Columba, aussi bien que de la maison-mère de Hy, et les congrégations, le personnel, tous ceux qui relevaient de ces différents monastères, formaient la *famille de Colum-Kille*. Aussi les familles des monastères tels que Clonmacnois ou Durrow, pouvaient-elles fournir un corps très respectable de combattants. » J'ajoute que ces *familles de saints* — les preuves n'en manquent pas — figurèrent à l'occasion dans de petites guerres fort sanglantes. Mais « en général » — je cite encore le

---

(1) A Icolmkill, l'une des Hébrides (N. du T.).

Dr Todd — « on entend seulement par famille les moines ou religieux de la maison. »

Il est facile de comprendre comment le même nom, appliqué à tous ces genres différents de relations, peut quelquefois créer d'inextricables difficultés. Mais on en possède la clé dans cette idée de parents poussant par générations successives, comme autant de rejetons, sur la tige commune, prenant eux-mêmes racine à l'occasion un peu plus loin, mais sans jamais briser le lien qui les unit à leur famille et à leur chef originels. Rien de plus intéressant, remarquons-le, que la façon dont l'ordre naturel sur lequel sont modelées ces organisations artificielles cherche à se faire jour aux dépens de cette imitation systématique. Les membres de toutes les associations les plus modernes ont toujours accusé une tendance à s'y perpétuer à titre héréditaire, et voici que le droit brehon s'efforce d'assurer aux parents naturels actuellement vivants du saint fondateur la préférence dans les élections abbatiales. La règle canonique voulait que l'élection fût faite par les moines; mais le *Corus Bescna* déclare qu'en cas de vacance, c'est dans la famille du saint (c'est-à-dire ici le *sept* du fondateur), si elle compte un moine capable, que l'abbatiat doit être conféré. « Quand il n'y aurait qu'un chanteur de psaumes issu d'elle, s'il y est propre, il doit l'avoir. » Et le texte continue en disant que si aucun parent ni membre de la tribu du saint ne convient à ces fonctions, elles doivent aller à un membre de la tribu qui a originairement fait don du terrain.

J'ai eu dernièrement connaissance d'un exemple tout à fait moderne de cette plasticité de la notion de parenté. Les covillageois du village indien s'appellent entre eux frères, quoique la communauté soit souvent établie sur un mode artificiel et que bien des éléments divers aient concouru à la former. Cette appellation est en même temps, d'une façon fort visible, plus qu'un mot banal. Or, des missionnaires chrétiens ont récemment tenté une expérience qui promet de très bien réussir. Ils ont formé des villages de néophytes rassemblés de maintes régions différentes. Eh bien ! ces personnes, comme je l'ai appris, s'accommodent aussi aisément en *confrérie*, parlent le langage et prennent les habitudes qui y conviennent aussi naturellement que si elles et leurs ancêtres avaient été depuis un temps immémorial membres de cette association indienne toute particulière, la communauté de village.

Il existe toutefois, dans la même classe de phénomènes, une autre espèce de rapports dont on paraît avoir, il me semble, une intelligence très incomplète. Quand, sous l'influence du genre d'idées dont nous nous occupons, les hommes se trouvent placés dans des conditions qui les portent naturellement à l'affection et à la sympathie, ou impliqués dans des relations qu'ils ont appris à regarder comme particulièrement sacrées, non seulement leur langage et leurs idées, mais leurs sentiments, leurs impressions, leurs préjugés reçoivent l'empreinte de ceux qu'engendre naturellement la consanguinité. L'histoire de l'Eglise nous fournit, je crois, un exemple frappant de cette opération. On sait que la parenté spirituelle, le lien qui existe entre le parrain et le filleul, entre parrain et marraine, et même entre ceux-ci et la famille de leur filleul, devint par degrés la source d'un grand nombre de prohibitions relatives au mariage de ces personnes entre elles, prohibitions placées sur le même rang que celles fondées sur l'alliance, et, jusqu'à un certain point, que celles fondées sur la consanguinité. Le plus ancien monument qui atteste le travail de cet ordre d'idées dans la société chrétienne, c'est, je crois, une Constitution de Justinien insérée au Code (1), et prohibant le mariage du parrain avec sa filleule ; mais les diverses autorités qui contribuèrent à créer le droit canonique multiplièrent rapidement ces sortes de prohibitions que le concile de Trente formula d'une façon définitive, en en réduisant toutefois quelque peu le nombre. Elles ne subsistent aujourd'hui, dit-on, que pour la forme dans l'Eglise romaine, et l'on en obtient dispense aussi facilement que si celle-ci était de droit. Les théologiens enseignent que ce système prohibitif a été inspiré par le désir de communiquer un caractère tout particulièrement sacré aux liens qu'engendre le parrainage, explication qui me paraît être la vraie. Mais je ne crois pas que la parenté spirituelle, qu'une affinité purement contractuelle, ait été, à aucun stage de la pensée humaine, assimilée à la parenté naturelle. Cette théorie s'est précisément développée à l'époque où le christianisme se répandait parmi les peuples dont l'organisation sociale reposait sur la parenté, et il est naturel de penser que leurs idées réagirent sur l'Eglise. Dans ces sociétés un lien sacré était nécessairement de la nature d'un

___

(1) Cod., V, 4, 26.

lien familial, et emportait les mêmes associations et le même ordre de sentiments. Aussi ne regardé-je pas comme nés de la théorie de la parenté spirituelle les termes de *compérage*, de *parrain*, de *filleul*, dont les équivalents se rencontrent dans plusieurs langues : ils révèlent plutôt suivant quel procédé la théorie a pris naissance. N'est-il pas dès lors tout à fait naturel qu'en s'introduisant dans une société tributive, comme celle des anciens Irlandais, la parenté spirituelle ait été étroitement assimilée aux liens du sang ? C'est en effet ce qui s'est produit, on le sait; la solidité des liens, la vivacité des affections qu'elle a produits a excité le dédain, l'irritation et l'étonnement de plusieurs générations d'observateurs anglais qui puisaient leurs idées dans un état social devenu alors bien différent de celui de l'Irlande.

Mais à côté du compérage ou parenté spirituelle, il y avait une autre institution beaucoup plus primitive, et extraordinairement répandue chez les anciens Irlandais, bien qu'elle ne leur fût pas le moins du monde particulière. C'était le *fosterage*, qui consistait à donner et à prendre des enfants en nourrice. Tout ce qu'on peut dire des raisons pour lesquelles cette coutume, actuellement connue comme ayant été très répandue autrefois dans les communautés aryennes, a atteint en Irlande une importance et une popularité exceptionnelles, c'est qu'elles tiennent probablement aux accidents de l'histoire de l'Irlande et à la vie sociale des Irlandais. Mais le fait en lui-même est hors de controverse. Tout un sous-traité du *Senchus-Mor* est consacré au *fosterage*, et détermine avec le plus grand soin les droits et les devoirs incombant aux diverses parties lorsque les enfants d'une famille étaient reçus dans une autre pour y être nourris et élevés. Depuis Giraldus Cambrensis, au XIIe siècle, jusqu'à Spenser, au XVIe, tous les critiques anglais de l'Irlande y ont vu, avec le *compérage*, une des anomalies ou l'un des fléaux de ce pays. Il leur paraissait monstrueux que l'allaitement commun par une même femme produisît en Irlande les étroites affections qui naissaient dans leur pays de la paternité commune. Aujourd'hui seulement, la lumière commence à se faire pour nous sur cet usage, comme sur bien d'autres. Le *fosterage* était une institution qui, bien qu'artificielle à ses débuts, finit par opérer comme la nature elle-même ; et la relation de nourricier à nourrisson tendit à se confondre, dans les sentiments de l'époque, avec celle de père à enfant.

La forme sous laquelle le *fosterage* offre le plus d'intérêt au chercheur moderne est celle que les traducteurs des traités brehons appellent *fosterage littéraire*. C'était une institution étroitement liée à l'existence des écoles de droit brehon, et embrassant les diverses relations établies entre le professeur brehon et les élèves qu'il recevait chez lui pour leur donner l'enseignement brehon. Les anciens Irlandais regardaient comme particulièrement sacré et intimement analogue à la paternité naturelle le rapport de maître à élève. Quelque étonnante que soit cette manière de voir, les traités brehons ne laissent aucun doute sur ce point. Ils établissent expressément que ce rapport engendrait une *patria potestas* comme la paternité réelle, et que, tout en enseignant gratuitement, le *nourricier littéraire* avait un droit viager sur une portion des biens du *nourrisson littéraire*. Ainsi le Brehon formait avec ses élèves, non une école, dans le sens que nous attachons à ce mot, mais une vraie famille. Tandis que le nourricier ordinaire était tenu par la loi de donner à ses nourrissons une certaine éducation, d'enseigner aux fils de chefs l'équitation, le tir à l'arc, la natation, les échecs, et à leurs sœurs la couture, la coupe des habits et la br lerie, — le Brehon formait ses nourrissons aux connaissances de l'ordre le plus élevé, à la noble profession des lettres. Il recevait un salaire, mais c'était la loi qui en fixait pour lui le chiffre. C'était un attribut de son rang et non le résultat d'un marché.

On rencontre dans le droit hindou de faibles traces du *fosterage*, qui cependant en est essentiellement dérivé. Les vestiges du *fosterage littéraire* sont néanmoins assez nombreux et très apparents. Suivant l'usage général de l'Inde, le professeur brahmanique ne reçoit aucun paiement de ses services; mais le droit hindou lui réserve à maintes reprises un droit éloigné de succession aux biens des élèves brahmaniques. Chacun des quatre traités de droit brahmanique dont l'autorité est si grande, le *Vyavahara Mayukha*, le *Daya-Bhaga*, le *Mitakshara* et le *Daya-Krama-Sangraha*, cite le même texte ancien, souvent, mais pas toujours, attribué à Manou : « S'il n'y a pas de descendant mâle, le plus proche parent hérite ; à défaut de parent, le précepteur ; et celui-ci défaillant, le disciple. » Un commentateur explique que le précepteur est celui qui enseigne les *Védas* ; un autre expose que c'est une personne qui donne à son élève l'instruction religieuse après l'avoir revêtu du lin brahmanique. Ces auteurs ajou[tent] que si ni le maître ni l'élève ne surviven[t] au défunt, le camarade d'études de celui-ci lu[i] succède. On peut voir, dans les recueils anglo[-]indiens de jurisprudence, des espèces récente[s] relatives à ces singulières règles successorales[.]

Nous nous rencontrons ici face à face ave[c] un problème aussi intéressant que difficile[,] celui de l'origine des castes. Je ne puis qu[e] l'effleurer; mais on ne doit jamais néglige[r] l'occasion de projeter même une lueur sur u[n] sujet aussi obscur. Faisons remarquer, a[u] préalable, que quelques-uns des assez rare[s] écrivains anglais qui ont parlé des légistes bre[-]hons les ont représentés à la légère comme for[-]mant une caste. C'est là une expression impro[-]pre, quoique assez commune dans l'Inde. Pou[r] ce qui est de la condition des Brehons dans le[s] temps archaïques, les recueils irlandais s'[ac]cordent avec le témoignage qu'apporte Césa[r] sur la classe lettrée des Celtes gaulois, et pa[-]raissent démontrer que quiconque avait acqui[s] une certaine éducation pouvait s'élever à la d[i]gnité de Brehon. Il n'en est pas moins vrai, ce[-]pendant, qu'à l'époque où l'Irlande devint u[n] objet d'études pour l'Angleterre, l'art et l[a] science des Brehons étaient héréditaires dan[s] certaines familles attachées aux chefs de tribus particulières, ou dépendantes d'eux. Un tel changement n'a rien de remarquable ; un grand nombre de professions et d'industries, vulgairement appelées castes aujourd'hui, l'ont notoirement éprouvé dans l'Inde. Un talent particulier, une spécialité scientifique, deviennent avec le temps et le plus naturellement du monde, dans les sociétés du type archaïque, la profession héréditaire de certaines familles. La difficulté, pour un Indien pur de tout alliage d'idées anglaises, ne consiste pas à découvrir pourquoi un fils doit hériter du savoir de son père, et par conséquent de ses fonctions et de ses occupations ; elle consisterait plutôt à s'expliquer pourquoi il n'en serait pas ainsi, et comment l'intérêt public s'accommoderait d'un autre arrangement. Les provinces gouvernées par des princes indiens s'anglicisent chaque jour davantage ; mais l'hérédité des professions n'y reste pas moins un principe universellement respecté dans la vie courante. Tout cela ne nous révèle pas néanmoins explicitement comment se sont formées ces castes, fractions définies d'immenses populations. Un seule de ces castes surgit encore réellement dans l'Inde, celle des brahmanes, et l'on soupçonne fortement toute la théorie littéraire de la caste, dont l'origine est brahmanique, de reposer sur l'existence d[e] la seule caste des brahmanes. D'autre part la tendance de l'instruction vers l'hérédité s'ac[-]corde en principe avec une culture religieus[e] et littéraire très variée ; mais en fait, les brah[-]manes de l'Inde forment une classe remarqua[-]blement homogène qui admet, — sauf assuré[-]ment des exceptions locales considérables, une confraternité générale entre les membres d[e] l'ordre.

Si nos modestes renseignements sur les mo[-]difications survenues dans l'état des légiste[s] brehons ne nous ont pas beaucoup aidé à saisi[r] la genèse de la caste, dans le sens propre d[u] mot, nous n'en savons pas moins, j'en suis sûr[,] plus que ne nous en avaient appris les mention[s] des traités brehons relatives au *fosterage litté[-]raire*. Celles-ci me paraissent venir à l'appu[i] des règles du droit hindou sur la successio[n] éloignée du *précepteur spirituel* aux biens de familles. On dirait que, dans le premier ét[at] des deux systèmes, la paternité littéraire o[u] religieuse a été étroitement assimilée à la p[a-]ternité naturelle. Dans ces conditions, si d[e] grandes écoles védiques ont existé dans l'Ind[e] à une époque très reculée, comme on a de s[érieuses]

rieuses raisons de le croire, les rapports entre maître et élève ont dû se rapprocher jusqu'à l'imitation de ceux entre père et fils. Du fonds commun de la science une grande profession se sera formée; mais un lien purement intellectuel n'a pas dû unir ceux qui l'exerçaient : ce lien aura d'abord participé dans les esprits de la nature de la parenté. Les idées primitives s'effaçant, un pareil système devait tendre à céder le pas à la théorie d'une parenté réelle. On dut être amené à penser que quand les pères avaient été versés dans la science sacrée, les enfants y naissaient prédestinés, et ceux-ci seuls, à l'exclusion de tous autres, durent être admis dans les écoles. Une caste se sera ainsi formée, type de toutes les autres aux yeux de ses membres.

Nous avons donc de sérieuses raisons de croire que les sociétés encore influencées par les idées primitives sont à peu près incapables de voir, dans l'union des hommes que rapprochent des institutions quelconques, autre chose qu'une parenté naturelle. Malgré ces vues étroites, elles sont capables, nous l'avons constaté, d'étendre la notion de consanguinité et le vocabulaire qui lui appartient à des institutions qui leur sont propres, mais qui ne reposent pas en réalité sur la communauté du sang, et même à des institutions d'origine étrangère. Nous avons reconnu également que l'assimilation entre les institutions dérivant de la parenté naturelle et celles reposant sur une parenté fictive est quelquefois si étroite, que les passions qu'elles engendrent respectivement présentent en fait une confusion inextricable.

Je crois trouver dans ces phénomènes de la pensée et des sentiments primitifs une ample explication de certains faits de l'histoire d'Irlande que la plupart des auteurs anglais qui ont écrit sur ce pays ont mentionnés avec une surprise ou une indignation extrêmes. Quand il expose que la plupart des anciens aventuriers anglo-normands établis en Irlande devinrent avec le temps des chefs franchement irlandais, sir John Davis reflète dans ses expressions l'étonnement profond et la violente colère que cette transformation excita chez les Anglais. « Les colons anglais ont adopté et suivi les coutumes irlandaises, après avoir rejeté les lois et les coutumes honorables et civilisées de l'Angleterre; par ainsi ont-ils dégénéré et se sont-ils métamorphosés comme Nabuchodonosor, qui, tout en gardant le visage d'un homme, prit les instincts d'un animal, ou comme ceux qui, ayant bu à la coupe de Circé, furent changés en bêtes et goûtèrent même si fort la bestialité de leur genre de vie qu'ils ne voulurent pas reprendre la forme humaine; à ce point qu'en moins longtemps qu'âge d'homme, ils ont perdu toute empreinte et tout signe distinctif de la noble nation d'où ils descendaient. » Le fait relevé dans cet amer langage n'a rien de bien merveilleux. On a vu le caractère de la société irlandaise mettre sa marque sur des institutions de toute espèce : — associations de parents sous forme de sociétés commerciales, — parenté nourricière, parenté spirituelle et préceptorat copiant la parenté naturelle, — organisation ecclésiastique se confondant avec une organisation tributive. Le capitaine anglo-normand qui avait cru conquérir pour lui une seigneurie irlandaise devenait insensiblement, par là-même, chef d'une tribu irlandaise. Les subordonnés qui l'entouraient ne distinguaient guère le dépositaire actuel du dépositaire naturel du pouvoir, et, comme la contagion des idées est en raison de leur rareté, on conçoit que lui-même finit par subir l'influence du milieu intellectuel dans lequel il vivait. Il y avait, du reste, bien d'autres motifs. L'extrême misère, les troubles continuels de l'Irlande n'empêchaient pas la dignité d'un chef irlandais de concentrer en elle une somme extraordinaire d'orgueil : orgueil du pouvoir, orgueil de la naissance, orgueil de la richesse.

CHAPITRE IX.

FORMES PRIMITIVES DE LA PROCÉDURE.

Droit romain et droit teutonique.

J'ai dit précédemment (1) que cette partie du droit, appelée aujourd'hui procédure d'exécution, occupe dans le plus développé des traités brehons, le *Senchus Mor*, une place considérable. L'importance ainsi attribuée à l'exécution est un fait très significatif. Je me propose de discuter, dans ce chapitre et dans le suivant, les questions qui en naissent et les conclusions qui s'en dégagent.

Ce n'est pas seulement le jour nouveau qu'elle a jeté sur les origines du système juridique où presque tous les peuples civilisés ont puisé les

(1) Chap. Ier, p. 14.

éléments de leurs législations, qui donne tant de prix à la précieuse découverte faite en 1816 par Niebuhr du manuscrit de Gaïus. Certaines parties du traité rendu à la lumière nous laissent entrevoir quelque chose de plus ancien que la loi même, et nous permettent de rapprocher du droit positif les coutumes adoptées par les hommes primitifs sous l'empire de mobiles que le premier devoir des lois fut depuis de gouverner. Au nombre des passages de l'ouvrage de Gaïus qui ouvrent à l'esprit un faible aperçu du chaos d'où émergea l'ordre social, je mets en première ligne ce fragment incomplet où il décrit, au début du IV° livre, les vieilles *legis actiones*, qui déjà de son temps n'offraient plus qu'un intérêt rétrospectif.

On peut voir dans l'expression de *legis actio*, dont le sens exact paraît avoir échappé à Gaïus, le substantif de la forme verbale *legem* ou *lege agere*, et l'équivalent de ce qu'on appelle aujourd'hui *procédure*. Au nombre des *legis actiones* sont compris, — on en a plusieurs fois fait la remarque, — divers procédés étrangers à la nature des *actions*, ou autrement dit des procès, et qui concernent plutôt l'exécution des décrets. Ce qui paraît avoir eu lieu en fait, suivant une série de changements dont on peut suivre la marche dans l'histoire du droit romain, c'est qu'un mot — *actio* — de l'expression sacramentelle *legis actio*, s'est peu à peu séparé du reste et a fini par s'appliquer à cette phase où l'administration de la justice est directement exercée par une Cour, et aussi, dans certaines organisations judiciaires, à la phase qui précède immédiatement celle-ci. Selon moi, *lex*, qui désignait le fondement soi-disant écrit du droit romain, et *legis actio*, correspondaient d'abord grossièrement à ce qu'on a appelé, bien des siècles plus tard, *droit substantif* et *droit adjectif*, c'est-à-dire la loi qui fixe les droits et les obligations, et les règles suivant lesquelles on applique cette loi.

A propos de cette expression de *droit adjectif* que Bentham et son école nous ont rendue familière, je crois devoir faire une observation commune à la phraséologie et aux classifications des juristes analytiques : c'est que si elles sont correctes et concordent avec les idées de leur époque, elles peuvent, appliquées au droit archaïque, conduire à des conceptions historiques erronées. Il ne serait pas inexact de dire que dans une certaine phase des affaires humaines, les droits et les obligations sont plutôt des *adjectifs*, des attributs de la procédure, que celle-ci un simple appendice des droits et des obligations. Il fut un temps où la vraie difficulté n'était pas de connaître les droits d'une personne, mais de les faire respecter. Aussi la méthode, violente ou légale, selon laquelle on atteignait son but, importait-elle bien plus que la nature même de ce but. Et de fait, c'est seulement à une époque toute récente, ou dans des systèmes juridiques supérieurement développés, que la procédure a perdu, comparativement aux droits en eux-mêmes, son importance antérieure, et l'influence profonde et diverse qu'elle exerçait sur eux.

La première et, sous plusieurs rapports, la plus intéressante de ces anciennes modalités de la procédure, c'est la *legis actio sacramenti*, source incontestable de toutes les actions du droit romain, et par conséquent de la plupart des procédures civiles actuellement en usage dans le monde. J'ai indiqué, il y a plusieurs années, que les formalités techniques de cette action ressemblent tout à fait, en les examinant de près, à une sorte de drame symbolisant l'origine de la justice. « Deux hommes armés, » disais-je, « se disputent au sujet d'un objet contesté. Le préteur, *vir pietate gravis*, passe par hasard et intervient pour arrêter la dispute.

Les deux hommes lui exposent l'affaire, et conviennent qu'il soit arbitre entre eux et que le condamné perde, non seulement l'objet de la dispute, mais une somme d'argent attribuée à l'arbitre comme rémunération de son travail et de son temps. » — « Cette interprétation, » ajoutais-je, « serait moins probable si, par une coïncidence étonnante, la cérémonie décrite par Gaïus comme procédure nécessaire dans une *legis actio* n'était en substance la même qu'un des sujets qui, au dire d'Homère, sont sculptés par le dieu Hêphaistos dans le premier compartiment du bouclier d'Achille (1). »

Depuis que ces lignes ont été écrites, les travaux d'une érudition plus récente nous ont permis de mettre ce tableau judiciaire de l'origine d'une grande institution, la justice civile, au rang d'autres symbolisations picturales ou dramatiques d'usages oubliés qui, dans diverses parties du monde, survivent sous des formes propres à des institutions au moins aussi importantes.

Mac Lennan nous apprend, par exemple, dans on ouvrage sur le *Mariage primitif*, qu'une rande partie du genre humain simule enore, dans ses cérémonies nuptiales, le rapt de

---

(1) L'*Ancien droit*, chap. X (trad. de M. Courcelle-Seneuil).

l'épousée, et perpétue ainsi le souvenir du règne de la force, qui, tout au moins de tribu à tribu a partout précédé le règne du droit. Ces drame d'antique origine n'ont point toutefois et n'on jamais eu le moindre sens irrespectueux pou les institutions auxquelles ils sont associés. Se lon toute vraisemblance, ils ne font pas inten tionnellement mémoire du mal, mais du remède et avant d'avoir perdu tout caractère, ils ont ét établis pour honorer, non pas la force brutale mais les institutions qui en ont triomphé, l mariage et la justice civile.

Presque chaque geste, presque chaque for mule de la *legis actio sacramenti* symbolise un chose qui est devenue, dans telle ou telle par tie du monde, dans telle ou telle société aryenn une institution importante. Le plaideur pose l main sur l'esclave ou sur tel autre objet en litig et cette main mise sur la chose revendiquée qu'o retrouve dans la procédure correspondante de anciens Germains et qui, sous des formes variée a passé de chez eux très avant dans le moye âge, est un exemple de cet avertissement pré lable à toute action, sur lequel insistent tout les jurisprudences du monde civilisé. La baguett que le demandeur tenait à la main représentai selon Gaïus, une lance, et la lance, emblème la force de l'homme d'armes, était employée non seulement chez les Romains, mais chez plusieurs autres peuples de l'Occident, comme le symbole de la propriété proclamée envers et contre tous. Cette procédure comprenait encore une série de revendications que s'opposaient [m]utuellement les parties, et ce dialogue forma[l]iste a engendré l'art de la plaidoirie. Cette que[r]elle entre le demandeur et le défendeur, qui [n']était chez les Romains qu'une simple formalité, [e]st longtemps demeurée réelle dans d'autres so[c]iétés, et quoique la théorie en ait été altérée, [e]lle a survécu dans le *gage du combat* qui, en [t]ant qu'institution anglaise, n'a été définitive[m]ent aboli que sous la génération qui a précédé [l]a nôtre (1). L'intervention du préteur et l'ac[c]eptation de sa médiation par les parties intro[d]uisirent, dans l'administration de la justice dans [l']Etat romain, l'un des instruments les plus effi[c]aces qui aient concouru à la transformation [h]istorique du monde civilisé. Les plaideurs met[t]aient comme enjeu de leur procès une somme [d']argent, le *sacramentum*, d'où la procédure

---

(1) On sait que le duel judiciaire n'a été légalement aboli en [An]gleterre qu'en 1820. Mais il est juste de dire qu'il était de[p]uis longtemps tombé en désuétude (N. du T.).

elle-même a tiré son nom, somme qui revenai[t]
au Trésor public. Cet argent engagé, qu'on re[-]
trouve dans un nombre étonnant de législation[s]
archaïques, est la plus ancienne image de ce[s]
frais de justice dont le rôle, dans l'histoire d[u]
droit, a été beaucoup plus influent que les hi[s-]
toriens juridiques ne sont disposés à l'admettr[e.]
L'esprit même qui présidait à la marche d'un[e]
legis actio a toujours été celui qui a le plus ca[-]
ractérisé aux yeux du vulgaire les jurisconsu[l-]
tes de tous les temps. Si vous poursuivez pa[r]
une *legis actio*, dit Gaïus, un préjudice causé [à]
vos vignes, vous succomberez si vous les app[e-]
lez vignes ; il faut les appeler arbres, car l[e]
texte des *Douze Tables* parle seulement d'a[r-]
bres. L'ancienne collection des formules légal[es]
teutoniques, connue sous le nom de *Glose [de]
Malberg*, renferme des dispositions tout à fa[it]
du même genre. Si c'est un taureau qui est e[n]
cause, on perdra son procès en disant que c'e[st]
un taureau; il faut se servir de l'ancienne qua[-]
lification juridique, « chef du troupeau. » O[n]
doit désigner l'index de la main sous le nom [de]
« doigt-flèche ; » appeler un bouc l'animal « q[ui]
broute le poreau. » Il existe encore des juri[s-]
consultes qui peuvent se souvenir de l'époq[ue]

ù le système anglais des *plaidoiries spéciales* (1),
ui vient de prendre fin, s'inspirait de princi-
es bien rapprochés de ceux-là et s'y rattachant
ar leur filiation historique.

La description de l'*actio sacramenti* est suivie
'une lacune dans le manuscrit de Gaïus. C'était
 place occupée par l'exposé de la *judicis pos-
tulatio*, modification évidente de la vieille ac-
on sacramentelle ainsi adaptée à une classe
articulière de procès. Le texte reprend plus
as par une description de la *condictio*, créée,
ivant Gaïus, mais seulement réglée, croit-on,
ar deux monuments législatifs du VIe siècle de
ome, la loi *Silia* et la loi *Calpurnia*. La *conictio*, qui, en se développant, devint plus tard
une des actions romaines les plus usuelles, tira
'abord son nom d'un avertissement donné au
éfendeur par le demandeur d'avoir à se pré-
nter devant le préteur le trentième jour, afin
u'on procédât à la désignation d'un *judex* ou
rbitre. Sitôt cet avertissement donné, — sui-
ant mon opinion, — les parties entamaient la
onsio et la *restipulatio*, c'est-à-dire qu'elles

---

(1) *Special pleading*; plaidoiries qui avaient surtout pour ob-
t de développer des moyens nouveaux que s'opposaient réci-
roquement les parties (N. du T.).

faisaient un pari formel, — différent de l'enjeu appelé *sacramentum*, — au sujet de la justice de leurs prétentions respectives. La somme ainsi engagée, toujours égale au tiers de la valeur du litige, revenait finalement au gagnant et non à l'Etat, comme dans l'*actio sacramenti*. Les jurisconsultes s'étonnaient, nous apprend Gaïus, que la *condictio* fût nécessaire, alors qu'il était toujours possible de recouvrer la propriété en suivant l'ancienne procédure restée intacte. Les romanistes modernes ont donné maintes interprétations techniques de ce double emploi; nous verrons bientôt si, en suivant une marche différente, nous n'arriverons pas à une explication plus satisfaisante.

De la *condictio*, Gaïus passe à deux autres *legis actiones*, la *manus injectio* et la *pignoris capio*, qui ne cadrent en aucune façon avec l'idée qu'on se fait aujourd'hui d'une action judiciaire. Il dit expressément que la *manus injectio* était originairement à Rome le mode d'exécuter un jugement rendu contre un débiteur. L'intérêt historique de cette action est considérable; c'était, sans aucun doute, l'instrument des cruautés exercées par l'aristocratie romaine contre ses débiteurs plébéiens, et elle donna ainsi l'impulsion à toute la suite de soulèvements populaies qui caractérisent l'histoire de la République. Peut-être, sous un nom légèrement altéré, *pignoris capio* fut-elle aussi, à une époque ostérieure, un mode d'exécution sur les biens près jugement; mais ce n'en fut pas originaiment l'objet, comme *legis actio*. C'était, dans principe, toute une procédure extrajudiciaire. elui qui en faisait usage saisissait, dans cerins cas, les biens du citoyen contre lequel il se 'clamait d'un droit, sans lui intenter cepennt de procès. Cette faculté de saisir apparteait aux soldats à l'égard des officiers chargés leur fournir leur solde, leur monture ou urs rations; la saisie pouvait être également atiquée par le vendeur d'un animal destiné x sacrifices, contre l'acheteur qui n'en soldait s le prix. Elle était donc restreinte aux réclaations urgentes ou à des obligations éminement sacrées. Plus tard, on l'étendit aux demans introduites contre les débiteurs arriérés du ésor public. J'emprunte à M. Poste la remare que les institutions idéales des lois de Plan renferment quelque chose de tout à fait mblable à la *pignoris capio* romaine; et là core il s'agit de remédier à l'inobservance de voirs publics relatifs au service militaire ou x cérémonies religieuses.

Je prends immédiatement la *pignoris capio* comme point de départ de tout ce que je vais dire sur l'ancienne procédure civile. D'abord Gaïus lui-même en laisse-t-il entrevoir le rôle et la signification dans le système romain primitif? La lumière qu'il projette est vacillante; cependant il me paraît éclaircir suffisamment le sujet quand il dit qu'on pouvait recourir à la *pignoris capio* en l'absence du préteur et généralement de la personne soumise à l'obligation, et atteindre son but même lorsque les tribunaux ne siégeaient pas.

Revenons un moment à l'action mère, l'*actio sacramenti*. Ses formes vénérables supposent une querelle et indiquent le moyen de l'apaiser. Ce que simule le préteur, c'est l'intervention d'un arbitre de rencontre. Mais s'il ne se trouve pas d'arbitre sous la main, quel moyen reste-t-il d'empêcher l'effusion du sang? Découvre-t-on la trace d'un pareil expédient dans cette ancienne procédure qui, par cela même qu'elle existe, suppose que l'effusion du sang a, d'une façon ou de l'autre, été évitée?

Il peut paraître oiseux de remarquer qu'une manière d'atteindre son but, c'est de faire un pari. Maintenant encore, c'est l'un des moyens les plus usités de subordonner une contestation à un fait positif, et il est vrai de dire que la disposition à parier sur des évènements est profondément enracinée dans la nature humaine, et s'est développée avec elle depuis sa première enfance. Il n'est personne qui, la tête échauffée, consente à déférer sa querelle à l'appréciation d'un tiers présent, encore moins d'un tiers absent; mais elle n'y manquera jamais s'il existe une gageure à propos de cette querelle, et si elle a chance, non seulement de se voir donner raison, mais de gagner encore l'enjeu. Telle est, selon moi, — en me séparant, je le confesse, de plusieurs autorités éminentes, — la véritable explication de la *sponsio* et de la *restipulatio* qui formaient l'essence de l'ancienne *condictio* romaine, et aussi de l'accord des parties à se présenter le trentième jour devant le préteur. L'*actio sacramenti* suppose que le diférend est déféré à un arbitre présent; la *condictio*, que l'arbitre ne rendra sa sentence que ans trente jours, mais qu'en attendant les paries ont engagé à part des paris sur le mérite de eur contestation. On sait qu'une pénalité indépenante était encourue par le plaideur dans la *conictio*, lors même que celle-ci fut devenue une des lus importantes actions romaines, et qu'elle 'tait encore en vigueur au temps de Cicéron.

Il y avait un autre moyen primitif d'empêcher, en l'absence d'un arbitre, une querelle de dégénérer en rixe sanglante. Le plaignant, désireux de recourir à un arbitrage, pouvait, en l'absence de son adversaire, ou même, s'il était le plus fort, en sa présence, entrer par force en possession de ses biens meubles, et les détenir jusqu'à ce que celui-ci consentît à s'en rapporter à l'arbitre. Tel fut pour moi, à l'origine, le vrai rôle de la *pignoris capio*. Mais mon opinion n'apparaîtra dans toute son évidence qu'après que j'aurai retrouvé les termes de la même institution dans l'obscurité d'autres systèmes juridiques. Au temps même des *Douze Tables*, la *pignoris capio* était déjà passée à l'état de simple *survivance*, pour parler comme M. Tylor, et l'on n'y recourait que dans les cas où le déni de justice avait contre lui la superstition ou une explosion subite et extrêmement violente du sentiment populaire. C'était le résultat de la rapidité exceptionnelle du développement de la procédure et du droit romains, et de la précocité également exceptionnelle des tribunaux romains dans leur rôle d'organes de la souveraineté nationale. Le lecteur verra bientôt combien de raisons militent en faveur du progrès lent et successif de la plupart des sociétés vers l'administration complète de la justice, et autorisent à penser qu'au lieu de prendre lui-même en main les différends, comme il le fait toujours et partout actuellement, l'Etat intervint plutôt à l'origine par l'intermédiaire de ses divers organes, dans le but de maintenir l'ordre et de veiller à l'observation des règles de la loyauté dans les querelles judiciaires.

À cette période, oubliée depuis longtemps des Romains, se référaient ces lois singulières qui avaient survécu avec la *pignoris capio*, et qui en prescrivaient l'usage en l'absence du magistrat ou pendant les vacances judiciaires.

Cherchons maintenant dans les sociétés teutoniques les traces d'une coutume analogue à la *pignoris capio* des Romains. On les retrouve indubitablement dans cette partie de notre droit anglais qui a trait à la saisie, et dans la procédure y relative de mainlevée. Les exemples les plus familiers du droit de saisir les biens d'autrui sont, à coup sûr, le droit du seigneur terrien de saisir les biens du tenancier pour rente impayée, et celui du légitime propriétaire foncier de confisquer et mettre en fourrière les animaux vagabonds qui endommagent ses récoltes ou ses labours. La manière dont s'exerce ce dernier droit se rapproche beaucoup plus de l'ancienne institution que la saisie pour rentes. Tout en demeurant en effet une procédure extrajudiciaire, le droit spécial du seigneur terrien d'exercer cette saisie a été converti par une série de lois relativement modernes en une procédure complète en son genre. Et cependant les plus savants jurisconsultes anglais ont toujours professé que la saisie est, en principe, une procédure incomplète, l'objet immédiat en étant de forcer la personne contre laquelle elle est dirigée à donner satisfaction. Or, les biens saisis pour rentes impayées ne sont plus aujourd'hui un simple gage entre les mains du seigneur terrien; ils sont finalement vendus suivant certaines formalités, et le seigneur est payé sur le prix, dont le surplus revient au tenancier. Cette procédure est ainsi devenue tout simplement un moyen particulier d'obtenir le paiement des rentes foncières et d'autres paiements encore placés au même rang, sans recourir aux tribunaux. La saisie du bétail pour dommages causés a gardé au contraire certains traits archaïques. Ce n'est pas une procédure complète. Celui qui opère la mainmise garde le bétail jusqu'à ce qu'il ait été indemnisé, ou ne le restitue que sur l'engagement pris envers lui de contester par une action en mainlevée son droit de saisie.

L'usage de la saisie, — de prendre des *nam*^{s} ou prises, mot qui se retrouve dans le terme de droit jadis fameux, *withernam* ou contre-saisie (1), — est attesté par des monuments de beaucoup antérieurs à la conquête. Il y a lieu de croire que la saisie était anciennement usitée dans bien plus de cas que ne le reconnaissent nos plus vieux auteurs coutumiers. Quoi qu'il en soit, voici quelle était, vers le règne de Henri III, alors qu'on y recourait seulement à propos de certaines revendications ou de certains dommages déterminés, la marche de la procédure. Le plaignant saisissait les biens, — consistant anciennement presque toujours en bétail, — de celui qu'il estimait lui avoir causé un préjudice ou manqué à ses obligations envers lui, et il conduisait les animaux à la fourrière, pièce de terre environnée de clôtures et ordinairement à ciel ouvert, destinée à cet usage (2). Tant que

(1) Celle opérée contre le saisissant qui a détourné l'objet saisi, ou qui, succombant dans une action en mainlevée, refuse de s'en dessaisir (N. du T.).

(2) Je fais observer, en passant, qu'il n'y a pas dans le pays d'institution plus ancienne que la *fourrière de village*; elle est bien plus vieille que le *banc du roi*, et probablement que le *royaume* lui-même.

le bétail était en route pour la fourrière, le propriétaire jouissait d'un droit limité de reprise que la loi lui reconnaissait, mais qu'il courait grand risque à exercer. Une fois enfermé en lieu clos, le bétail, si la fourrière n'était pas munie d'une toiture, devait être nourri par le propriétaire et non par le saisissant, règle qui n'a reçu aucune dérogation jusqu'au présent règne.

Le rôle du saisissant dans la procédure finissait en fait avec la mise sous clé du bétail. Il nous reste à examiner quelles voies étaient dès lors ouvertes au saisi. Il pouvait évidemment s'exécuter et faire tomber la demande. Il pouvait encore offrir des garanties pour l'acquit de ses obligations. Enfin, il pouvait persister dans son obstination et laisser son bétail en fourrière. Il était toutefois possible qu'il contestât le droit du saisissant à pratiquer la saisie, ou bien que ce dernier, malgré les garanties offertes pour le règlement du litige, refusât de restituer le bétail. Dans chacun de ces cas, le propriétaire, — au moins à l'époque où nous nous plaçons, — avait la ressource, ou bien de réclamer de la chancellerie royale une ordonnance enjoignant au *sherif* « d'opérer mainlevée, » ou bien de se plaindre verbalement au *sherif*, qui devait procéder alors immédiatement à la « mainlevée. »

La procédure indiquée par cette vieille formule comprenait plusieurs phases. Le *sherif* demandait d'abord à voir le bétail enfermé ; si on lui opposait un refus, il accusait le saisissant d'avoir violemment troublé l'ordre public, et élevait contre lui *clameur de haro*. Que si (ce qui devait être presque toujours le cas) on avait emmené le bétail à distance et hors des limites de sa juridiction, le *sherif* recherchait celui du saisissant et y saisissait un nombre de têtes d'une valeur double de celles qui ne lui étaient pas représentées ; — c'est la « prise en contre-saisie » du vieux droit anglais. En des temps plus paisibles et avec une population respectueuse des lois, le délégué de la Couronne était mis sans difficulté en présence du bétail, qu'il rendait immédiatement à son légitime propriétaire, moyennant caution de se soumettre à la décision des tribunaux. On fixait alors un jour pour le procès, qui se déroulait suivant la procédure, bien connue des jurisconsultes, de l'action en mainlevée. Tout un cortège de connaissances techniques l'accompagne ; mais il nous suffit de dire que, dans cette action, le propriétaire du bétail saisi jouait le rôle de plaignant, et le saisissant celui de défendeur.

Il n'est pas difficile, à mon avis, de discerner l'antiquité comparative des divers stages de la procédure. Les détails les plus vénérables en forment un ensemble dont l'âge archaïque n'a pas de précédents. La saisie du bétail, la *rescousse* et la contre-saisie, appartiennent aux plus antiques coutumes du genre humain. L'*actio sacramenti* des Romains nous reportait à un combat soudain à propos d'une contestation de propriété, combat simplement interrompu par le premier passant venu. Voilà que nous rencontrons maintenant, non plus dans une communauté citoyenne, mais dans les anciennes formes judiciaires d'un peuple mi-pasteur, mi-agriculteur, les traces évidentes d'un brigandage. Mais le brigandage qui survit dans le vieux droit de saisie n'est pas, comme le combat de l'ancienne action romaine, une simple représentation dramatique. C'est, dans une certaine mesure, une réalité dont il faut probablement rechercher l'origine dans un acte naturellement désordonné auquel la loi aura imposé des règles. Il y a encore d'autres raisons, — on va s'en convaincre, — d'attribuer pour objet à quelques-unes des plus antiques interventions du pouvoir que nous appelons la Loi, l'Etat ou le Roi, dans des actes de violence oppressive, non pas une prohibition absolue de ceux-ci, non pas davantage la connaissance judiciaire directe de la querelle qui les a provoqués, mais la limitation de ces violences, leur réglementation ou leur conversion vers des résultats nouveaux. Ainsi, la série suivante des incidents de la saisie, — la mise en fourrière, l'importance attachée au gage ou à la caution, la reconnaissance d'une propriété persistante qu'impliquent le soin laissé au saisi de nourrir le bétail et la règle que le saisissant n'en retirera aucun usage, — appartiennent à un nouvel ordre d'idées qui dictent les premiers efforts pour modérer les représailles et réglementer la vengeance. La saisie devient alors un moyen quasi régulier d'arracher à autrui la satisfaction qui vous est due. Maints vestiges de cet ancien caractère subsistent encore. Blackstone et d'autres ont fait observer qu'en exemptant de la saisie certaines classes d'objets, — la charrue à bœufs, par exemple, et les outils de travail, — on ne s'est pas laissé guider à l'origine par un sentiment d'humanité envers le propriétaire. Cette exemption découlait de la nature même de la procédure ; car, privé de ses instruments de labour ou de ses outils d'artisan, le débiteur n'aurait jamais pu payer sa dette. Un passage du *Dialogus de Scaccario* (1), qui règle l'ordre à suivre dans la vente des biens des débiteurs du roi, vient confirmer cette manière de voir.

La dernière dans la suite des procédures, et probablement la dernière aussi en date, se place l'intervention directe de l'Etat. La royauté se manifeste d'abord par ce que nous appellerions aujourd'hui son pouvoir administratif. Son agent, le *sherif*, sur la plainte formulée par le propriétaire, recherche le bétail, demande à le voir, élève *clameur de haro* si l'on s'y oppose, et en saisit deux fois le nombre de têtes, s'il a été entraîné au loin. Et même quand il obtient l'exhibition du bétail, il ne peut rien faire si le propriétaire, contestant le droit de son adversaire à la saisie, ne donne caution de porter devant une Cour de justice le litige pendant entre eux. Tardive est donc l'apparition de ce pouvoir qui, suivant nos idées, aurait dû se montrer depuis longtemps sur la scène, — le pouvoir judiciaire de l'Etat. Sa juridiction se manifes claîrement dans l'acte du *sherif* qui restitue le bétail contre une garantie offerte. Le saisissant a perdu son gage matériel, le bétail. Le propriétaire est devenu personnellement en-

(1) — II. 14.

gagé. L'un et l'autre subissent une contrainte qui les pousse finalement devant le juge.

Il y a bientôt six siècles, le contraste entre l'ancienne procédure de mainlevée et les procès conduits d'après ce qui était, pour l'époque, des règles modernes, ne laissait pas déjà d'être frappant. Le second chapitre du deuxième statut de Westminster vise certains moyens par lesquels les tenanciers essayaient de déjouer les saisies opérées par le seigneur, et en donnant aux justices royales juridiction dans ces cas, il dit expressément que cette disposition ne milite pas contre la règle de droit commun qui interdit le renvoi des causes à ces justices, sur la demande du défendeur. « Car, » ajoute-t-il, « quoique au premier abord le tenancier paraisse jouer le rôle de demandeur et le seigneur celui de défendeur, cependant, eu égard à ce que le seigneur saisit et poursuit, pour cause de services et de prestations arriérés, il est en réalité plus demandeur ou plaignant que défendeur. » Aussi bien l'action en mainlevée met-elle heureusement en relief les contrastes qu'accusent les anciennes et les modernes règles juridiques. Suivant nos idées actuelles, celui qui saisit une Cour de justice, c'est celui qui se plaint d'un tort. Dans le cas dont nous nous occupons, ce ne serait pas le saisi, mais le saisissant. C'est lui qui a, en effet, souffert un dommage à l'occasion duquel il a exercé des représailles sur les biens de son adversaire. Ce n'en est pas moins à son adversaire qu'il appartient d'intenter le procès et de se constituer plaignant dans l'action en mainlevée. Si une Cour de justice tiendrait de nos jours à connaître complètement du différend et à en suivre dès le début la marche naturelle, c'est que, disposant entièrement de la force publique, elle serait certaine de contraindre le défendeur à accepter sa juridiction, et d'obtenir à la fin, par voie de coercition, même tardive, qu'il fasse justice à son adversaire. Mais à l'époque où commence la procédure d'exécution, les Cours de justice n'étaient pas assurées d'un pareil pouvoir. Aussi la personne qui se plaignait d'un tort était-elle admise à procéder conformément au système primitif, qui offrait l'avantage d'entraîner irrésistiblement son adversaire à invoquer l'autorité judiciaire de l'Etat et à en accepter la décision.

Les divers corps de droit teutonique continental, connus sous le nom collectif de *leges Barbarorum*, fournissent sur cette procédure primitive des informations du plus haut intérêt. Ils mentionnent presque tous la *pignoratio*, ou saisie de biens. La loi des Wisigoths la défend expressément; tandis qu'à l'autre extrémité de l'échelle, les lois lombardes, révélant cet abus de la saisie qui a survécu dans la coutume anglaise, l'autorisent après une simple demande de paiement. Mais c'est dans la loi Salique, dont la plupart des érudits allemands placent la rédaction à une époque intermédiaire entre celle où écrivait Tacite et celle de l'invasion des Franks sur le territoire de l'Empire, qu'on recueille sur ce sujet toute une suite de dispositions particulièrement intéressantes, dont Sohm a donné pour la première fois un commentaire approfondi. Dans ce système juridique, la saisie n'est pas encore une procédure judiciaire; c'est un mode de réparation extrajudiciaire, mais englobé dans une procédure régulière et profondément compliquée. Le plaignant doit, sous une forme solennelle, donner une série d'avertissements à celui qu'il accuse et dont il se propose de saisir les biens. Il ne peut procéder à la saisie avant d'avoir cité son adversaire devant l'assemblée du peuple et que l'officier de la Cour populaire, le *thunginus*, n'ait prononcé une formule autorisant la saisie. Alors, mais alors seulement, il peut pratiquer sur son adversaire ce que nous appelons une saisie.

Quelques tentatives furent indubitablement faites en Angleterre, avant la conquête, pour apporter à la liberté des saisies le même ordre de restrictions qui se rencontrent dans la loi Salique et dans les coutumes teutoniques similaires. De ces dispositions restrictives se rapproche de près l'ordonnance de Canute, portant que personne ne peut prendre de *nams* s'il n'en a sollicité trois fois le droit auprès de la *Centaine*. Si à la troisième fois il n'a pas obtenu justice, il doit s'adresser à la Cour du comté, qui doit l'entendre cette quatrième et dernière fois, et s'il succombe encore, il lui est loisible de pratiquer la saisie.

La procédure de la loi Salique, qui répond à notre saisie, est spéciale, il convient de le remarquer, à certains cas d'inexécution des contrats. La saisie de *nams* était certainement usitée, sous le vieux droit anglais antérieur à la conquête, comme moyen de coercition, dans toute une classe de cas analogues. Elle était connue, paraît-il, du temps de Bracton; mais celui-ci en fait une mention trop brève pour nous permettre d'en saisir nettement la marche et le caractère. A ce point de vue, la *pignoration* du droit teutonique continental est plus archaïque que la saisie qui nous est familière en Angleterre, puisque le fragment qu'en a conservé notre droit coutumier, — et c'est probablement à quoi il a dû de survivre, — était par excellence, à l'origine, le procédé employé par le seigneur pour obtenir e ses tenanciers les services dont il était titulaire. Sous un autre rapport cependant, il n'est as moins intéressant de remarquer que notre aisie accuse à divers égards un caractère plus rchaïque que la procédure coercitive correspondante des lois barbares. Ainsi, pour qu'en ngleterre la saisie soit légale, il n'a jamais été esoin d'un avertissement préalable (1), bien que le droit écrit en fasse la condition de la léalité de la vente des biens saisis. De même, aussi haut qu'on puisse remonter avec certitude dans notre droit coutumier, la saisie, quoique elle suive parfois un procès devant la Cour seigneuriale, ne le présuppose ni le requiert en ucune façon.

La procédure franke, il convient de s'en endre compte, était à la discrétion absolue du emandeur. Ce n'était pas, à vrai dire, une rocédure judiciaire, mais plutôt une procédure églementant une réparation extrajudiciaire. Si

---

(1) *Trent* v. *Hunt*, 9 *Exch. Rep.* 20.

le demandeur observe les formalités prescrites, la Cour, en autorisant la saisie, joue un rôle purement passif. Même après l'étude approfondie de Sohm, qui a exploré jusqu'à épuisement cette partie de la loi Salique, il est très difficile de dire si, à une phase quelconque de la procédure, le défendeur avait le loisir de présenter une défense sérieuse ; il semble certain toutefois que, lorsqu'il usait de cette faculté, son rôle était au fond celui d'un demandeur, comme le saisi dans notre action en mainlevée, et il est indubitable que, s'il s'exécutait ou succombait dans l'attaque dirigée contre le procédé de son adversaire, il ne devait pas payer seulement la dette originelle, mais qu'il encourait encore diverses pénalités accessoires motivées par sa négligence à tenir compte des avertissements préalables qu'il avait reçus. Une pareille procédure nous semble fondée sur la présomption aujourd'hui monstrueuse que les demandeurs ont toujours raison, et les défendeurs toujours tort. Mais les auteurs primitifs du progrès juridique n'auraient pas vu peut-être dans cette présomption une monstruosité choquante, pas plus qu'ils n'auraient pu comprendre la règle qui oblige actuellement le demandeur à formuler en tout état de cause le sommaire de ses griefs.

A leurs yeux, celui qui était censé avoir pour lui le bon droit, c'était celui qui affrontait, pour obtenir satisfaction, des périls multipliés, qui se plaignait à l'assemblée du peuple, qui demandait à grands cris justice au roi siégeant à la porte de la cité. Alors seulement que les violences dommageables deviennent plus rares, que le danger de se raidir contre l'oppression des forts a presque disparu, que la loi est depuis longtemps l'objet d'une administration régulière et soumise à une procédure technique, on s'aperçoit que les procès injustes sont au moins aussi fréquents que les arrêts iniques. La vieille présomption du bon droit des plaignants a longtemps survécu chez nous dans un cas particulier, « la plainte du roi, » et se trahit dans la mauvaise grâce obstinée des légistes à accorder aux détenus l'assistance d'un conseil.

Parlant en général des *legis actiones*, Gaïus remarque qu' « elles tombèrent en discrédit, parce que la subtilité excessive des anciens jurisconsultes en était venue à un tel point, que celui qui commettait la plus légère erreur succombait irrémédiablement. » Bien des siècles plus tard, Blackstone faisait, à propos du droit anglais de saisie, l'observation suivante : « Les nombreuses formalités qui accompagnent l'opération d'une saisie ont eu d'abord pour résultat d'en faire une procédure chanceuse, car il suffisait de la moindre irrégularité pour tout vicier. » Je note ces passages, non seulement à cause de la curieuse similitude de langage de deux auteurs dont le second n'a pu avoir aucune connaissance des écrits du premier, mais encore parce que cette *technicité* exagérée qu'ils dénoncent tous deux dans l'ancien droit explique, dans une certaine mesure, la sévérité et la partialité de la vieille procédure teutonique. Avoir la faculté de saisir extrajudiciairement les biens d'une personne pour satisfaire ses propres prétentions, c'était tenir en main, selon l'observation de Sohm, une épée à deux tranchants. On pouvait bien, avec elle, pousser son adversaire sur le terrain; mais on courait risque de se blesser soi-même. Le plaignant qui voulait saisir n'employait-il pas, en effet, servilement les formules et les formalités prescrites avec la plus rigoureuse précision par la loi, non seulement il succombait dans son action, mais encore il encourait des peines diverses qu'on pouvait requérir contre lui avec la même ardeur vindicative qu'il avait mise dans ses propres poursuites. Aussi les parties contendantes regardaient-elles à deux fois avant de recourir à une procédure aussi périlleuse, et la réserve qu'elle inspirait compensait aux yeux de tous son ordonnance dépourvue d'équité.

Suffisante à expliquer en partie comment la grossièreté de la loi ancienne est devenue accessible au sentiment du droit, cette considération ne nous apprend toutefois rien de la forme revêtue par cette procédure dans les codes teutoniques, et ne nous rend pas compte de sa persistance partielle dans nos propres institutions. Il est pour moi hors de doute que le procédé auquel j'ai donné le nom générique de saisie ne se rencontra dans l'ancien droit teutonique, du moins en partie, qu'à l'état de simple *survivance*. Le caractère dominant des âges primitifs, c'est, je le répète avec insistance, le nombre restreint des idées de la race humaine. Les sociétés, à peine sorties de l'état sauvage, avaient coutume d'associer la réparation d'un tort à la saisie des biens de l'auteur du dommage, et même quand elles commencèrent à réglementer ce procédé, elles étaient encore mentalement incapables de disjoindre ces deux idées. Aussi ne remplacèrent elles pas la saisie par un système entièrement nouveau; elles la greffèrent sur une procédure plus récente, qui prit à l'occasion la forme si singulièrement gardée jusqu'à nos jours dans ses traits généraux par le droit coutumier anglais, mais qui, à une date relativement tardive, se modela plus généralement, on peut le croire, sur les règles observées par les Franks Saliens.

Il est impossible d'expliquer tous les legs du passé par des convenances qui y trouvent leur compte. La superstition ou l'habitude en ont perpétué un bon nombre. Mais ces reliques de l'esprit et des usages anciens, qui se sont le plus longtemps conservées, eurent généralement une utilité intrinsèque. Ici, le redressement personnel des torts, qui passa dans la procédure légale, permit d'obliger le défendeur à comparaître et à accepter une juridiction, à un époque où le pouvoir judiciaire était encor dans l'enfance et où les Cours de justice étaien à peu près impuissantes à requérir d'une faço régulière l'assistance de l'autorité souveraine Mais à mesure que la force publique, que le bra de l'Etat, se mit à la disposition de plus en plu complète des tribunaux, ceux-ci sentirent d moins en moins la nécessité de s'aider d moyens extrajudiciaires.

On rencontre, dans l'état du droit teutoniqu représenté par le code frank, une classe parti culière de procès suivis *judiciairement* d'un bo à l'autre, dans le sens moderne du mot, depuis la phase initiale jusqu'au jugement; mais celui ci n'emporte pas toutefois par lui-même exécution. Si le défendeur a pris l'engagement formel de s'y soumettre, le comte ou délégué royal le fait exécuter sur sommation conforme ; dans le cas contraire, le demandeur n'a d'autre ressource qu'un recours à la personne même du roi. Mais peu de temps après l'établissement des Franks au sein de l'Empire, un pas nouveau est fait vers une administration de la justice conforme aux principes modernes. Le délégué royal tient dès lors la main à l'exécution du jugement, même quand aucune promesse de s'y soumettre n'a été donnée. A partir de ce moment, les plaideurs perdent d'une façon définitive la faculté de se saisir des biens de l'adversaire, et la saisie extrajudiciaire devient la saisie par autorité de justice. Ce résultat est dû, sans contredit, à l'autorité croissante des tribunaux, qu'en Angleterre, par exemple, le développement de la justice royale au détriment de la justice populaire, a beaucoup contribué à fortifier. La procédure anglaise ne s'en est pas moins longtemps attardée avec complaisance aux vieilles pratiques. Tous ceux qui ont étudié notre ancienne procédure doivent se rappeler de quelle légère provocation apparente s'autorisait immanquablement le roi pour mettre la main sur les terres du défendeur ou saisir ses biens, dans le seul but d'obtenir ou de rendre plus complète soumission à la juridiction royale.

La saisie préalable disparut probablement peu à peu devant la saisie autorisée, l'ordonnance d'exécution, en laquelle elle vint se perdre. Ce dernier genre de saisie consiste à faire passer théoriquement les biens en la possession effective ou supposée du pouvoir judiciaire; et la dernière transformation qui en a fait une procédure accidentelle et toute d'exception, que certaines raisons particulières peuvent seules justifier, correspond à la confiance croissante des tribunaux dans la jouissance du pouvoir imprescriptible que le souverain leur a conféré. Quant à ce débris de l'institution primitive qui est resté dans notre droit, j'estime que la saisie n'aurait été tout au plus qu'une simple *survivance* dont l'usage se serait peut-être borné à la mise en fourrière des animaux errants, si plusieurs innovations législatives n'en avaient pas fait une procédure extrajudiciaire, dans l'intérêt des seigneurs terriens, en accordant au saisissant, en tout état de cause, un droit de vente limité par l'ancien droit anglais à un petit nombre de cas tout à fait particuliers. Suivant la théorie moderne de la saisie, le propriétaire a la faculté de saisir, parce qu'il est toujours obligé, par la nature même du différend, de faire crédit à son tenancier ; et il peut saisir sans avertissement, parce que chacun est censé connaître l'échéance de sa dette. Mais tout en expliquant la persistance de la saisie à notre époque, cette théorie ne concorde en aucune façon avec les idées anciennes sur la matière, et ne pourrait réellement pas cadrer avec la mise en pratique de la saisie, même à une date relativement aussi récente que celle où écrivait Bracton. On peut d'ailleurs se convaincre du caractère purement accidentel de l'adjonction de la saisie aux droits du seigneur, si l'on considère que, malgré les traces nombreuses laissées par cette institution dans l'ancien droit écossais, on atteint pleinement en Ecosse, en appliquant au seigneur et au tenancier le droit hypothécaire romain, les mêmes résultats pratiques obtenus en Angleterre en attribuant au seigneur le droit de saisie pour rentes impayées.

En rapprochant à ce point de vue les divers corps de droit teutonique, je suis donc conduit à formuler les conclusions suivantes sur le développement historique des procédures qui dérivèrent de l'usage barbare de saisir violemment les biens pour redresser des torts prétendus. L'enfance du droit recourut à deux expédients alternatifs. L'un d'eux consista à tolérer la saisie dans une mesure déterminée ; on fermait les yeux tant qu'elle n'avait pour but que d'obliger les défendeurs à accepter la juridiction des tribunaux ; mais dans tout autre cas, on la regardait comme une atteinte préméditée à la paix publique. L'autre expédient fut l'encadrement de la saisie dans une procédure régulière ; le demandeur devait observer, à ses risques et périls, un grand nombre de formalités ; mais s'il les observait, il pouvait finalement opérer la saisie. Dans un état encore plus avancé des idées juridiques, les tribunaux s'arrogèrent le droit de saisir les terres ou les biens, et en usèrent fréquemment pour contraindre les défendeurs à se soumettre. Enfin, les Cours de justice n'ont plus recours à des voies de rigueur avant le jugement que dans de très rares occasions, certaines qu'elles sont maintenant de l'efficacité de leurs sommations et de l'autorité qu'elles ont reçue en dépôt de l'Etat souverain.

CHAPITRE X.

FORMES PRIMITIVES DE LA PROCÉDURE.

Droit bréhon et droit hindou.

De la procédure primitive dans les sociétés omaine et teutonique, je passe à la partie orrespondante d'un autre ancien système juriique qui vient seulement de nous être révélé, t qu'on croyait naguère encore, — si même on n soupçonnait l'existence, — séparé par des aractères nettement tranchés de toutes les coumes germaniques.

Plus de la moitié du *Senchus Mor* est consarée au droit de saisie. Le *Senchus Mor* a la rétention, je le répète, d'être le code des lois landaises, le code même composé sous l'inspition de saint Patrice, à l'époque de l'introuction du christianisme en Irlande. Et j'ajoute ce que j'ai dit précédemment à ce propos : c'est que, dans l'état actuel de nos connaissances, il est impossible de se prononcer avec assurance sur la date de cette compilation des Brehons. On a pu assurément réviser les lois antérieures au christianisme ; peut-être encore les légistes brehons ont-ils seulement supposé que cette révision avait eu lieu ; il se peut enfin qu'un traité de dimensions inusitées, estimé en proportion de son volume par l'école de droit qui en était possesseur, finit peu à peu par être associé à un nom tenu hautement en honneur ou éminemment sacré, phénomène dont l'histoire juridique de l'Orient offre, croit-on, plus d'un exemple. Quoi qu'il en soit, l'incertitude de la date réelle du *Senchus Mor* ne diminue en rien la portée de ce fait instructif, à savoir que, dans un livre dont l'antiquité est sérieuse, l'authenticité irrécusable, et dont les possesseurs en estimaient évidemment le contenu comme l'expression de tout ce qu'il y avait d'essentiel dans la loi, — la procédure d'exécution, aujourd'hui branche tout à fait accessoire de notre système juridique, occupe une place extraordinairement étendue.

J'emprunte à l'éditeur du premier volume des *Anciennes lois de l'Irlande* le résumé suivant de la vieille loi irlandaise sur la saisie, telle qu'elle est exposée dans le *Senchus Mor* :

« Le demandeur ou créancier, après avoir donné l'avertissement convenable, procédait à a saisie, s'il avait affaire à un défendeur ou ébiteur au-dessous du rang de chef. Si, au conraire, le défendeur ou débiteur était investi de ette dignité, il fallait non seulement donner vertissement, mais *jeûner contre lui*. Ce jeûne irigé contre lui consistait à se rendre au lieu e sa résidence et à y rester un certain temps ans nourriture. Si, au bout de ce délai, le laignant ne recevait pas satisfaction ou garanie de satisfaction, il procédait aussitôt à la aisie, accompagné d'un homme de loi, de témoins et d'autres personnes. Les prises étaient oumises en certains cas à un *arrêt*, c'est-à-dire ue, pendant un laps de temps variant suivant es règles déterminées, le débiteur reprenait es biens et en recevait la garde, le droit de age du créancier restant sauf. Cette saisie tait une *saisie à terme*. Mais dans certaies circonstances et dans des cas particuliers, a saisie était *immédiate*, c'est-à-dire que penant la durée fixée à l'*arrêt*, on ne permettait as au débiteur de posséder les prises, qui passaient alors en la possession du créancier ou étaient placées dans les prairies ou les enclos *ad hoc* (1).

» Si au bout du délai la dette n'était pas acquittée, le créancier s'emparait des prises et les mettait en lieu clos. Il avertissait alors le saisi de l'exécution opérée et lui faisait connaître l'endroit où les biens saisis étaient renfermés. Les prises restaient dans l'enclos pendant un certain temps, déterminé suivant la nature de ces objets. Cette période s'appelait *dithim*, traduit par *délai de parcage*. Ce délai expiré, on entrait dans la période de confiscation, pendant laquelle les prises devenaient saisissables au taux de trois *seds* (2) par jour, jusqu'à parfaite exécution. Si la valeur totale des prises ainsi confisquées égalait exactement la dette principale et les frais accessoires, la dette était désormais liquidée; si au contraire cette valeur était moindre, une seconde saisie parfaisait la différence; si enfin la valeur était supérieure, on restituait l'excédent. Toute cette procédure était personnellement conduite par la partie intéres-

---

(1) L'auteur cité se place sans doute dans l'hypothèse du *plerumque fit*, les objets saisis étant presque toujours, à cette époque, des animaux domestiques (N. du T.).

(2) Pour la valeur du *sed*, voir chap. VI, p. 200 (N. du T.).

sée ou par son procureur, avec l'assistance des témoins respectifs de chaque phase et d'autres personnes requises.

» Mais si, pour empêcher d'emmener son bétail en fourrière, le débiteur offrait au créancier une caution suffisante, — son fils, par exemple, ou quelque objet de prix, — qu'il déférerait à la justice, dans un délai déterminé, le droit du saisissant, celui-ci était tenu d'accepter ce gage. Que si, contrairement à son engagement, le débiteur ne se présentait pas en justice, le gage demeurait acquis au créancier en paiement de la dette. Jusqu'à la fin du *dithim*, le débiteur pouvait toujours reprendre son bétail en payant sa dette et tous les frais que de raison. Mais s'il avait négligé de le faire avant l'expiration du *dithim*, il ne pouvait plus racheter ainsi que les têtes non encore atteintes par la confiscation. »

Il suffit déjà de l'existence certaine en Irlande du droit qui vient d'être résumé pour renverser ces thèses irréfléchies sur les races humaines, qui proclament entre les Teutons et les Celtes une différence originelle, innée, d'idées et de coutumes. Le système irlandais relatif à la saisie est ostensiblement, dans ses lignes essentielles, le même que le système germanique. Il offre, dans son aspect général, une ressemblance frappante avec la branche correspondante de notre droit coutumier, et l'on a même, à ma connaissance, fort ingénieusement essayé d'expliquer les différences qui les séparent, en insinuant que des altérations ont déformé la physionomie primitive du droit anglais d'exécution. Cette théorie vise à soutenir que, sur ce point, la procédure anglaise dérive de la procédure celtique ; mais il me paraît inutile de recourir à des hypothèses qui ne laissent pas de soulever des difficultés considérables et d'une nature particulière. On met bien mieux en évidence l'identité virtuelle du droit irlandais d'exécution et du droit teutonique, en comparant celui-là avec l'ensemble des diverses procédures teutoniques. Ainsi, la saisie du *Senchus Mor* n'est point, comme la saisie du droit coutumier anglais, une procédure exclusivement appliquée d'ordinaire aux réclamations du seigneur contre ses tenanciers. A l'instar de la loi Salique et d'autres codes germaniques du continent, elle s'étend à l'inexécution des contrats, et il semble même résulter de ce qu'on sait déjà du droit brehon, que c'est un moyen général de soutenir des réclamations de toute nature. Quant à l'avertissement donné à la personne dont les biens vont être saisis, et sur lequel on insiste énergiquement, on ne le retrouve pas, il est vrai, dans le droit coutumier survivant en Angleterre, mais il tient une place importante, je l'ai montré, dans d'autres collections teutoniques de règles juridiques. De même encore, l'assistance de témoins est requise par les codes du continent, et, quoique la présence de l'homme de loi brehon appartienne particulièrement au système irlandais et en soit même la caractéristique, plusieurs coutumes teutoniques exigent la présence, pendant la procédure d'exécution, de certains personnages remplissant en grande partie les mêmes fonctions. Bien plus, cet *arrêt* de la procédure, qu'on a comparé à une saisie autorisée de justice, reçoit, à mon sens, une grande lumière de certaines dispositions des lois barbares. Conformément à quelques-unes d'entre elles, quand une personne est sur le point d'être saisie dans ses biens, elle feint de résister; sous la loi Salique, elle proteste contre l'injustice de l'entreprise; sous la loi Ripuaire, elle va jusqu'à remplir l'énergique formalité de se tenir devant sa porte, une épée nue à la main. Là-dessus, on interrompt la saisie et on laisse le temps de s'enquérir de la régularité de la procédure et aussi sans doute du bien fondé des griefs.

On ne trouve pas, sous une forme identique, dans le droit teutonique continental, la rétention ou garde des biens saisis conférée au créancier par le droit irlandais pendant la durée de l'*arrêt*; mais, à un certain point de la procédure salique, le créancier est investi du droit d'interdire au débiteur de vendre ou d'hypothéquer une portion quelconque de ses biens, avant d'avoir éteint sa dette. D'autre part, certaines particularités du système irlandais, totalement absentes de la procédure teutonique sur le continent, ou ne s'y montrant que sous une forme effacée, appartiennent évidemment au droit anglais : telles sont la mise en fourrière et la *prise en contre-saisie*. Mais là où se montre la plus grande ressemblance avec le droit anglais, comme aussi le contraste le plus saillant entre celui-ci et le droit irlandais d'une part, et de l'autre les lois barbares les plus anciennes, c'est dans ce fait que la procédure irlandaise, comme la procédure anglaise, ne réclame ni l'assistance, ni l'autorisation d'une Cour de justice quelconque. Toutes les coutumes teutoniques, excepté celles de l'Angleterre et de la Lombardie, lors même qu'elles laissent aux parties contendantes la plus grande latitude pour les saisies extrajudiciaires, exigent au moins l'intervention d'une personnalité ou d'un corps judiciaire avant qu'on en vienne à cette extrémité. Chez nous, au contraire, la saisie est complètement effectuée avant tout recours à l'autorité, et le droit irlandais offre exactement la même particularité. Ce n'est pas tout : le droit irlandais se rencontre encore, en matière de saisie, avec le droit anglais parvenu à une époque très avancée de son développement. Ainsi, il n'use pas de la saisie du bétail comme d'un simple moyen d'obtenir satisfaction ; il veille encore, on l'a vu, à ce que ce dernier soit confisqué pour éteindre la dette qui en avait motivé la saisie, et il se distingue de la sorte par un progrès dont le droit anglais n'a bénéficié que plusieurs siècles plus tard, en vertu d'une disposition législative.

Ce qui rend difficile d'apprécier quelle place tient cette procédure irlandaise dans le développement historique du droit, c'est l'incertitude relative au caractère précis du rôle joué par l'acte juridique auquel elle aboutissait. Du moment qu'on la reconnaissait injuste, la procédure anglaise d'exécution aboutissait à l'action en mainlevée, et la Cour, qui prononçait finalement sur cette action, était saisie en pratique par l'intervention du *sherif* restituant le bétail moyennant caution. Le droit irlandais ne prévoit aucune intervention aussi haute que celle du *sherif*; mais le jurisconsulte brehon qui est tenu d'accompagner le saisissant, doit l'assister, dit expressément le *Senchus Mor*, « jusqu'à ce qu'une Cour décide (1). » A quelle procédure est-il fait ici allusion? Quelle était l'autorité des tribunaux irlandais à l'époque où le droit brehon était observé? Quels étaient ces tribunaux eux-mêmes? Dans quelle mesure disposaient-ils de la force publique? Existait-il, à une époque quelconque, sur quelque point de l'Irlande, une autorité souveraine, capable d'investir les Cours de justice d'une juridiction effective, et d'armer la loi d'une force efficiente? Autant de questions — les dernières constituent véritablement les grands problèmes de l'histoire ancienne de l'Irlande, — auxquelles il nous faut en partie répondre pour nous former au moins l'ombre d'une opinion arrêtée sur la fonction réelle de ce droit de saisie, qui occupe dans le *Senchus Mor* une place si considérable.

Les savants auteurs des différentes introductions placées en tête de la publication officielle

---

(1) *Ancient laws of Irland*, I, 85.

des anciennes lois de l'Irlande, sont intimement convaincus que la juridiction des tribunaux irlandais était, — pour user d'un mot technique, — *volontaire*. Suivant cette façon de voir, les légistes brehons concevaient assez clairement le droit de saisie, mais c'étaient l'opinion publique et le respect populaire pour une caste professionnelle, qui assuraient dans la pratique l'observation de ce droit. Celui-ci avait pour objet d'obliger les parties contendantes à se soumettre à ce qui était plutôt un arbitrage qu'une action, devant un Brehon choisi par elles, ou tout au plus devant quelque tribunal reconnu, s'inspirant des conseils d'un Brehon. Il semblerait aussi que d'anciens traités ou fragments de traités irlandais représentent les anciens habitants de l'Irlande comme ayant joui d'une organisation civile plus perfectionnée, tant judiciaire que législative. Le Dr Sullivan reconnaît, dans son *Introduction*, que les renseignements qui nous sont parvenus sur ce point offrent bien des lacunes, et sont si obscurs qu'il sera impossible de les interpréter d'une façon satisfaisante avant la publication complète des fragments juridiques compris dans les manuscrits irlandais, ou du moins tant que ceux-ci ne seront pas mis à la disposition des érudits ; mais il n'en admet pas moins la réalité historique de cette organisation, et il parle des tribunaux irlandais dans un langage tout à fait moderne (1).

On en sait assez sur l'histoire d'Irlande pour se rendre très difficilement compte de l'époque à laquelle ce système judiciaire perfectionné a dû exister. On lui assigne la période antérieure, non seulement aux invasions des Anglo-Normands en Irlande, mais encore aux descentes des Vikings (2) sur les côtes de l'île. Le plus sûr est de réserver son opinion jusqu'à ce que les autorités sur lesquelles le D\u2019 Sullivan étaie sa thèse puissent être soumises à un examen critique plus approfondi; mais je dirai volontiers que cette thèse n'a rien de si improbable, et qu'il n'est pas aussi difficile de concilier l'opinion du D\u2019 Sullivan avec celle des éditeurs des traductions, que pourraient le supposer des personnes peu familières avec l'histoire du droit. Il y a ici analogie avec nombre de tribunaux dépeints parmi les institutions rudimentaires de quelques communautés. Ces tribunaux pouvaient être supérieurement organisés, et leur juridic-

---

(1) *Introduction*, pages cclii, cclxii.
(2) Famille de pirates normands, à la fois agriculteurs et écumeurs de mers, qui dévastèrent les côtes septentrionales de l'Europe au VIII\u2019 et au IX\u2019 siècle (N. du T.).

tion n'en être pas moins purement volontaire. Sohm me paraît avoir établi que les Cours populaires des Franks n'exécutaient pas leurs propres décisions; si le défendeur avait promis de se soumettre au jugement, le délégué local du roi pouvait être requis pour le contraindre à l'exécuter; mais si aucune promesse de ce genre n'avait été donnée, le demandeur était obligé de recourir au roi en personne. Les raisons ne manquent pas, en effet, de croire qu'aux âges primitifs, et avant le développement complet de ce pouvoir royal qui a communiqué tant de vigueur au bras de la justice dans la plupart des communautés aryennes, mais que les Irlandais n'ont virtuellement pas connu, les cours judiciaires existaient moins pour dire le droit en général, que pour faire éviter, en s'y substituant, le redressement violent des torts. Aussi, même en supposant que l'Irlande, qui a joui, dit-on, d'une organisation judiciaire perfectionnée, fut beaucoup plus grossière et sauvage que les patriotes irlandais ne l'avoueraient peut-être, n'y aurait-il pas, entre le règne du désordre et la fréquence des procès, une incompatibilité telle que l'un dût exclure l'autre. La littérature scandinave, que M. Dasent a vulgarisée chez nous, démontre que la guerre perpétuelle et les procès incessants peuvent subsister côte à côte, et qu'on peut suivre scrupuleusement une procédure éminemment technique dans un temps où l'homicide est un accident journalier.

La querelle judiciaire paraît en effet ne s'être substituée que graduellement à la querelle armée, et l'on peut soutenir avec vraisemblance que plus d'une de ces étranges particularités de l'ancien droit, les pièges, les chausse-trapes, les traquenards savants dont il est plein, figurent et remplacent les feintes, les stratagèmes, les embuscades des luttes armées du temps entre particuliers ou tribus. De nos jours même, quand une province barbare est annexée à l'empire britannique des Indes, il se fait aussitôt, à la porte des tribunaux immédiatement constitués, un concours curieux et instructif de plaideurs. Le bras de la justice supprime instantanément la violence, et ceux qui ne peuvent plus combattre s'adressent en revanche à la loi en nombre si considérable, que les fonctionnaires indiens se demandent souvent s'il n'y aurait pas, dans les lois et dans la procédure, quelque sortilège qui entraîne vers les tribunaux ceux qui auparavant n'en avaient jamais vu. Le mot de l'énigme, c'est qu'un penchant naturel, qui n'a pas changé, a reçu une direction nouvelle; les appels hâtifs à un juge succèdent aux promptes querelles, et les procès héréditaires remplacent les haines sanglantes de famille. Si la transition d'un état social à un autre n'avait pas été soudaine dans l'Inde moderne, mais lente et graduelle comme elle le fut dans le vieux monde aryen, on aurait pu voir faire irruption dans les tribunaux les combats de textes et de formules pendant que se livraient au dehors les combats d'épées et de fusils.

Quoi qu'il en soit, ce qui doit attirer notre attention, quand nous considérons la place occupée dans l'histoire du droit par la procédure d'exécution en Irlande, ce n'est pas tant l'existence même des tribunaux, que l'efficacité de leurs procédés, ou, en d'autres termes, la mesure dans laquelle ils disposaient de la force publique. Je crois avoir établi comme probable qu'à mesure que les Cours judiciaires devinrent plus fortes, elles s'arrogèrent d'abord la surveillance du procédé barbare qui consistait à exercer des représailles contre l'auteur d'un dommage en saisissant ses biens, et finirent par se l'approprier en le faisant passer dans leur procédure. Or, le droit irlandais de saisie appartient, sous un certain rapport, à une étape fort reculée de cette marche progressive, car il est même plus complètement extrajudiciaire que ce débris de la procédure barbare primitive qui a survécu en Angleterre. D'un autre côté, il est, sur certains points particuliers, non pas plus, mais visiblement moins archaïque que le droit coutumier anglais. L'avertissement au défendeur, qu'il prescrit, — l'*arrêt* ou la rétention temporaire des biens par le propriétaire soumis à une obligation ; — les témoins qui doivent être présents, et le conseil légal versé dans la pratique qui doit suivre d'un bout à l'autre la procédure, — toutes ces mesures révèlent un ordre d'idées beaucoup plus avancées que celles sous le règne desquelles on se dispense de ces précautions. Une preuve encore plus évidente de maturité résulte de cette multitude étonnante de règles et de distinctions qu'invoque le *Senchus Mor* à chaque phase de la procédure ; et nous savons, par notre propre expérience, que l'une des particularités les plus remarquables du vieux droit irlandais, — la confiscation des biens saisis, quand la dette originelle et les frais de garde en égalent la valeur, — compte au nombre des dernières innovations de la jurisprudence en Angleterre.

Que l'Irlande ait joui ou non de l'âge d'or, le caractère du droit irlandais de saisie me donne l'impression très nette d'une société où l'action des Cours de justice se montre faible et intermittente. C'est, en effet, sous cette forme qu'on le rencontre dans les milieux sociaux où le pouvoir judiciaire est encore dans l'enfance. Il suppose, chez les légistes brehons qui l'ont élaboré, un esprit remarquable d'équité et de sagesse, comme aussi une imagination fort inventive; mais il donne lieu de penser que ceux-ci comptaient peu sur l'assistance des tribunaux, et visaient à tirer le meilleur parti d'une procédure qui était presque entièrement extrajudiciaire. On s'aperçoit, en comparant entre elles les lois teutoniques, qu'elles travaillaient sur un vieux fonds de coutumes aryennes; mais tandis que dans d'autres communautés c'étaient les Cours de justice qui, se sentant de plus en plus fortes, construisaient sur ces antiques fondations, — en Irlande, cet édifice paraît avoir été l'œuvre de légistes dont les travaux devaient leur utilité pratique au respect populaire qui honorait la profession de leurs auteurs. Je ne prétends pas indiquer la concordance qui doit exister entre 'ancien droit de l'Irlande et les données de l'hisoire ancienne de ce pays. Il se peut que le taleau de l'organisation judiciaire fourni par uelques traités juridiques soit plutôt, comme es notions de droit privé données par d'autres, l'image de ce qui aurait dû exister que de ce qui existait réellement ou avait existé dans le passé. Il est encore possible que le droit énoncé au *Senchus Mor* soit d'une date beaucoup plus récente que les compilateurs de ce traité ne veulent en convenir, et que, par conséquent, il ait été élaboré à une époque de trouble et de désordre. Mais je ne puis admettre qu'il soit contemporain d'une époque où le pouvoir judiciaire fut actif et influent.

De ce qui précède, on a sans doute dégagé les points principaux sur lesquels diffèrent le droit irlandais de saisie exposé au *Senchus Mor*, et le droit coutumier anglais de saisie formulé par les antiques autorités que reconnaissent nos tribunaux. Ils ont tous deux la même origine, mais la saisie irlandaise était une procédure générale très répandue et corroborant toute espèce de réclamations, tandis que la procédure anglaise correspondante, bien que moins soigneusement réglementée, était limitée à un petit nombre de cas particuliers.

Un motif pénible m'oblige à appeler l'attention du lecteur sur ce contraste. Edmond Spenser en a parlé dans son *Aperçu sur l'état de Irlande*, où l'on rencontre ce passage : « Il existe un ou deux statuts qui font de l'injuste saisie des biens d'une personne, contrairement aux règles de la *Common law*, un crime capital. Lesdits statuts paraissent certainement s'être d'abord proposé le bien du royaume et avoir eu pour but de réfréner une foule d'abus qui régnaient alors généralement chez ce peuple, et qui ne sont pas encore entièrement extirpés. Ainsi, quand quelqu'un avait une créance sur une autre personne, il devait d'abord la réclamer, et s'il n'était pas payé, il devait aller incontinent saisir les biens et le bétail de son débiteur où il les pouvait trouver équivalents à sa créance, lesquels il devait garder jusqu'à satisfaction; et d'ainsi faire le simple manant, — comme on l'appelle, — a souvent l'habitude, par ignorance de son méfait ou par l'usage détestable qui a longtemps régné dans le pays. Mais quoique ce soit certainement tout à fait illégal, il me semble qu'il est trop rigoureux de le punir de mort, puisque l'une des parties ne se propose nullement de dérober les biens de l'autre ou de dissimuler la saisie, mais qu'il la pratique ouvertement la plupart du temps devant témoins. D'ailleurs, lesdits statuts sont rédigés en termes si élastiques, — sans compter qu'il en est un si mal formulé, qu'à peine peut-on y trouver un sens, — qu'il est souvent très facile de leur faire dépasser le but en les torturant. Ainsi, que quelqu'un opère une saisie sur sa propre terre ou son tènement, — où il peut légalement le faire, — si, ce faisant, il trangresse en un point imperceptible la *Common law*, il a incontinent commis un crime capital. Ou encore, si quelqu'un, dans une occasion quelconque, prend quelque chose à autrui, comme font les enfants qui, en jouant, s'enlèvent mutuellement leurs chapeaux, c'est encore un crime punissable de mort. C'est là une loi bien rigoureuse. »

Spenser poursuit, dans un passage qu'il est inutile de citer textuellement, en expliquant ces statuts par une disposition particulière aux chartes de la plupart des cités corporatives anglo-irlandaises. Au delà des murs, nous dit-il, le droit anglais n'avait pas cours, et les bourgeois pouvaient saisir les biens de tout Irlandais habitant ou traversant la ville, pour quelque dette que ce fût. Il suppose que la population irlandaise rurale fut ainsi induite à croire légal de saisir les biens de la population urbaine. Cette explication, si elle était vraie, serait déjà assez triste ; mais elle ne contient pas, nous le savons, toute la vérité, et les faits réels sont plus tristes encore. Les Irlandais employaient la saisie parce qu'ils ne connaissaient pas d'autre procédé, et les Anglais leur firent un crime digne de mort de pratiquer la seule loi qu'ils connussent! Bien plus, ces subtilités mêmes du vieux droit anglais qui, comme le disait Blackstone, faisaient de l'opération de la saisie « une procédure hasardeuse » pour le saisissant, pouvaient conduire l'Irlandais à la potence, si, en essayant de bonne foi de suivre la loi étrangère, il commettait la plus petite méprise! C'est du moins une faible consolation que d'être en état, à la suite des recherches que nous venons de faire, de repousser comme dénuée de toute valeur la justification facile présentée par ceux qui passent l'éponge sur ces cruautés, en n'y voyant qu'un épisode inévitable d'une lutte entre hommes de races différentes. L'une et l'autre, la loi irlandaise, à laquelle c'était un crime capital d'obéir, et la loi anglaise, à laquelle c'était aussi un crime capital d'obéir maladroitement, dérivaient sans aucun doute d'une même coutume jadis communément suivie par les ancêtres des Saxons et des Celtes.

Parmi les auteurs qui ont reconnu les étroites affinités qui rapprochent les procédures anglaise et irlandaise d'exécution, il m'est difficile d'établir une distinction entre ceux qui croient que la loi anglaise vient directement de coutumes celtiques préexistantes et communes à la Grande-Bretagne et à l'Irlande, et ceux qui trouvent dans la parenté commune aux deux ordres de règles juridiques une explication suffisante de leur ressemblance. Je n'ai nulle intention de contester ce que de récentes investigations, celles surtout sur le vieux droit coutumier français, ont rendu beaucoup plus admissible qu'auparavant, à savoir que des débris de la coutume primitive ou aborigène persistent après les conquêtes les plus ruineuses. Mais, ai-je besoin de le dire ? — l'hypothèse qui fait descendre directement de coutumes britanniques une part considérable du droit anglais, se heurte à des difficultés inextricables dont la moindre n'est certainement pas l'argumentation ingénieuse et serrée à laquelle on peut également se livrer en faveur de l'origine purement romaine de bon nombre d'institutions et de principes qui passent d'ordinaire pour exclusivement anglais et germaniques. On lira avec profit sur cette dernière question un très intéressant petit livre de M. Coote, qui a passé trop inaperçu, *Un fait peu connu de l'histoire d'Angleterre* (1), dont on pourra rapprocher la réfutation tout à fait victorieuse de M. Freeman dans le *Macmillan's Magazine* (2).

(1) *Neglected Fact in English History.*
(2) Juillet 1870.

Toutes ces théories d'après lesquelles tel corps de coutumes dérive de tel autre, trouvent naturellement leur véritable adversaire dans celle qui attribue pour fondement et pour origine à toutes les coutumes, une coutume primordiale qu'il faut appeler, au moins provisoirement, aryenne. A s'en tenir à l'objet actuel de nos études, la saisie, comme procédé destiné à remédier à un tort allégué, si l'on pouvait douter qu'elle nous ait été léguée par les coutumes aryennes primitives, ce doute se dissiperait aussitôt devant les particularités remarquables qui rapprochent le droit irlandais du droit hindou. Les règles du droit irlandais relatives à la saisie ressemblent beaucoup à celles du droit anglais, un peu moins à celles du droit teutonique continental, mais elles renferment une disposition qu'on ne trouve dans aucun code teutonique, disposition presque inintelligible dans le système juridique irlandais, mais connue pour régir actuellement encore tout l'Orient, où la signification en est parfaitement claire. Cette règle, c'est qu'un créancier qui réclame son paiement d'un débiteur appartenant à un rang supérieur au sien doit *jeûner contre lui*. Quelle explication donner de cette singulière prescription, sinon que les Aryas primitifs léguèrent la procédure d'exécution aux communautés qui se détachèrent d'eux, et que les différences de détails sont dues à ce que le Dr Sullivan appelle, dans son *Introduction*, avec un grand bonheur d'expression, des « influences dynamiques. »

Voici sur ce point la disposition capitale du *Senchus Mor* (2) : « Un avertissement précède toute saisie lorsqu'il s'agit de grades inférieurs, excepté quand elle est exercée par ou contre des personnes de distinction. Dans ce dernier cas, le jeûne précède la saisie. Quiconque ne donne pas un gage à celui qui jeûne est un être sans foi ni loi ; celui qui ne tient compte de rien ne sera récompensé ni par Dieu, ni par les hommes. »

M. Whitley Stokes a démontré le premier, je crois, que l'institution dont il s'agit ici était la même qu'une coutume répandue dans tout l'Orient, et que les Hindous désignent sous le nom de *veillée* DHARNA. Je citerai tout à l'heure une description de ce procédé tel qu'il était suivi dans l'Inde avant que le gouvernement anglais, qui l'a toujours considéré comme un abus, n'eût fait tous ses efforts pour l'abolir. Mais je dirai auparavant que c'est en Perse qu'on doit cher-

---

(2) I, 113.

cher peut-être aujourd'hui les exemples les plus frappants de cette ancienne coutume. En Perse, m'a-t-on dit, celui qui se propose d'obtenir par le jeûne le paiement d'une obligation commence par semer de l'orge devant la porte de son débiteur, et par s'asseoir au milieu des grains. Le symbolisme est suffisamment clair. Le créancier marque par là son intention de rester au même lieu sans manger, soit jusqu'à ce qu'on le paie, soit jusqu'à ce que l'orge, ayant poussé, lui fournisse du pain.

La procédé correspondant dans l'Inde est connu, je l'ai dit, sous le nom de *veillée* DHARNA, — *dharna* étant, suivant la meilleure interprétation, exactement synonyme du latin *capio*, et signifiant détention, arrestation. Au nombre des moyens de contraindre à payer une dette, décrits dans la collection de préceptes attribuée au législateur quasi-divin Manou (1), il s'en trouve un que sir William Jones traduit par « médiation des amis, » mais auquel des travaux plus récents de philologie sanscrite ont assigné le sens de *dharna*. Si l'on consulte également le *Vyavahara-Mayukha*, livre de droit brahmanique qui fait autorité, l'on y trouve attribuée à Bri-

---

(1) VIII, 49.

haspiti, auteur juridique quelquefois placé au même rang que Manou, une énumération des voies coercitives par lesquelles un débiteur peut être forcé de payer, et parmi ces moyens figurent « l'emprisonnement de sa femme, de son fils, de son bétail, ou un guet permanent à sa porte. » Ce passage remarquable met en relief, par cette mention du « guet permanent à la porte, » l'analogie du droit hindou avec le droit irlandais ; et, par la mention de la saisie du bétail, comme moyen de corroborer une réclamation, il marque encore l'analogie de ce droit avec les coutumes teutoniques, et, parmi elles, avec les coutumes anglaises. Il n'y a aucun exemple, à ma connaissance, dans le monde occidental, d'un genre de saisie aussi rigoureuse que celle qui a pour objet la femme ou les enfants d'un individu ; mais n'est-il pas curieux d'en rapprocher ce que nous savons avec certitude de l'usage, très commun dans l'ancienne Irlande, de donner son fils en gage au créancier dans le but de recouvrer les biens saisis ?

Lord Teignmouth nous a laissé la description de la forme qu'a revêtue dans l'Inde anglaise, à la fin du siècle dernier, le « guet permanent à la porte, » de Brihaspiti (1). « L'inviolabilité du

---

(1) Dans Forbes, *Oriental Memoirs*, II, 25.

brahmane, » dit-il, « est un principe fondamental chez les Hindous ; lui arracher la vie, soit directement par des violences, soit en causant sa mort d'une façon quelconque, c'est un crime que rien ne saurait expier. Il faut rattacher à ce principe la pratique appelée *dharna*, qu'on peut traduire par capture ou arrestation. Les brahmanes l'emploient pour obtenir ce que nul autre moyen ne saurait leur procurer. Voici ce procédé. Le brahmane qui a recours à cet expédient dans le but sus-indiqué, se rend à la porte ou devant la maison de la personne contre laquelle il le dirige, ou dans tout autre lieu où cette personne peut être aisément retenue ; là, il s'assied en *dharna*, en tenant à la main du poison, un poignard, ou tout autre instrument de suicide, et en menaçant d'en faire usage si son adversaire essaie de le maltraiter ou de passer outre ; il arrête ainsi absolument ce dernier. Dans cette situation, le brahmane jeûne, et la rigueur de l'étiquette exige que l'objet infortuné de cette contrainte observe également le jeûne ; ils restent tous deux en cet état jusqu'à ce que l'auteur du *dharna* ait obtenu satisfaction, et comme il tente rarement cette entreprise sans être résolu d'aller jusqu'au bout, il est rare qu'il n'arrive pas à son but ; car si la personne ainsi arrêtée osait laisser le brahmane assis en *dharna* mourir de faim, ce péché pèserait à jamais sur sa tête. En ces dernières années, cet usage est devenu moins fréquent, depuis la création d'une Cour de justice à Bénarès, en 1793; mais l'intervention de la Cour, et même du résident britannique a été souvent impuissante à s'y opposer. »

On remarquera que le vieil écrivain brahmanique, Brihaspiti, parle seulement de confiner un homme dans sa maison en « veillant continuellement à sa porte, » comme un des nombreux moyens d'obtenir satisfaction. Il le classe parmi des formes de saisie qui nous sont plus intelligibles, la saisie du bétail du débiteur, de sa femme, de son enfant. Quoique la règle ancienne nous soit parvenue dépouillée de son contexte, il est indubitable que, même à une époque très reculée, elle recevait une sanction surnaturelle, car toute violation du code brahmanique était considérée, non seulement comme une infraction civile, mais comme un péché. On peut placer sans hésitation, dans la bouche du brahmane, la sentence du *Senchus Mor* : « Quiconque ne donne pas un gage à celui qui jeûne est un être sans foi ni loi; celui qui ne tient compte de rien ne sera récompensé ni par Dieu ni par les hommes. »

Après bien des siècles écoulés, qu'il serait oiseux de supputer, nous retrouvons, presque de nos jours, l'Inde encore fidèle à ses vieilles coutumes, modifiées toutefois, en raison de nombreuses innovations qui ont transformé, croit-on, la théologie hindoue. La pénalité surnaturelle indéfinie est devenue la pénalité surnaturelle définie qui frappe toute destruction de vie, et particulièrement de la vie humaine. Le créancier, non seulement « veille à la porte, » mais se suicide par le poison ou le poignard, si son arrestation n'est pas respectée, ou par le jeûne si le paiement est trop longtemps retardé. Finalement, nous arrivons à l'usage décrit par lord Teignmouth comme spécialement ou exclusivement suivi par les brahmanes. Le caractère sacré de la vie du brahmane s'est peu à peu substitué, dans les idées des Hindous, à celui attribué jadis à la vie humaine en général, et quand les Anglais entreprirent de supprimer la coutume de la *veillée dharna*, ils la prenaient pour un genre particulier d'oppression pratiqué par les brahmanes pour assouvir leur cupidité. C'est l'opinion que s'en fait le code pénal indien qui la condamne en ces termes (1) : « Quiconque est

(1) Art. 508.

volontairement cause... qu'une personne fasse quelque chose qu'elle n'est pas légalement tenue de faire..., en amenant... cette personne à croire qu'elle... deviendra, en vertu d'un acte du délinquant, l'objet de la colère divine, si elle ne fai[t] pas ce que le délinquant se propose d'obteni[r] d'elle.., sera puni d'un emprisonnement, etc. »

On peut donner, il me semble, une explica[tion satisfaisante de l'origine de ces pratique[s] qui paraissent aujourd'hui si étranges. N'oublion[s] pas que toutes les formes de la saisie, — saisie de la femme, de l'enfant, du bétail, — mêm[e] lorsqu'elles n'étaient réglées par aucune loi constituaient autant d'améliorations d'une cou[tume antérieure. La procédure primitive, c'étai[t] incontestablement l'attaque, sans autre forme d[e] procès, sans avertissement préalable, de la trib[u] ou de l'homme qui avait infligé une injure, pa[r] la tribu ou par l'homme qui en avait souffert. Tout expédient ayant pour objet d'ajourner ou d[e] prévenir le pillage et le massacre était déjà u[n] avantage pour les sociétés barbares. Ce fut donc un bienfait pour l'humanité entière, quand se[s] prêtres et ses chefs se mirent à encourager l[a] saisie des biens ou des membres de la famille, non dans un but d'appropriation irrévocable, mais dans un dessein que nous n'hésiterions pa[s] aujourd'hui à qualifier d'extorsion. Ce fut encore un nouveau progrès, quand les hommes apprirent à attendre avant d'attaquer, au lieu d'attaquer sur-le-champ. Je lis dans le *Résumé des lois et coutumes de la Cafrerie* (1), publié par M. Dugmore et d'autres missionnaires, que la procédure régulière d'un procès cafre simule une expédition armée du demandeur et de ses amis contre le village auquel appartient le défendeur. « Ils s'asseyent en arrivant, dans un lieu découvert, et attendent patiemment l'effet de leur présence. Ceci... est pour tous les habitants adultes du sexe masculin le signal de se réunir. Ils se rassemblent en conséquence et s'asseyent également à portée de la voix. » Après un long silence, on entre en pourparlers, et cette procédure absolument pacifique se continue par une suite de formalités techniques et de débats captieux. Cette pause silencieuse des parties aggressives est une forme primordiale de l'avertissement, institution des plus précieuses dont se rapproche un autre procédé primitif, celui de renfermer un homme chez lui jusqu'à ce qu'il donne satisfaction, au lieu de se jeter sur lui de prime abord.

(1) *Compendium of Kafir Laws and Customs*, p. 38.

Une loi d'Alfred, bien connue de ceux qui s'occupent d'histoire (1), jette sur ce point une vive lumière. « Que l'homme qui sait que son ennemi est chez lui ne lui livre pas bataille avant de lui avoir demandé justice. S'il est capable de serrer de près son ennemi et de l'assiéger dans sa maison, qu'il l'y retienne sept jours, sans l'attaquer, si l'autre n'essaie pas de sortir. Si au bout de sept jours, celui-ci consent à se soumettre et à rendre ses armes, qu'il reste trente jours sans être inquiété, et qu'avis soit donné à ses parents et à ses amis. Mais si le plaignant est impuissant par lui-même, qu'il s'adresse à l'*ealdorman* (alderman), et si l'*ealdorman* ne lui vient pas en aide, qu'il s'adresse au roi avant de se battre. » Ce passage se termine par une disposition dont l'esprit, chose à peine croyable, persiste dans le code moderne qui a les prétentions les plus bruyantes de formuler les préceptes de la civilisation, le code Napoléon (2), à savoir que si l'homme qui est retiré dans sa maison s'y tient en effet renfermé avec la femme, la fille ou la sœur du plaignant, on peut l'attaquer et le tuer sans autre forme de procès.

---

(1) Kemble, *Saxons*, I, 272. — Thorpe, *Ancient Laws*, I, 91.
(2) *Code pénal*, art. 324.

La loi d'Alfred a exactement le même objet que l'ancienne règle de Brihaspiti. L'homme qui, si on laissait libre cours à la passion, serait immédiatement mis à mort, est enfermé chez lui, mais respecté d'ailleurs, jusqu'à ce que lui-même ou ses parents paient sa dette ou fassent un arrangement. En Angleterre, cette disposition est corroborée par le pouvoir civil, l'*ealdorman* ou le roi; dans l'Inde, elle l'est par la crainte d'un châtiment dans la vie future. Le droit irlandais garde la règle brahmanique comme pouvant tenir quelquefois lieu d'avertissement. Mais l'institution, qui se comprenait fort bien dans une société où figurait un ordre de légistes qui étaient aussi des prêtres, n'a plus rien signifié du tout dès que le christianisme eut ouvert à cette société un horizon absolument nouveau d'idées religieuses.

Le cours de cette étude nous a toujours menés et ramenés de l'Orient à l'Occident, vers les deux branches extrêmes de la race aryenne. Je termine en rattachant d'un seul mot à la coutume orientale le droit le plus ancien d'une commuauté qui étendit jadis sa domination sur presque out l'espace intermédiaire. Mise au ban du droit ritannique, la *veillée* DHARNA n'en persiste pas oins dans l'Inde anglaise sous cette expression exagérée de souffrance qu'affecte un créancier qui, venu pour réclamer son paiement d'un débiteur placé au-dessus de lui dans l'échelle sociale, se voit assigner un délai. Mais elle est encore répandue dans les principautés indigènes de l'Inde, où elle sert surtout d'expédient aux soldats pour obtenir l'arriéré de leur solde. Or, Gaïus rapporte, si l'on s'en souvient, que la *pignoris capio* des Romains avait survécu comme expédient dans deux cas, dont l'un était la négligence coupable des trésoriers militaires.

CHAPITRE XI.

HISTOIRE PRIMITIVE DU RÉGIME DES BIENS DE LA FEMME MARIÉE.

Le sujet que je vais traiter prouve combien il faut se mettre en garde contre l'emploi inconsidéré des termes *ancien* et *moderne*. Peu de gens hésiteraient, je crois, en étudiant, sans en connaître au préalable l'histoire, la condition des femmes mariées sous le rapport des biens, à déclarer ce sujet l'un des plus modernes de tous. Il a donné lieu, de nos jours, à d'ardentes controverses; plusieurs des questions qu'il soulève sont encore pendantes, et beaucoup de mes lecteurs croient peut-être les avoir vues surgir pour la première fois. Mais cette discussion n'en est pas moins incontestablement fort vieille. A coup sûr, je ne prétends pas, en tenant compte de la haute antiquité dont on gratifie actuellement la race humaine, que nos premiers aïeux se soient émus de la question ; mais aussitôt que celles des fractions du genre humain destinées à un glorieux avenir se montrent pourvues de l'institution d'où dépendaient leurs progrès dans la civilisation — je veux parler de la famille — on les voit, rien n'est plus certain, aux prises avec ce problème, sous sa forme archaïque sans doute, que nous sommes à peine parvenus à résoudre.

Cette assertion, il est bon de le remarquer, paraîtra moins invraisemblable à un Français ou même à un citoyen quelconque d'un des Etats du continent qu'à un Anglais. Le droit du continent sur la propriété respective de la femme et du mari est tout simplement le droit romain légèrement modifié ; et, au moyen des institutions de Rome, on peut suivre l'histoire de cette partie du droit jusqu'aux institutions les plus primitives de toute famille humaine qui s'est montrée accessible à la civilisation.

Les corps de droit romain et hindou, auxquels je compte me référer, sont loin d'être, à la vérité, les uniques sources d'information concernant l'enfance du genre humain, ou seulement même la race aryenne. Mais les documents fournis par chacun d'eux sont au plus haut point authentiques, et outre qu'ils remontent tous deux à ce qu'on peut appeler sans conteste une haute antiquité, chacun implique, dès son point de départ, l'existence de cette institution qui ne se rencontre pas chez tous les peuples barbares, et qui a engendré, je le répète, toute civilisation — la famille. Toutefois, même au point de vue historique, — est-il besoin de le dire? — la valeur en est très inégale.

Il n'est pas d'histoire si étendue, si continue, si authentique que celle du droit romain; et cependant, il y a un demi-siècle à peine, ce droit était encore systématiquement traité, sauf par un petit nombre de jurisconsultes, comme s'il était sans histoire! Sa grande perfection juridique en était précisément cause. Qu'il me soit permis d'exprimer en passant le regret qu'eu égard au temps et à la peine consacrés à l'étude du latin, on connaisse si peu la branche la plus importante de la littérature latine. Ce droit mérite, en effet, par sa forme et son ensemble monumental, le nom de littérature. Bien plus, c'est la seule littérature qui, chez les Romains, puisse prétendre à l'originalité; c'était la seule branche de leur littérature pour laquelle ils se passionnaient eux-mêmes, et c'est la seule qui ait exercé sur la pensée moderne une profonde influence. Telle est l'harmonie et la lucidité de ce corps de droit, qu'on le regarda longtemps comme une œuvre de pure abstraction, produite en quelque sorte d'un seul jet par la raison. Ils furent en petit nombre et sans grand crédit, ceux qui tentèrent de lui composer une histoire. Mais, en 1816, il arriva que le grand historien allemand Niebuhr, voyageant en Italie, fut frappé de l'aspect d'un manuscrit appartenant aux religieux de Vérone, sous les caractères duquel apparaissait une écriture antérieure. Déchiffré, ce manuscrit fut reconnu pour être la copie à peu près complète d'un ouvrage classique composé au IIe siècle de notre ère, pour les jeunes étudiants en droit, par l'un des plus célèbres jurisconsultes romains, Gaïus ou Caïus. A cette époque, le droit romain gardait encore assez de traces de son état primitif pour qu'il fût nécessaire de les expliquer aux étudiants, et c'est ainsi qu'il devint possible de reconstruire assez complètement, d'après le livre de Gaïus, le passé tout entier du droit romain. Sans la découverte de Niebuhr, le sujet de ce chapitre n'aurait jamais été compris, ou du moins l'esquisse originale n'en aurait pu être rétablie.

Le droit hindou, que j'ai placé à côté du droit romain, ne mérite assurément aucun éloge. Il est plein de monstrueuses iniquités, et l'influence sacerdotale l'a perverti sous tous les rapports. Mais, dans son ensemble, il n'en remonte pas moins certainement à une prodigieuse antiquité, et, ce qui importe davantage, cet ancien droit fonctionne sous nos yeux. La législation anglaise en a corrigé quelques excès, mais les principes en sont demeurés intacts et libres de produire certaines de leurs conséquences. Le droit français, je l'ai dit, n'est que le droit romain légèrement altéré, mais le droit romain sous sa forme la plus mûre, la plus développée, la plus épurée, et l'on n'y aperçoit que confusément les antiques institutions de Rome. Mais dans l'Inde, on peut voir maintenant encore florissantes sous l'égide des Cours de justice anglaises, quelques-unes des institutions jadis communes aux Romains et aux Hindous.

Ces deux sociétés, romaine et hindoue, — que "ai choisies pour objet de mon examen, dans le but d'en déterminer certaines idées primitives sur le droit de propriété des femmes, — se sont constituées, au stage le plus reculé de leur hisoire, par la multiplication d'une unité ou d'un roupe particulier : la famille patriarcale. Bien es théories ont été émises, dans ces deriers temps, par l'école dite préhistorique, relativement à la place qu'il convient d'assigner à la famille patriarcale, dans l'histoire de la société humaine. A-t-elle existé partout et à toute époque ? N'a-t-elle existé de tout temps que chez certaines races ? Ou bien, chez ces races parmi les institutions desquelles on la rencontre, s'est-elle formée par un développement lent et graduel ? Quoi qu'il en soit, partout où elle se trouve, elle offre le même caractère et la même composition. Ce groupe comprend des êtres animés et des êtres inanimés: épouse, enfants, esclaves, terres, biens meubles, reliés ensemble par leur soumission à l'autorité despotique de l'aîné des mâle appartenant à l'aînée des lignes ascendantes : père, grand-père ou ancêtre plus éloigné encore. La force qui maintient l'homogénéité du groupe c'est le pouvoir. Un enfant adopté par la famill patriarcale lui appartient aussi étroitement qu l'enfant né dans son sein, et un enfant qui se sé pare d'elle est également répudié par elle. Tou les groupes plus considérables dont se compo sent les sociétés primitives où la famille patriar cale entre comme élément, n'en sont que de multiples et se calquent en fait plus ou moins su ce modèle.

Mais, il ne faut pas s'y méprendre, quand pou la première fois la famille patriarcale nous ap paraît dans une entière et lumineuse évidence, elle a déjà atteint l'âge de la décadence. L'émancipation ou l'affranchissement des enfants mâles du pouvoir paternel par un acte volontaire des parents est devenu un usage reconnu, et atteste, avec d'autres pratiques, l'affaiblissement des notions rigoureuses qui avaient cours dans une antiquité plus reculée. Spécialement en ce qui concerne les femmes, celles-ci ont commencé par hériter d'une part des biens de la famille, concurremment avec leurs parents mâles; mais divers indices semblent établir que leur part a été moindre, et d'ailleurs elles ne pouvaient en jouir ni en disposer sans contrôle. On aperçoit ici la première trace d'une distinction qui se retrouve dans tout le cours de l'histoire du droit. Les femmes non mariées, dont la position ne diffère pas à l'origine de celle des femmes mariées, acquièrent d'abord un droit de propriété beaucoup plus indépendant. La femme non mariée est pour la vie sous la tutelle de ses parents mâles, dont le devoir primitif est manifestement de l'empêcher d'aliéner ou de dissiper ses biens, et d'en assurer, en dernière analyse, le retour à la famille qui les avait auparavant possédés dans son domaine. Mais les pouvoirs du tuteur vont toujours en s'affaiblissant sous l'influence des deux grands dissolvants juridiques, par excellence, les fictions légales et l'équité (1). Pour ceux que trouve attentifs la permanence de certains phénomènes juridiques, aucun passage de l'ancien droit n'offre plus d'intérêt que la description faite par le vieux jurisconsulte Gaïus des formes curieuses d'après lesquelles les pouvoirs du tuteur légitime étaient transférés à un tuteur fiduciaire dont le devoir était de les exercer suivant le bon plaisir de la pupille (2). Il n'est pas douteux, d'un autre côté, que, chez les Romains, les femmes devinrent en grande majorité, par le mariage, ce que toute femme était à l'origine, les filles de leurs maris. La famille reposait moins sur une parenté actuelle que sur la puissance, et le mari acquérait sur sa femme le même pouvoir despotique qui appartenait au père sur ses enfants. Une telle conception du mariage eut incontestablement pour conséquence nécessaire de faire passer d'abord au mari, d'une façon absolue, la propriété entière de la femme, et de la confondre dans le domaine de la nouvelle famille. Ici com-

---

(1) Voy. dans l'*Ancien droit*, les chapitres II et III sur *les fictions légales* et le *droit de la nature et l'équité* (N. du T.).
(2) *Gaii Inst.*, I, §§ 114, 115 et 195 (N. du T.).

mencè, suivant le sens naturel de ces termes, l'histoire primitive des biens de la femme mariée.

On rencontre l'indice d'un nouvel ordre de choses dans l'emploi d'un terme particulier énonçant la relation d'époux à épouse comme distincte de celle de père à enfant ou de maître à esclave. Ce terme, célèbre dans l'histoire du droit, c'est le mot latin *manus*, main : la femme était dite *convenire in manum*, venir sous la main de son mari. J'ai ailleurs exprimé l'opinion hypothétique que ce mot *manus* exprimait seul à l'origine, d'une manière générale, le pouvoir patriarcal chez les Romains, et qu'il finit par s'appliquer exclusivement à une forme de ce pouvoir, suivant un procédé de spécialisation facilement observable dans l'histoire du langage (1). Une cause purement accidentelle a dû créer les termes particuliers qui traduisent les idées spéciales graduellement dégagées d'une idée générale. On ne peut expliquer autrement que par le hasard comment le pouvoir sur l'épouse a retenu le nom de *manus*; comment le pouvoir sur l'enfant a reçu un autre nom, *otestas*; comment enfin le pouvoir sur l'esclave et sur les objets inanimés s'est plus tard appelé

(1) Voy. l'*Ancien droit*, chap. IX, p. 300 (N. du T.).

dominium. Mais pour capricieux que soient les changements de signification, ce procédé de spécialisation n'en est pas moins un phénomène permanent, important au plus haut point et digne d'être observé.

Cette spécialisation une fois effectuée, celui qui ne recombinerait pas par la réflexion les élément désunis, se priverait, j'ose le dire, de toute vision nette en histoire. Prenons comme exemple les idées qui se dégagent des relations de famille. Ce qu'on appelle propriété, ce qu'on appelle puissance maritale, ce qu'on appelle autorité paternelle, étaient indistinctement confondus à l'origine dans l'idée générale de pouvoir patriarcal. Si, laissant la famille, nous passons au groupe qui la suit de près dans l'organisation primitive des sociétés, c'est-à-dire à cette combinaison de familles réunies en une plus vaste agrégation, à laquelle je ne puis donner pour le moment de nom plus approprié que celui de *communauté de village*, nous nous trouvons incapables d'acquérir l'intelligence des exemples qui en subsistent encore, avant d'avoir constaté que dans l'enfance des idées, loin de distinguer entre eux les divers pouvoirs législatif, judiciaire, exécutif et administratif, on les regardait comme un seul et même pouvoir. L'esprit ne voyait aucune différence entre faire une loi, édicter un règlement, juger un criminel, rendre une sentence, prescrire une ligne de conduite à un fonctionnaire communal. On considérait tout cela comme l'exercice d'un pouvoir unique dont quelque individu ou un corps entier était dépositaire.

La difficulté de combiner à nouveau ces idées déjà confondues s'accroît encore quand il s'agit de l'époque où ces communautés se perdent dans les groupes plus importants dits politiques. La vaincre, c'est accomplir un des chefs-d'œuvre de l'analyse historique. Or, partout où l'on porte ses investigations, — sur ce système immortel de communautés de village qui fût plus tard le monde hellénique, — sur ce groupe célèbre de communautés de village riveraines du Tibre, qui, devenu empire legiférant, a exercé plus d'influence sur les destinées du monde en en altérant les vieilles coutumes qu'en en faisant sa proie; — enfin, sur ces sociétés merveilleusement complexes dont nous faisons partie et où l'on sent encore l'influence, latente dans la foule des idées modernes, des notions primitives issues de la famille et du village; — l'unique moyen, j'ose l'assurer, d'acquérir l'intelligence de ces collectivités humaines, c'est de reconstruire dans son esprit, par la synthèse des idées spécifiques modernes qui en dérivent, les notions génériques confuses de l'époque primitive.

La seconde période de l'histoire du mariage civil romain est caractérisée par l'artifice familier aux romanistes, grâce auquel l'acte de *venir sous la main* cesse d'être obligatoire : la femme ne devient plus légalement la fille de son mari. Dès les temps les plus reculés il a dû paraître possible de contracter un mariage légal en constituant simplement une société conjugale. Mais dans le vieux droit romain, l'effet d'une société conjugale continue était, quant à la femme, exactement le même que celui résultant pour un homme d'une fonction servile continue dans une famille romaine. L'institution appelée usucapion, et à une époque plus moderne, prescription, c'est-à-dire l'acquisition de la propriété par une possession prolongée, se rencontre au seuil même de l'ancien droit romain, et s'applique tant aux personnes qu'aux choses. Dans le premier cas dont j'ai parlé, la femme devenait la fille du chef de la maison ; dans le second, l'homme devenait son esclave. Si le résultat n'était pas identique dans les deux cas, c'est qu'on était alors parvenu à distinguer les nuances du pouvoir, et que l'autorité paternelle était reconnue différente de la souveraineté du maître sur l'esclave. Toutefois, pour rendre irrévocable l'acquisition par usucapion, il fallait une possession continue; pas d'usucapion si la possession était interrompue, si, pour employer l'expression technique qui a aussi son histoire particulière, il y avait eu *usurpation*, c'est-à-dire interruption de l'*usus* ou de la jouissance. La femme pouvait néanmoins, en s'absentant du domicile conjugal pendant un temps déterminé, prévenir l'acquisition par son mari de la puissance paternelle sur sa personne et sur ses biens. Le vieux code romain, — les *Douze Tables* — fixe à trois jours et à trois nuits la durée de l'absence nécessaire pour prévenir l'usucapion, et cette règle, dans un monument législatif aussi antique, mérite d'être remarquée. Cette disposition avait très probablement pour but, comme l'ont supposé plusieurs auteurs, d'éclaircir un doute, de déclarer avec certitude quelle période d'absence était requise pour donner un caractère légal à un procédé déjà en vigueur. Mais elle n'implique, en aucune façon, que ce procédé ait été général ni qu'il se soit rapidement répandu. En ceci, comme en d'autres cas, si la *loi des Douze Tables* ne formule aucune restriction, c'est que le législateur s'en rapportait probablement aux coutumes, à l'opinion ou aux idées religieuses, pour garantir la loi de tout abus.

La femme qui évitait de tomber sous la puissance de son mari gardait sans nul doute la condition légale d'épouse; mais les romanistes ont toujours cru qu'à l'origine elle ne jouissait pas d'une grande considération. A l'époque de Gaïus, cette honorabilité douteuse cesse déjà d'être ou n'est même plus du tout associée à la forme nouvelle du mariage; le mariage sans *manus* devint en fait, à Rome, on ne l'ignore pas, le mariage de droit commun, et la relation de mari à femme prit le caractère d'une société conjugale volontaire, que le divorce pouvait faire cesser au gré des parties. Ce fut aux relations matrimoniales établies sur cette donnée que le christianisme fit par la suite une guerre de plus en plus acharnée; mais cette conception demeura jusqu'à la fin le fondement de la notion légale du mariage romain, et elle a déteint jusqu'à un certain point sur le droit canonique lui-même, en dépit de la notion sacramentelle du mariage, sur laquelle il repose tout entier.

Il faut, pour examiner, conformément au plan que nous nous sommes tracé, cette nouvelle forme du mariage, se placer au moment précis où elle a détrôné les antiques et sévères usages des noces, et exactement avant l'époque à partir de laquelle elle commence à être modifiée par les principes austères du christianisme. A cette période de l'histoire du mariage on voit poindre en effet cette coutume de réglementer la propriété des femmes mariées, à laquelle la plupart des Etats du continent ont emprunté leurs lois sur les conventions matrimoniales.

Dès que le mariage n'introduisit plus l'épouse dans la famille de son mari et ne fit plus légalement d'elle sa fille, ses biens ne durent plus, en vertu de principes juridiques incontestables, passer dans le patrimoine de ce dernier. Dans la période archaïque du droit romain, les biens présents et futurs de la femme seraient alors demeurés dans sa famille, ou, si elle ne subissait plus directement l'autorité paternelle, auraient été administrés par ses tuteurs, dans l'intérêt de ses parents mâles. Or, on le sait, et je l'ai rappelé tout à l'heure, le pouvoir des tuteurs devint peu à peu purement nominal. Juridiquement, la conséquence à tirer de là serait que la condition de la femme romaine devait être dès lors celle de la femme française sous le régime de la séparation de biens, ou encore de la femme anglaise à qui l'usage séparé de ses biens a été réservé par un contrat de mariage spécial ou en vertu de la loi nouvelle sur la propriété des femmes mariées (1). Mais toute juridique que soit cette conséquence, prétendre qu'elle réagit rapidement ou généralement sur la pratique, ce serait commettre un anachronisme social. Le but originel du mariage exempt de la *manus* fut sans doute d'empêcher l'acquisition par le mari d'un pouvoir excessif, mais non de le priver de tout pouvoir sur les biens de la femme; autrement les conséquences juridiques de ce mariage auraient trop devancé les opinions de l'époque.

Nous rencontrons donc ici une institution qui, de toutes les institutions purement artificielles, possède peut-être l'histoire la plus développée et la plus importante. C'est la *dos*, ou fonds dotal, quelque chose de très différent de la dotation ou du douaire anglais. Elle est devenue la *dot*, en droit français, et c'est, dans toute l'Europe continentale, le régime favori de la propriété des femmes mariées. On appelle ainsi la part contributoire apportée par la famille de la femme ou par la femme elle-même pour aider le mari à faire face aux dépenses de la maison conjugale. Le revenu seul appartient au mari, et des règles minutieuses, qu'il est inutile d'exposer ici, pré-

(1) *Married Women's Property Act.*

viennent tout emploi étranger à l'intention qui a présidé à l'apport des biens. Le *corpus* ou capital de la dot était, chez les Romains, comme aujourd'hui en France, inaliénable, sauf autorisation de justice. Si quelques portions des biens de la femme ne lui avaient pas été constituées en dot, elles devenaient ses *parapherna*. Les *parapherna* étaient très différents des paraphernaux du droit anglais; ce sont actuellement les biens soumis au régime de la séparation dans le droit français. On entendait par là ceux des biens de la femme qu'elle laissait régir par le droit strict applicable à celle qui se mariait sans tomber sous la *manus* du mari. L'autorité de ses tuteurs n'existant plus, et cette portion de son patrimoine n'ayant pas été confiée au mari comme *dos*, elle la gardait à sa disposition exclusive et libre de tout contrôle. C'est seulement par le *Married Women's Property Act* que nous avons tout récemment inauguré une institution analogue : un capital ne pouvant être constitué à la femme pour son usage personnel qu'en vertu d'une disposition expresse.

Je viens d'exposer le sommaire d'une bien longue et, sur certains points, bien confuse histoire. Le droit romain a d'abord donné au mari la pleine propriété des biens de la femme, vu que celle-ci était légalement censée sa fille. A la fin, il a posé en thèse générale que la femme avait la libre disposition de tous ses biens, sauf le cas où une partie en était distraite par convention pour contribuer aux charges de la maison conjugale. Mais sans aucun doute, cette exception à la règle générale était d'usuelle pratique. Dans toutes les familles d'un certain rang, on faisait, comme aujourd'hui sur le continent, des constitutions de dot. Ce n'est pas toutefois qu'il existât chez les Romains ce que nous appelons le contrat de mariage. Le mécanisme était beaucoup plus simple. Quelques mots jetés sur le papier suffisaient à placer une fraction des biens de la femme sous l'empire des règles bien définies assignées par le droit écrit aux constitutions de dot, et il n'en fallait pas davantage, à moins que les parties ne voulussent, par des stipulations expresses, s'écarter des dispositions de la loi. Ce procédé simple, mais admirable, qui consiste à placer dans la loi des modèles tout tracés de conventions matrimoniales qu'on peut à son gré adopter ou repousser, caractérise le code Napoléon, et les Français en ont hérité des Romains.

Passons maintenant, après cet exposé nécessairement incomplet des vicissitudes du droit romain en ce qui concerne le régime des biens de la femme mariée, aux idées primitives que nous révèle sur notre sujet le droit hindou. Le régime sous lequel le mari ne peut aliéner les biens de la femme est très connu des Hindous sous le nom de *stridhan*. Cette institution, — circonstance bien frappante, — paraît s'être développée dans l'Inde à une époque relativement plus ancienne que chez les Romains. Mais il y a des raisons de croire qu'au lieu de grandir et de se perfectionner comme dans le monde occidental, elle s'est, en Orient, sons l'empire d'influences diverses en partie reconnaissables, réduite graduellement à des proportions et à une importance bien inférieures à celles dont elle jouissait autrefois.

L'un des plus autorisés et des plus vieux traités du droit hindou, le *Mitakshara*, donne du *stridhan* — littéralement, propriété de la femme — la définition suivante : « Ce qui est donné (à l'épouse) par le père, la mère, le mari ou un frère, au moment du mariage, avant le feu nuptial. » Jusqu'ici cette doctrine ne diffère pas de celle de toutes les écoles juridiques de l'Inde. Mais le compilateur du *Mitakshara* ajoute une proposition qu'il est seul à émettre : « La propriété qu'elle a pu acquérir par héritage, achat, partage, saisie ou découverte, est aussi appelée par Manou et les autres, *propriété de la femme* (1). » Ces mots, attribués, on le voit, au législateur mythique Manou, ont soulevé les plus ardentes controverses parmi les commentateurs brahmaniques, et ont causé de vives perplexités aux juges anglo-indiens, tenus qu'ils sont de dégager des textes juridiques hindous la doctrine applicable. « Tout ce qu'une femme peut avoir acquis par héritage, achat, partage, saisie ou découverte, » — voilà une description compréhensive de toutes les formes de la propriété définies par les modes d'acquisition, et si tout cela est *stridhan*, c'est évidemment que l'ancien droit hindou garantissait à la femme mariée, au moins en théorie, une propriété bien plus indépendante que celle qui leur est attribuée en Angleterre par le récent *Married Women's Property Act*. C'est là un point bien difficile à éclaircir.

Le droit écrit des Hindous, mélange complexe de préceptes religieux, moraux et juridiques, se fait surtout remarquer par la rigueur avec laquelle il édicte un certain nombre d'obligations étroitement liées à l'ancien despotisme de la famille, et par sa sévérité excessive à l'égard

---

(1) *Mitakshara*, XI, 2.

de la liberté des femmes quant à leur personne et quant à leurs biens. Parmi les sociétés de race aryenne organisées sur le type de la famille patriarcale, il faut placer les Hindous aussi bien que les Romains. Si donc, à quelque époque lointaine, les biens de la femme mariée étaient chez les Hindous entièrement affranchis du contrôle du mari, il n'est pas facile d'expliquer pourquoi, sur ce point particulier, les droits du despotisme familial souffraient un tempérament. Et de fait, à s'en tenir au droit hindou, le mystère est impénétrable, et le juge a pour tout parti le choix de se prévaloir de l'unique autorité ancienne que j'ai citée, ou de suivre la foule des auteurs modernes qui répudient sur ce point la doctrine du *Mitakshara*. Suivant la jurisprudence des Cours anglo-indiennes, le droit hindou, — sauf les exceptions possibles dans l'Inde occidentale, — limite le *stridhan* aux biens donnés à la femme lors de son mariage, soit par sa famille, soit par son mari (1).

Toutefois, on peut je crois, parvenir, en consultant d'autres corps de coutumes aryennes, à expliquer en partie l'étendue assignée au *stridhan* par ce plus archaïque des recueils hindous,

---

(1) *Madras High Court Reports*, III, 342.

le *Mitakshara*. Des recherches approfondies m'entraîneraient au delà des limites assignées à ce chapitre ; mais voici en deux mots quels en seraient les résultats. Une antique institution, largement répandue dans toutes les communautés aryennes, *le prix de l'épousée*, nous met sur la trace primitive de la propriété indépendante des femmes. Le jour ou le lendemain des noces, le nouveau marié payait un prix, partie au père de l'épouse comme dédommagement du pouvoir patriarcal ou familial qui lui était transféré, partie à la femme elle-même qui, la plupart du temps, en gardait exclusivement la jouissance comme d'un bien distinct du patrimoine du mari. Un certain nombre de coutumes aryennes attribuaient même paraît-il, à la femme, sur les biens d'autre nature acquis progressivement par elle, les droits dont elle jouissait sur sa portion du *prix de l'épousée*, considérée probablement comme le type unique alors existant de la propriété personnelle des femmes. On ne connaît pas encore l'étendue exacte du droit personnel de propriété accordé par l'ancien droit irlandais à la femme mariée ; mais sans aucun doute elle pouvait, dans une certaine mesure, disposer de ses biens propres sans le consentement de son mari, et cette institution est au nombre de celles que les juges déclarèrent illégales au commencement du XVIIᵉ siècle.

Si le *stridhan* a dans *le prix de l'épousée* son origine préhistorique, il devient plus facile d'en expliquer les progrès et le déclin. Ce fut d'abord la propriété conférée par le mari à la femme au moment du *feu nuptial*, selon l'expression des prêtres jurisconsultes hindous. Il comprit ensuite ce que les Romains ont appelé la *dos*, propriété conférée à la femme par sa propre famille au moment du mariage. Quant à l'extension postérieure du *stridhan*, elle a pu très bien se produire dans certaines régions de l'Inde seulement, et les règles y relatives peuvent n'appartenir qu'à la doctrine de certaines écoles ; mais encore n'y aurait-il rien de contraire aux analogies présentées par l'histoire du droit, que le *stridhan* fût allé jusqu'à englober tous les biens de la femme mariée. La question vraiment intéressante est de savoir comment le droit a rétrogradé après s'être montré plus hardi que le droit romain moyen dans l'émancipation de la propriété des femmes, et pourquoi la grande majorité des jurisconsultes hindous fait une si vive opposition au texte du *Mitakshara*, dont l'autorité ne peut être cependant contestée.

Il est notoire que les Brahmanes se sont conjurés dans leurs écrits, à la fois religieux et juridiques, contre les privilèges reconnus partout aux femmes par des autorités plus anciennes. L'attention des Anglais et des Européens adonnés à l'étude du droit hindou a d'abord été attirée sur ce point par le désir naturel de scruter les textes sacrés sur lesquels les Brahmanes érudits s'appuient d'ordinaire pour défendre l'abominable pratique du *suttee*, consistant à brûler vive la veuve sur le bûcher funèbre du mari. On ne tarda pas à découvrir que les plus antiques monuments législatifs et religieux ne donnaient aucun fondement à cet usage (1), et l'on en conclut dès lors que, même au point de vue des principes hindous, c'était une innovation illégale. Ce raisonnement agit incontestablement sur maints dévots hindous que des considérations étrangères à leur religion n'auraient jamais décidés à abandonner une coutume con-

---

(1) Cette coutume repose, en effet, sur une falsification de texte. L'une des hymnes funéraires du Rig-Véda contenait originairement ce vers, adressé aux femmes présentes aux funérailles :

A Rohantu ganayo yonim agre,

c'est-à-dire : *les mères peuvent monter les premières sur* (YONIM, litt. *au sein de*) *l'autel* (*agre*). Les brahmanes ont substitué à ce dernier mot le terme *agneh*, flammes, feu. — Voy. Max Müller, *Essais sur la mythologie comparée*, p. 45-47. Paris, Didier (N. du T.).

sacrée par son antiquité ; mais en soi, il était vicieux. S'il fallait abandonner en effet tous les usages dont un savant prouverait l'origine relativement moderne, il ne resterait bientôt plus rien de l'organisation hindoue. En poussant très avant ces recherches, on a reconnu que le droit civil et religieux des Hindous a été, durant des siècles, transformé, développé, et en quelques points, corrompu par les commentaires successifs des interprètes brahmaniques, et qu'aucune règle n'a subi des altérations aussi répétées et aussi déplorables que celles dont relève la condition légale des femmes.

Tous ceux qui se sont occupés de ce sujet reconnaîtront assurément qu'en augmentant sans cesse l'indépendance de la femme quant à sa personne et quant à ses biens, et même en lui accordant des privilèges politiques, les sociétés civilisées de l'Occident continuent tout simplement à obéir, comme elles l'ont fait pendant des siècles, à une loi de leur développement. Le jour où elle a assimilé complètement la condition légale de la femme à celle de l'homme, la société, jadis composée de familles compactes, a serré de fort près l'état ultérieur où elle ne sera exclusivement composée que d'individus. Aux nombreuses objections soulevées par la prétention de voir dans l'incapacité légale des femmes une des formes de la tyrannie d'un sexe sur l'autre, il faut ajouter qu'elle est démentie par l'histoire et par la philosophie, comme bien d'autres théories relatives à une classification aussi vaste que celle des sexes. Ce qu'il y a eu de réel, c'est le despotisme des groupes sur les membres dont ils étaient formés, et ce qui s'adoucit réellement, c'est la rigueur de ce despotisme. Cet affaiblissement en présage-t-il la fin définitive? La société est-elle destinée, par le fait d'un accommodement volontaire ou d'une loi impérative, à revêtir une forme nouvelle? Ce n'est pas le lieu d'aborder ces questions, encore qu'on pût les résoudre. Bornons-nous à retenir que l'*affranchissement* des femmes caractérise tout simplement une des phases d'une évolution accomplie par bien d'autres classes : la substitution, comme unité sociale, de l'être individuel aux groupes collectifs d'individus.

Assurément les institutions légales des Hindous — quant aux institutions politiques, durant des siècles, j'ai à peine besoin de le dire, ils n'en eurent pas — maintiennent beaucoup plus sévèrement que dans toute autre société analogue par sa culture et par sa civilisation, le despotisme du groupe familial sur les hommes et les femmes qui en font partie ; mais il est surabondamment prouvé que l'émancipation de l'individu était en voie de se produire antérieurement à l'importation des influences occidentales par la domination britannique. La démonstration de ce que j'avance m'entraînerait à trop de détails sur le droit hindou. Je n'en mentionnerai qu'un seul, car peu de personnes savent que ce point particulier est comme une pierre de touche à l'aide de laquelle on distingue un droit très ancien ou encore dans l'enfance, d'une législation relativement avancée et développée.

Tous ceux qui ont quelque notion du droit savent quelle différence il y a, en matière de succession, entre le partage *par souche* et le partage *par tête*. Un homme a deux fils dont le premier est père de huit enfants, et l'autre de deux. Le grand-père meurt après ses deux fils, et ses biens doivent être partagés entre ses petits-enfants. Si le partage s'opère *par souche*, on prélèvera séparément la part de chacun des deux fils prédécédés : la moitié de l'héritage sera distribuée entre huit des petits-enfants, et la seconde moitié reviendra aux deux autres. Si, au contraire, le partage a lieu *par tête*, les biens seront distribués par parts égales aux dix petits-enfants. Or, une législation avancée et développée tend à donner une préférence marquée au partage *par souche*; c'est seulement à l'égard des parents très éloignés en degrés qu'elle cesse de distinguer entre les lignes pour partager la succession *par tête*. Mais en ceci, comme en bien d'autres cas, le droit ancien et rudimentaire renverse le système des juristes modernes, et préfère sans exception le partage *par tête*, la division parfaitement exacte du patrimoine entre tous les membres survivants de la famille, probablement en vertu du principe que tout ayant été soumis sans distinction à un despotisme uniforme, tout doit être également partagé quand la mort du chef dissout la communauté. La préférence manifestée pour le partage *par souche*, le soin minutieux de sauvegarder les lignes, témoignent éloquemment, en fait, d'un respect croissant pour les intérêts individuels qu'implique la famille, envisagés séparément des intérêts de l'unité collective elle-même. C'est pourquoi la part faite dans un corps de droit au partage *par souche* indique que cette législation n'est pas restée stationnaire. Or, précisément, cette part est fort large dans le droit hindou, extrêmement jaloux de distinguer les lignes, et qui continue à les respecter pendant une suite indéfinie de successions.

Revenons maintenant aux causes qui, dans le droit hindou et dans le droit romain, ont respectivement conduit à détacher l'individu du groupe. En ce qui concerne les institutions romaines, on sait qu'au nombre des influences les plus dissolvantes se plaçaient certaines théories philosophiques venues de la Grèce, dont étaient fortement imbus les jurisconsultes qui guidèrent les développements du droit. Ainsi modifié par une doctrine résumée tout entière dans l'axiome célèbre : « Tous les hommes sont égaux, » le droit se répandit dans le monde avec la législation romaine. L'Empire romain diffère absolument, par un caractère unique, des Etats despotiques de l'Orient ancien et moderne, et même de la célèbre République athénienne. Ces derniers se bornaient à lever des impôts ; ils n'exerçaient aucune ou une bien faible action sur les coutumes des communautés de village ou des tribus. Rome, au contraire, tout en percevant aussi l'impôt, exerçait en outre une action législative; elle abrogeait les coutumes légales et y substituait ses propres institutions. Par sa seule législation, elle a joué dans l'histoire de toute une partie du genre humain un rôle immense qui n'a pas eu d'égal, et qu'imite aujourd'hui de très loin dans l'Inde l'Empire britannique.

Rien ne donne à penser que la jurisprudence des Hindous se soit sérieusement inspirée de théories philosophiques. Je ne veux rien avancer à la légère, mais je crois qu'aucun des remarquables systèmes philosophiques enfantés par le génie de la race ne sépare l'individu du groupe où il est né. Tous ceux dont j'ai pu acquérir une connaissance personnelle procèdent au contraire d'une façon absolument inverse, et il en est de ces systèmes comme de certaine philosophie contemporaine qui absorbe l'individu dans *l'humanité*. Quelle influence — car cette influence s'est certainement fait sentir — a donc agi sur l'esprit des juristes brahmaniques pour les amener à conférer à l'individu des droits distincts de ceux qui lui auraient appartenu comme simple membre du groupe familial? C'est, à mon sens, la religion. Partout où prévalait, au sein de la société hindoue, la croyance à la responsabilité d'outre-tombe — qu'elle fût corroborée par des récompenses ou des châtiments directs, où qu'elle trouvât sa sanction dans les phases successives de la métempsycose, — l'idée d'individu se dégageait forcément avec une grande netteté de la perspective des jouissances ou des afflictions personnelles. C'était précisément pour cette partie de la race la plus imbue de croyances religieuses que légiféraient les juristes brahmaniques, et à l'origine leurs lois n'étaient probablement pas appliquées ailleurs.

Mais la notion de responsabilité entraînait celle d'expiation. Développant cette dernière idée, les commentateurs brahmaniques en vinrent à faire du droit la simple application de ce que les jurisconsultes indiens appellent la doctrine du *profit spirituel*. Admettant que la condition du défunt peut être améliorée par des rites expiatoires, ces auteurs furent conduits à considérer la propriété transmise ou échue à un homme, partie comme une fondation destinée à subvenir aux cérémonies capables d'arracher aux souffrances ou à l'opprobre l'âme de celui dont provenait l'héritage, et partie comme la récompense des sacrifices accomplis. Rien de cette doctrine ne doit nous étonner, car la rigoureuse logique de ses déductions la sépare seule d'une autre doctrine dont l'influence fut énorme sur la jurisprudence de l'Occident. L'Eglise justifie fort bien l'intérêt qu'elle porte depuis ses origines à la propriété mobilière des personnes décédées, en enseignant que le premier et le meilleur usage des biens d'un défunt consiste à faire dire des messes pour son âme.

Cette notion sur le seul emploi convenable de la richesse paraît avoir inspiré toute la jurisprudence des Cours ecclésiastiques en matière de succession testamentaire ou *ab intestat*.

Dans l'Inde, le droit fondé sur ces principes se montre extrêmement défavorable à l'exercice par les femmes du droit de propriété personnelle, sans doute parce qu'aux yeux des prêtres la faiblesse physique et la vie retirée des femmes — regardée certainement comme une nécessité inéluctable — leur rendaient beaucoup plus difficile qu'aux hommes, dans une société toujours plus ou moins troublée, l'emploi d'une portion du patrimoine au service funèbre de ceux dont elles l'avaient reçu. Ce raisonnement, qui avait déjà cours à une époque relativement ancienne, est ainsi exposé dans le *Mitakshara* : « La fortune d'un homme régénéré est destinée à un usage religieux, et il ne convient pas qu'une femme en hérite, car elle n'est pas apte à accomplir les rites sacrés. » Le compilateur du *Mitakshara*, qui a conservé le principe libéral du *stridhan*, combat cette doctrine, non toutefois en affirmant la capacité religieuse des femmes, mais en contestant la prétendue destination de tous les biens à des usages religieux, et en établissant que certains actes permis à la femme propriétaire ont un caractère quasi-religieux, comme par exemple le creusement d'une citerne (1). Mais les commentateurs brahmaniques qui se succèdent dans les écoles juridiques de l'Inde montrent une tendance de plus en plus marquée à grever la propriété de servitudes religieuses, et par suite une grande répugnance à placer la propriété entre les mains des femmes.

En résumé, les générations successives de jurisconsultes hindous manifestent une hostilité croissante contre l'institution du *stridhan*, et sans aller jusqu'à l'abolir, ils tendent à restreindre de tout leur pouvoir les cas auxquels celui-ci est applicable. On distingue minutieusement entre les divers modes de dévolution des biens à la femme, et l'on fait rares et exceptionnelles les conditions auxquelles sa propriété peut devenir *stridhan*. Les jurisconsultes visaient à augmenter le patrimoine de la famille et à placer sous le contrôle du mari le plus possible de ce qui pouvait échoir à la femme par succession ou par donation; mais quand la propriété parvient à satisfaire aux conditions multiples qui entourent l'établissement du *stridhan*, on voit alors apparaître réellement *la propriété de la femme*

(1) *Mitakshara*, II, 1, 22-24.

dans ses proportions logiques, marquées au coin des antiques institutions contre lesquelles se sont conjurés les juristes brahmaniques. Non seulement la femme a la libre disposition du *stridhan*; non seulement il est interdit au mari de s'entremettre dans la gestion de ces biens, sauf le cas d'extrême misère, — mais à la mort de la femme s'ouvre un ordre particulier de succession à ces biens, dont l'esprit manifeste est de favoriser autant que possible les parentes au détriment des parents.

L'imagination ni l'hypothèse pure n'ont aucune part à ce que je viens de dire touchant la libéralité probable des institutions hindoues envers la femme, à une période très reculée de leur développement, et au sujet de l'éloignement manifesté par les juristes brahmaniques à l'égard de ces dispositions libérales, bien qu'à la vérité nous en soyons réduits à peu près aux conjectures pour expliquer ces singularités. L'exposé que je viens de faire s'appuie sur un nombre considérable d'indications dont je mentionnerai seulement une du plus grand comme du plus poignant intérêt. La plus libérale des écoles de jurisprudence de l'Inde, celle du Bengale propre, accorde à la veuve sans enfants la jouissance viagère des biens de son mari, sous certaines conditions restrictives, et en cela elle est d'accord avec maintes coutumes locales non écrites. S'il y a des enfants mâles, ils succèdent d'abord; mais s'il n'y en a pas, la veuve vient à la succession pour sa vie durant, avant les collatéraux. Comme aujourd'hui les mariages sont généralement stériles dans les classes élevées de la société hindoue, une fraction considérable du sol des plus riches provinces de l'Inde se trouve constituée en tenure viagère entre les mains de veuves sans enfants. Or, ce fut précisément dans le Bengale propre qu'à leur arrivée dans l'Inde, les Anglais trouvèrent la coutume du *suttee*, c'est-à-dire de brûler les veuves sur le bucher funèbre des maris, à l'état de pratique, non pas exceptionnelle, mais constante et presque générale chez les classes riches; et la règle voulait que ce fût seulement la veuve sans postérité, et jamais la veuve ayant des enfants mineurs, qui se soumît à ce genre de mort. Il n'est point douteux qu'il y avait sous ce rapport une connexité étroite entre le droit et la religion : la femme devait se sacrifier afin d'anéantir son droit à une tenure viagère. Cette anxiété jalouse manifestée par la famille de voir s'accomplir le rite funéraire, dont les premiers observateurs anglais furent si frappés, s'expliquait en fait par les motifs les moins élevés; mais les Brahmanes qui exhortaient la victime au sacrifice étaient sans doute guidés simplement par leur répugnance professionnelle à voir la femme investie du droit de propriété. On ne pouvait abroger la vieille règle du droit civil qui faisait d'elle un tenancier pour sa vie durant, mais on y opposait l'institution moderne qui lui faisait un devoir de se vouer à une mort affreuse.

Si le *stridhan* des Hindous est une forme de la propriété personnelle des femmes mariées, qui, antipathique au corps professionnel autorisé à la modifier, a été dénaturée par lui, l'institution qui fut d'abord la *dos* des Romains, et qui est maintenant la *dot* de l'Europe continentale, a reçu au contraire des encouragements de toute sorte. J'ai essayé d'en retracer l'origine; je dois dire maintenant quel rôle elle joua dans l'une des plus célèbres expériences sociales tentées dans l'Empire romain.

Une loi bien connue de l'empereur Auguste, célébrée par Horace, dans une ode officielle, comme le chef-d'œuvre législatif du prince, avait pour objet d'encourager et de réglementer les mariages, et de frapper de peines le célibat. Au nombre des dispositions principales de cette *lex Julia et Papia Poppœa*, pour lui donner son vrai titre, figurait une clause imposant aux parents riches l'obligation d'assurer des parts ou *dotes* à leurs filles nubiles. Cette disposition d'une loi qui, à divers points de vue, influa considérablement sur le droit romain, dut recevoir l'approbation générale, car plus tard on trouve le même principe appliqué à la *donatio propter nuptias*. Ainsi, à l'époque de la pleine maturité du droit romain, quelque singulier que le fait nous paraisse, les parents étaient légalement tenus de constituer un patrimoine à leurs enfants.

C'est un peu la mode de représenter comme un avortement ces tentatives des empereurs romains pour régénérer la moralité publique, et cela dans la pensée, si je ne m'abuse, que cet échec ajoute au prestige de la régénération morale accomplie par le christianisme. Il est de fait cependant que l'un des plus grands services rendus par l'Eglise a été de s'emparer des traditions du droit romain sur cette constitution de biens, et de s'attacher résolûment à répandre et à faire appliquer ces lois disciplinaires. Les conséquences éloignées de la chute de l'Empire ont été incontestablement défavorables à la liberté de la femme dans sa personne et dans ses biens. J'ai dit : *les conséquences éloignées*, afin d'éviter une controverse savante au sujet de la condition des femmes sous les coutumes purement téutoniques. Les dernières phases du progrès qu'on désignerait difficilement sous un autre nom que celui de féodalité, ont-elles été plus défavorables à la femme que les stages primitifs dus exclusivement à l'introduction des coutumes germaniques? C'est très possible. Mais il n'en reste pas moins vrai que la condition des femmes à l'époque du plein développement du système nouveau fut pire que sous le droit romain, et aurait empiré encore sans l'influence de l'Eglise.

La promesse articulée par le mari dans le rituel du mariage témoigne encore aujourd'hui de cette action de l'Eglise : « *Je te constitue mes biens terrestres* (1); » formule souvent embar-

(1) *With all my worldly goods, I thee* ENDOW. Il y a ici une équivoque à laquelle il faut être initié pour acquérir l'intelligence complète de la suite du texte. Le verbe *to endow* signifie généralement « faire un don pécuniaire; » c'est le vieux normand *endouer*. Spécialement, il désigne l'action de gratifier l'épouse d'un don, *endowment*, *dowry*, *dower*, termes qui s'appliquent indistinctement, surtout le dernier, aux biens apportés par la femme au mari, — c'est alors la dot, — et aux biens fonds du mari dont la femme a la jouissance durant sa vie ou qu'elle reçoit à la mort du mari, — c'est alors le douaire. *To endow* signifie donc à la fois « doter » et « constituer un douaire. » De là la difficulté dont il est question au texte (N. du T.).

rassante pour le jurisconsulte anglais, à cause de son désaccord avec les vieilles règles du droit britannique. Ces mots se rencontrent quelquefois dans les traités anglais de jurisprudence comme texte d'une controverse sur la différence entre la *dos* romaine à laquelle ils semblent se référer, et le *doarium*, qui est le douaire terrien connu dans le droit anglais. Quoi qu'il en soit, en fait, la tradition indiquée par l'Eglise était la tradition commune de la *dos* romaine, le but poursuivi étant d'assurer à la femme un revenu dont le mari ne pourrait capricieusement la dépouiller, et qui lui resterait après la mort de ce dernier. L'influence de l'Eglise se faisait sentir dans tous les principes fondamentaux des corps de droit coutumier européen ; mais une fois le principe posé, les applications en variaient à l'infini. Le douaire foncier du droit anglais, dont il reste à peine une ombre, et qui consistait dans l'attribution à la femme survivante, pour sa vie durant, du tiers des rentes et bénéfices retirés des terres de son mari, appartenait à une classe d'institutions très répandues dans l'Europe occidentale, analogues les unes aux autres dans leur caractère général, souvent appelées *doarium*, mais offrant dans leurs détails des différences considérables. Elles sont dues incontestablement aux efforts de l'Eglise pour faire revivre l'institution romaine de la *dos* obligatoire, qui en ce sens engendra le *doarium*, bien que l'origine de ce dernier puisse être en partie germanique, et qu'il revête quelquefois une forme toute différente de celle de l'institution originelle.

Un autre résultat de ces encouragements et de ces apologies persistantes, c'est encore, selon moi, un sentiment très répandu dans une grande partie de l'Europe et surtout chez les sociétés latines, sentiment tout à fait favorable à la dotation des filles, et dont l'intensité remarquable étonne surtout en France. C'est une puissance économique de premier ordre, car c'est la source principale de ces habitudes d'épargne et d'économie qui caractérisent le peuple français. J'y vois, pour ma part, un héritage lointain des dispositions obligatoires de la loi d'Auguste sur les mariages.

L'importance et l'intérêt d'un pareil sujet, quand on l'envisage sous tous ses aspects et dans tout le cours de son histoire, me feront pardonner, je l'espère, ce long exposé de ses obscures origines. On a vu qu'un Etat ou une communauté donne la mesure de son progrès dans la civilisation par la somme d'indépendance personnelle et de capacité réelle qu'il reconnaît à la femme. Cette opinion, trop souvent affranchie des réserves sans lesquelles elle ne peut être sérieuse, n'a rien de commun, tant s'en faut, avec une galanterie oiseuse. Aucune classe aussi importante et aussi étendue que celle des femmes n'ayant été placée, dans l'enfance des sociétés, sous une dépendance aussi absolue, la mesure dans laquelle cette dépendance a été peu à peu volontairement modifiée et tempérée, indique rigoureusement jusqu'à quel point une tribu, une société, une nation est capable de se dominer soi-même, de se soumettre à ce contrôle sévère qui, en réfrénant la tendance naturelle des hommes à vivre sans souci de l'avenir, devient l'instrument de la richesse, comme en subordonnant la jouissance immédiate des sens à la jouissance future et immatérielle de l'esprit, il se fait le stimulant de l'art et de la science. Dire qu'entre la civilisation et le droit de propriété des femmes il existe d'intimes rapports, c'est énoncer sous une autre forme cette vérité que chacune des conquêtes dont l'ensemble porte le nom de civilisation consiste à dompter quelqu'un des penchants, d'autant plus fougueux qu'ils sont originels, de l'humaine nature.

Si l'on me demandait pourquoi les deux sociétés dont il a été question, — d'une part les Hindous, de l'autre les Romains avec tous les peuples auxquels ils ont légué leurs institutions, — ont suivi des destinées si différentes, je ne pourrais rien répondre avec assurance, tant il est difficile d'indiquer, au milieu de l'immense variété d'influences qui agissent sur les grandes agglomérations humaines, celle ou quelques-unes de celles auxquelles on peut attribuer avec certitude l'action la plus puissante ! Mais à supposer qu'il fallût absolument répondre, j'invoquerais le sujet même de ce chapitre, le contraste qui éclate dans l'histoire sociale de ces deux peuples, en rappelant que l'un poursuivit avec constance, tandis que l'autre s'y montra rebelle, la série des progrès qui mirent fin à l'incapacité et à la dégradation d'un sexe tout entier.

CHAPITRE XII.

LA SOUVERAINETÉ.

Les théories historiques habituellement en faveur parmi les légistes anglais ont été si préjudiciables, non seulement à l'étude du droit, mais encore à celle de l'histoire même, que tirer de l'examen des documents nouveaux et de la révision des documents anciens un exposé de l'origine et des développements de notre système juridique, ce serait répondre à une nécessité des plus urgentes dans l'état actuel de la science en Angleterre. Mais avec une histoire nouvelle du droit, ce dont nous avons le plus besoin c'est d'une nouvelle philosophie du droit. Si jamais elle prend naissance dans notre pays, il faudra probablement en faire honneur à deux conditions propres à en favoriser chez nous l'avènement.

La première de ces conditions favorables, c'est que nous possédons un système légal qui, sous plusieurs rapports, peut être regardé comme indigène. Tout en retardant et en arrêtant même quelquefois nos progrès dans la science juridique, notre orgueil national a du moins gardé notre droit singulièrement pur de tout alliage avec ce flot de règles légales dont la source se trouve dans le *Corpus juris* romain. Aussi obtient-on des résultats bien plus instructifs en le rapprochant d'un système juridique quelconque de l'Europe qu'en comparant entre eux les divers corps de droit du continent.

L'autre condition favorable, c'est, à mon sens, la vulgarisation croissante en Angleterre des travaux de l'école dite *analytique*, dont Jérémie Bentham et John Austin sont les plus illustres représentants. C'est là un avantage qui nous est exclusivement propre. On ne paraît connaître dans Bentham, en France et en Allemagne, que l'auteur d'un système de morale impopulaire. Quant à Austin, il semble y être absolument inconnu. Et cependant ne doit-on pas à Bentham, et plus encore à Austin, la seule tentative qui ait été faite d'édifier, par des procédés strictement scientifiques, un système de jurisprudence, non point sur des principes posés *à priori*, mais sur l'observation, la comparaison et l'analyse des diverses idées juridiques? Rien n'oblige d'accepter avec une déférence aveugle toutes les conclusions de ces grands esprits; mais on ne peut se dispenser de connaître quelles ont été ces conclusions, ne serait-ce que pour apporter dans ses pensées l'ordre et la clarté nécessaires.

On ne remarque pas assez ce qui distingue l'un de l'autre Bentham et Austin. Le premier s'occupe surtout de législation; l'autre s'adonne plutôt à la jurisprudence. Bentham envisage principalement la loi telle qu'elle pourrait, telle qu'elle devrait être; Austin la considère telle qu'elle est. C'est par accident que l'un empiète sur le domaine de l'autre. Si Bentham n'avait pas écrit son traité intitulé : *Fragment sur le gouvernement* (1), Austin n'aurait probablement jamais composé son livre sur la *Détermination du domaine de la jurisprudence* (2), qui jette le fondement de son système. D'autre part, dans sa singulière discussion sur la théorie de l'utilité dénotant la loi divine, Austin s'est livré à des recherches du genre de celles entreprises par Bentham. Néanmoins la définition que j'ai don-

---

(1) *Fragment on Government.*
(2) *Province of Jurisprudence determined.*

née de leurs points de vue respectifs est suffisamment exacte comme définition générale, et ces points de vue diffèrent profondément. Bentham poursuit la réforme des lois par l'application des principes aujourd'hui inséparables de son nom. Ses idées principales ont été adoptées presque toutes par les Chambres anglaises ; mais le procédé qui consiste à introduire dans la loi ce qui passe pour un progrès aux yeux des générations successives, est en soi d'une durée indéfinie : il peut être, il sera sans doute en vigueur aussi longtemps que durera la race humaine. L'œuvre d'Austin est plus modeste. Elle serait achevée, si l'on promulguait un Code dont l'ordonnance serait absolument logique et les prescriptions parfaitement lucides. On parle aujourd'hui de la jurisprudence, cette science du droit positif, comme si elle pouvait perfectionner indéfiniment la substance même du droit. Sans doute, poussée très loin, elle serait capable de provoquer indirectement de grandes réformes juridiques, en dissipant les obscurités et en écartant les erreurs ; mais la recherche des principes qui devraient présider à l'amélioration directe des préceptes substantiels du droit appartient néanmoins, non pas aux théoriciens de la jurisprudence, mais aux théoriciens de la législation.

Celles des leçons d'Austin qui posent les bases de son système et qui ont été publiées, il y a un certain nombre d'années, sous le titre de *Détermination du domaine de la jurisprudence*, ont formé longtemps l'un des manuels les plus en honneur dans l'université d'Oxford, et y seront toujours, ou tout au moins pendant un long avenir encore, — avec les autres leçons publiées plus récemment (1) — quoique par malheur à l'état fragmentaire — le principal aliment des études juridiques. Prisant fort haut la valeur du livre, je ne puis cependant m'empêcher d'avouer que les commençants y rencontrent de bien grandes difficultés. Celles qui sont dues à l'originalité du style et qu'on peut attribuer à l'incessant commerce intellectuel de l'auteur avec ses prédécesseurs, Bentham et Hobbes, sont pour moi moins graves dans la pratique que ces difficultés d'un autre genre, provenant de la répulsion inspirée à notre esprit par la forme dont l'analyse d'Austin revêt les idées de loi, de droit et de devoir. Evidemment, si c'est le défaut d'apprêt de la vérité qui cause cette répugnance, on perdra sa peine à

(1) Ce sont les *Lectures on Jurisprudence*, publiées en 1863. — N. du T.

vouloir la vaincre; mais ce n'en est pas moins un malheur, et si cette répulsion était, dans une mesure quelconque, provoquée par des imperfections qui ne sont pas irrémédiables, — comme par exemple la méthode suivie dans l'exposition ou l'ordonnance du sujet, — les efforts tentés pour la combattre sur ce terrain pourraient être couronnés de succès. Mais en inculquant de vive force, pour ainsi dire, à des intelligences actives et laborieuses, un système ou un sujet qui, pour une raison ou pour une autre, les rebute, on arrive souvent à ce résultat de le leur faire regarder comme un dogme, comme une spéculation qui n'emprunte sa valeur qu'à l'autorité personnelle de l'écrivain au nom duquel elle est associée. Or, rien ne serait plus funeste à la philosophie du droit qu'on vînt à regarder le système exposé dans la *Détermination du domaine de la jurisprudence* comme simplement particulier à Austin, comme placé sur la même ligne que celui de Blackstone ou de Hégel, ou que tout autre système, comme pouvant le remplacer ou en étant l'équivalent. Posez en effet certaines propositions, certains postulats, et la plupart des positions doctrinales d'Austin en découleront, j'en suis convaincu, comme de source et suivant l'enchaînement logique ordinaire. Ces propositions, Austin ne les a pas établies et définies, selon moi, avec un soin suffisant, peut-être parce qu'à son époque, bien que ce soit un auteur relativement moderne, on avait à peine commencé les recherches nécessaires pour rendre possible un pareil exposé. Quoi qu'il en soit, on peut, il me semble, lui faire le même reproche qu'à plusieurs des grands économistes qui ont omis de déterminer, dès le début, avec précision les objets auxquels se limite leur science, et qui ont ainsi déchaîné contre elle une foule de préventions dont elle ne pourra peut-être jamais triompher.

On essaiera de montrer, dans le présent chapitre, ce que sont un certain nombre de ces propositions ou postulats, et dans le chapitre suivant, en quoi ils sont affectés par quelques-uns des résultats de nos recherches précédentes sur l'histoire primitive des sociétés.

Il importe, je crois, d'appeler d'abord l'attention du lecteur sur la définition de la *Souveraineté*. C'est se conformer certainement à l'ordre logique de l'argumentation d'Austin. Il me paraît, en effet, difficile de se rendre compte, si ce n'est par une hypothèse, de la raison pour laquelle, abandonnant la marche suivie par Hobbes, il a placé en tête de cette partie de son sujet l'analyse de la loi, du droit et du devoir, réservant pour la fin un traité de la Souveraineté par où, à mon sens, il aurait dû commencer. Je soupçonne ici l'influence de Blackstone, agissant sur Austin comme elle a agi sur Bentham, d'une façon que j'appellerai répulsive. Se conformant au plan adopté par les auteurs d'*Institutes* de droit romain, Blackstone commence par définir le droit et continue en exposant les rapports des diverses notions juridiques. C'est surtout le désir de dévoiler les erreurs de cette partie des *Commentaires* qui inspira à Bentham l'idée d'écrire le *Fragment sur le gouvernement*, et qui conduisit Austin à déterminer le *Domaine de la jurisprudence*. Or, celui-ci me semble avoir estimé qu'il aurait plus aisément raison des thèses contestables en les réfutant dans l'ordre même que leur avait assigné leur auteur. Quoi qu'il en soit, les recherches que je vais entreprendre dans cette partie de mon travail seront conduites suivant le mode qu'aurait adopté Austin dans son analyse, s'il avait commencé par étudier la nature de la Souveraineté.

La plupart de mes lecteurs connaissent assurément le caractère général de l'examen auquel il s'est livré dans le traité dont j'ai fait mention; mais comme la mémoire ne retient pas facilement ses définitions dans toute leur exactitude, je donnerai ci-après celles d'une société politique indépendante et de la Souveraineté, deux notions subordonnées et inséparables.

« Si, » dit Austin, « un supérieur humain déterminé, qui n'est pas dans un état d'obéissance à l'égard d'un supérieur comme lui, est habituellement obéi par l'ensemble d'une société donnée, ce supérieur est *souverain* dans cette société, et celle-ci, y compris le supérieur, est une société politique et indépendante. »

Il continue alors en ces termes : « De ce supérieur déterminé, les autres membres de la société sont les sujets; ou encore, de ce supérieur déterminé, les autres membres de la société dépendent. La position de ces autres membres à l'égard de ce supérieur déterminé est un état de sujétion ou un état de dépendance. La relation mutuelle existant entre ce supérieur et eux peut être dite relation de *souverain* et de *sujet*, ou relation de *souveraineté* et de *sujétion*. »

J'éviterai peut-être en partie la nécessité de développer et d'expliquer ces définitions, en exposant différemment, sous une forme plus accessible et sans rien omettre néanmoins d'essentiel, la doctrine d'Austin sur la Souveraineté. Je la traduis donc comme il suit.

Il y a, dans toute communauté politique indépendante, — c'est-à-dire dans toute communauté politique qui n'obéit pas à un supérieur placé au-dessus d'elle, — quelque personne isolée ou quelque réunion de personnes ayant le pouvoir d'obliger les autres membres de la communauté à agir exactement selon son bon plaisir. Cette personne unique ou ce groupe, — ce souverain individuel ou *collégial*, pour employer les expressions mêmes d'Austin, — se rencontre aussi certainement dans toute communauté politique indépendante, que le centre de gravité dans un corps. Que si la communauté vient à être violemment ou volontairement divisée en plusieurs fragments distincts, dès que chacun aura repris son équilibre, — peut-être après un intervalle d'anarchie, — le souverain existera et sera reconnaissable, avec quelque attention, dans chacune des nouvelles fractions indépendantes. La souveraineté sur les colonies nord-américaines de la Grande-Bretagne avait son siège en un certain lieu, avant que celles-ci ne devinssent les Etats-Unis; après, ce siège changea de place, mais, avant comme après, il y avait quelque part une Souveraineté reconnaissable.

Ce souverain, cette personne ou ce groupe de

personnes qui se rencontre invariablement dans toutes les communautés politiques indépendantes, s'y présente avec un caractère commun à toutes les formes que la Souveraineté peut revêtir, celui d'une force irrésistible qui n'est pas nécessairement, mais qui peut être mise en jeu.

Conformément à la terminologie adoptée par Austin, le souverain, si c'est une personne unique, est ou peut être appelé *monarque*; si c'est un petit groupe, on le nomme *oligarchie*; si c'est un groupe considérable, *aristocratie*; enfin, si c'est un groupe extrêmement considérable et nombreux, *démocratie*. L'expression *monarchie tempérée*, plus à la mode peut-être au temps d'Austin que de nos jours, encourt l'exécration de ce dernier, qui classe parmi les aristocraties le gouvernement de la Grande-Bretagne.

Ce qui est propre en commun à toutes les formes de la Souveraineté, c'est le pouvoir, — le pouvoir, mais non pas nécessairement la volonté, — d'exercer une contrainte illimitée sur les sujets ou *co-sujets*.

Il est quelquefois très difficile de découvrir le souverain dans un Etat donné, et, quand on le discerne, il peut n'être susceptible d'aucune qualification connue ; mais si l'on se trouve en présence d'une société politique indépendante dont l'état n'a rien d'anarchique, c'est là qu'est certainement le souverain. Déterminer son caractère, c'est toujours, on le comprend, une question de fait, jamais une question de droit ni de morale. Celui qui, lorsqu'on affirme que dans telle communauté le souverain est représenté par telle personne ou par tel groupe, conteste cette proposition en prétendant qu'une pareille souveraineté constitue une usurpation ou la violation d'un principe constitutionnel, celui-là a complètement perdu le sens de la donnée d'Austin.

Les définitions que je viens de reproduire fournissent à ce dernier un *critérium* pour discerner dans les États indépendants le siège de la Souveraineté. Je reviens brièvement sur les plus importantes d'entre elles.

D'abord, le souverain est un supérieur humain *déterminé*. Ce n'est pas nécessairement une seule personne; il est très rarement tel dans le monde occidental moderne. Mais il doit posséder la plupart des attributs d'une personne unique, celui d'être *déterminé*, par exemple. Si ce n'est pas une personne unique, il faut que ce soit plusieurs personnes capables d'agir avec un caractère corporatif ou *collégial*. Cette partie de la définition est indispensable, car le souverain doit manifester son pouvoir, rendre ses ordonnances, par un exercice défini de sa volonté. Le pouvoir physique, qui est un des caractères de la Souveraineté, s'est souvent, il est vrai, montré transitoirement dans le cours des âges entre les mains d'un groupe de personnes *indéterminées*, réunies ensemble par un lien trop faible pour qu'elles fussent capables d'actes délibérés de volonté ; mais Austin traiterait d'anarchique un pareil état de choses, lors même qu'on n'y pourrait signaler les symptômes habituels d'une période révolutionnaire. De même la limitation de la Souveraineté à des groupes déterminés, quand le souverain n'est pas un individu, a une extrême importance, parce qu'elle circonscrit la notion de Souveraineté en la faisant dépendre des divers procédés artificiels qu'emploie un ensemble corporatif d'individus pour traduire en actes les arrêts de sa volonté. Tout familier que nous soit, par exemple, l'usage de tenir l'opinion de la majorité pour celle du groupe tout entier, et quelque naturel qu'il nous paraisse, on ne peut cependant rien imaginer de plus artificiel.

Ce n'est pas tout. La société dans son ensemble doit obéir au supérieur à qui revient le nom de souverain. Je ne dis pas la société tout entière, car alors la Souveraineté serait impossible, mais l'ensemble, la grande majorité. Lors de l'avènement de la maison de Hanovre au trône d'Angleterre, un certain nombre de jacobites et une fraction considérable des *Highlanders* écossais refusèrent généralement l'obéissance et le respect aux ordres de la Couronne et du Parlement britanniques; mais la nation considérée dans son ensemble, y compris sans nul doute l'ensemble des jacobites eux-mêmes, se soumit en fait à cette autorité. Aussi, dans le système d'Austin, la souveraineté des deux premiers Georges et des parlements convoqués par eux ne peut-elle être un seul instant mise en doute. Il n'y aurait pas eu lieu, suivant lui, de s'arrêter à la théorie des jacobites, d'après laquelle les rois hanovriens n'étaient souverains que dans le Hanovre, attendu qu'elle ne soulevait pas cette question de fait qui peut seule, pour lui, faire l'objet d'une controverse.

En troisième lieu, le souverain doit être habituellement obéi par l'ensemble de la communauté. Dans les société européennes qui professent la religion catholique, la conduite privée de la grande majorité des populations est soumise à des directions variées dont l'impulsion vient directement ou indirectement de Rome. Mais en la comparant aux occasions nombreuses dans lesquelles la population se soumet aux lois du pays qu'elle habite, on reconnaît que cette obéissance à des ordres venus du dehors est seulement accidentelle et n'a rien de constant. C'est un sentiment confus des principes mis en lumière par Austin qu'on retrouve au fond de plus d'une de ces célèbres controverses religieuses qui souvent se transforment volontiers en discussions sur le point de savoir si l'obéissance actuelle au Saint-Siège est ou n'est pas assez fréquente pour mériter l'épithète d'habituelle.

Enfin, un dernier caractère de la Souveraineté, c'est qu'elle est affranchie du contrôle de tout autre supérieur humain. La nécessité de cette restriction est assez apparente. S'il en était autrement, le gouverneur général de l'Inde en son conseil, par exemple, serait souverain et offrirait certes une conformité bien plus rigoureuse avec les caractères principaux de la Souveraineté, que tous les potentats du globe.

Ceux qui ont remarqué avec quelle lenteur certaines idées se sont développées dans le domaine de l'histoire et de la politique, apprendront sans surprise que toute cette théorie sur la nature de la Souveraineté est plus ancienne que le livre d'Austin. Mais je ne sache pas qu'en aucune de ses parties essentielles, elle soit antérieure à Hobbes. L'analyse du gouvernement et de la société, et la détermination de la Souveraineté sont à peu près si complètes dans le *Léviathan* de Hobbes et dans le chapitre *De cive* de son traité d'abord publié en latin sous le titre de *Elementa Philosophiæ*, que Bentham et Austin ne pouvaient y ajouter grand'chose. Ce qui fait l'originalité de ceux-ci, surtout d'Austin, c'est l'examen plus approfondi auquel ils ont soumis les idées qu'implique la notion de Souveraineté, — loi positive, droit, obligation, sanction positifs, — en montrant les rapports de ces idées avec d'autres qui ne leur ressemblent que superficiellement, en combattant les objections faites à la théorie de la connexité de tout ce groupe de notions, et en appliquant cette théorie à certains faits complexes qui se sont produits depuis Hobbes.

Il existe toutefois une grande différence entre Hobbes et Austin. Le procédé du premier était bien scientifique, mais il se proposait un but moins scientifique que politique. Quand, avec une profondeur d'intuition et une clarté d'exposition qu'on n'a jamais égalées, il établit l'universelle existence théorique de la Souveraineté, il laisse visiblement percer une préférence au moins prononcée pour les monarchies, à l'exclusion des aristocraties et des démocraties, ou — en adoptant la phraséologie de son école — pour la Souveraineté individuelle, à l'exclusion de la Souveraineté corporative. Ceux de ses disciples qui auraient répudié sa politique ont souvent affirmé qu'on l'avait mal compris. Il n'est pas douteux, en effet, que des lecteurs inattentifs ont cru qu'il visait le despotisme, alors qu'il s'occupait en réalité du pouvoir essentiellement illimité du souverain dans n'importe quelle forme de la Souveraineté. Mais je ne crois pas de bonne foi contestable que sa profonde aversion pour le Long Parlement et pour la *Common law* anglaise, ces grands instruments de la résistance aux Stuarts, n'ait passagèrement déteint dans son langage, quand il étudie la nature de la Souveraineté, du droit et de l'anarchie. Aussi n'est-il pas étonnant qu'on l'ait accusé de son vivant d'avoir imaginé son système dans le dessein secret de faire sa paix avec le Protecteur, bien que les dates seules suffisent à réfuter cette accusation. Le but d'Austin est, au contraire, strictement scientifique. S'il a commis des erreurs, c'est sa philosophie qui l'y a entraîné, et son langage ne prend presque jamais la couleur de ses opinions politiques.

Voici, entre ces deux esprits, une autre différence considérable. Hobbes, on le sait, raisonnait sur les origines du gouvernement et de la Souveraineté. C'est tout ce que certaines gens paraissent savoir de lui, et elles semblent estimer que cela seul suffit à condamner sa philosophie. Austin, lui, ne s'adonne pas beaucoup à ce genre de recherches; son langage laisse même entendre parfois, sans qu'il y prenne garde peut-être, que pour lui la Souveraineté et les notions qui en dérivent sont antérieures à l'expérience. Or, j'estime qu'ici la méthode de Hobbes était la bonne. Sans doute, sa description hypothétique de l'origine de la société et du gouvernement n'a par elle-même aucune espèce de valeur. L'humanité, affirme-t-il, était d'abord dans un état de guerre; les hommes firent ensuite un pacte en vertu duquel chacun renonçait à ses facultés d'agression, et il en résulta la Souveraineté, et par elle le droit, la paix et l'ordre. Cette théorie prête le flanc à des objections de toutes sortes. Il n'existe aucune preuve de ces prétendues étapes, et le peu que l'on sait sur l'homme primitif contredit cette assertion. Que l'enfance de la race humaine ait été généralement troublée, cela peut être vrai à l'égard des contestations entre tribus ou entre familles;

mais c'est faux quant aux relations des individus entre eux, que l'on voit vivre ensemble au contraire à l'origine sous un régime qu'on pourrait appeler, pour employer la phraséologie moderne, ultra-légal. La théorie de Hobbes appelle en outre précisément la même objection que l'hypothèse opposée de Locke : elle antidate la notion juridique moderne de contrat. Je crois néanmoins que Hobbes avait raison de se poser à lui-même le problème, quoiqu'il n'ait pas beaucoup fait pour le résoudre. Il est indispensable, à mon sens, de rechercher, sinon comment la Souveraineté prend naissance, du moins quelles étapes elle a parcourues. Alors seulement on pourra connaître par soi-même dans quelle mesure les résultats de l'analyse d'Austin concordent avec les faits.

Rien de plus important, en effet, pour qui étudie le droit, que d'observer avec soin dans quelle proportion les faits connus de la nature et des sociétés humaines confirment ce que les juristes analytiques ont avancé ou paraissent avoir avancé au sujet de la Souveraineté. Et d'abord, chacune de leurs propositions doit être isolée des autres.

La première énonce que dans toute communauté indépendante d'hommes, se rencontre le pouvoir d'agir avec une force irrésistible sur les divers membres de la communauté. Ceci doit être admis comme un fait certain. Si tous les membres de la communauté disposaient d'une force physique égale et restaient désarmés, le pouvoir résulterait uniquement de la supériorité du nombre ; mais, en réalité, différentes causes, parmi lesquelles il faut ranger en première ligne la force physique supérieure et l'armement plus perfectionné d'une partie de la communauté, ont investi les minorités numériques du pouvoir d'exercer une pression irrésistible sur les individus composant la communauté tout entière.

La proposition suivante énonce que dans toute communauté *politique* indépendante, — c'est-à-dire dans toute communauté indépendante qui n'est ni à l'état de nature ni à l'état d'anarchie, — le pouvoir d'employer ou de diriger la force invincible qui est à l'état latent dans la société, appartient à une personne ou à un groupe de personnes faisant elles-mêmes partie de la société. Certain ordre de faits, surtout les faits politiques de l'Occident moderne, plaident éloquemment en faveur de cette affirmation. N'oublions pas cependant que tous les faits de cette catégorie n'ont pas été l'objet d'un examen approfondi. Pour acquérir la certitude absolue des faits, il faudrait passer en revue le monde entier, dont les théoriciens de la nature humaine sont très disposés à négliger plus de la moitié, et aussi l'histoire complète du monde; et ce travail terminé, se pourrait-il qu'un grand nombre de faits ne suggérassent plus si fortement cette conclusion, ou, comme je le crois, que cette assertion fût démontrée, non pas tant fausse, qu'exacte seulement dans ses termes, et par conséquent dénuée de la valeur qui lui appartient dans des sociétés organisées sur le type auquel se conforme la nôtre.

Toujours est-il qu'une proposition dont les grands juristes analytiques sont innocents, mais que quelques-uns de leurs disciples ne sont pas loin de hasarder, — à savoir que le souverain, individuel ou collectif, met effectivement en œuvre, par le libre exercice de sa volonté, la force latente de la société — ne s'accorde jamais avec la réalité. Un despote au cerveau malade est le seul exemple imaginable d'une pareille Souveraineté. Des influences multiples, que nous appellerons morales pour les résumer, modifient, délimitent, empêchent perpétuellement la direction effective des forces de la société par le souverain. C'est là ce qu'il importe par-dessus tout en pratique à l'étudiant d'avoir présent à l'esprit, car cela contribue beaucoup à montrer ce qu'est réellement la théorie d'Austin sur la Souveraineté : le résultat de l'abstraction. Il y a été conduit en séparant tous les caractères et tous les attributs du gouvernement et de la société, à l'exception d'un seul, et en rattachant ensemble toutes les formes de la suprématie politique par un point commun : la jouissance de la force. Ce procédé néglige des éléments toujours importants, quelquefois d'une importance capitale, car ils comprennent toutes les influences qui règlent les actions humaines, à l'exception de la force directement appliquée ou directement maniée ; mais l'opération qui consiste à les séparer, dans un but de classification, se légitime parfaitement, j'ai à peine besoin de le dire, au point de vue philosophique, et n'est que l'emploi d'une méthode scientifique journellement en usage.

En d'autres termes, ce qu'on rejette par ce procédé d'abstraction qui conduit à la notion de Souveraineté, c'est l'histoire tout entière de chaque communauté. C'est avant tout par l'histoire, par l'ensemble des antécédents historiques de chaque société, qu'a été déterminé le lieu, — personne ou groupe, — où doit résider le pouvoir d'employer la force sociale. La théorie de la Souveraineté néglige le mode par lequel ce résultat a été atteint, et elle arrive ainsi à réunir sur le même plan l'autorité coercitive du Grand-Roi des Perses, celle du *Dêmos* athénien, celle des derniers empereurs romains, celle du Czar de Russie et celle de la Couronne et du Parlement britanniques. C'est ensuite l'histoire, la somme entière des antécédents historiques de chaque communauté, qui y détermine comment le souverain doit exercer ou se garder d'exercer son irrésistible pouvoir coercitif. Or, tous ces éléments : — l'énorme amas d'opinions, de sentiments, de croyances, de superstitions et de préjugés, d'idées de toute sorte, héréditaires ou acquises, provenant les unes des institutions, les autres de la nature humaine elle-même, — les juristes analytiques n'en tiennent aucun compte. De telle sorte qu'à s'en tenir aux restrictions contenues dans leur définition de la Souveraineté, la reine et le parlement de notre pays pourraient, par exemple, ordonner de mettre à mort tous les enfants infirmes ou établir un système de lettres de cachet.

Le procédé des juristes analytiques est tout à fait semblable à celui des sciences exactes et de l'économie politique. Il est strictement philosophique ; mais la valeur pratique de toute science fondée sur des abstractions dépend de l'importance relative des éléments écartés et des éléments retenus dans le cours de l'analyse. Appréciée à ce point de vue, la valeur des sciences exactes l'emporte de beaucoup sur celle de l'économie politique, et leur valeur, à celle-ci et à celles-là, est bien supérieure à celle de la jurisprudence, telle que la conçoivent les auteurs dont je fais la critique. Les idées erronées qu'engendre l'analyse d'Austin ressemblent aussi beaucoup à celles qui peuvent embarrasser dans l'étude des mathématiques appliquées, et qui embarrassent réellement dans l'étude de l'économie politique. De même qu'il est possible d'oublier l'existence du frottement dans la nature et la réalité de mobiles sociaux autres que le désir de s'enrichir, de même celui qui étudie Austin peut être tenté d'oublier qu'il n'y a pas seulement la force dans la Souveraineté effective, ni exclusivement dans les lois exprimant les ordres des souverains ce qu'on y trouve en les considérant uniquement comme une force réglée.

Je ne prétends pas nier, après tout, qu'Austin s'exprime quelquefois, et Hobbes souvent, comme si leur système outrepassait en quelques points les limites qui en circonscrivent la base. Tous les grands maîtres de l'abstraction sont entraînés en effet de temps en temps à s'exprimer comme si les éléments rejetés par le travail purement spéculatif comptaient également pour rien dans la pratique. Mais dès qu'on a reconnu cependant que, dans le système d'Austin, la détermination de la Souveraineté doit nécessairement précéder celle du droit, — quand on a une fois compris que l'idée conçue par Austin de la Souveraineté s'obtient en groupant mentalement toutes les formes de gouvernement, après les avoir dépouillées de tout attribut autre que la force coercitive, — enfin, quand on s'est bien pénétré de l'idée que les déductions tirées d'un principe abstrait ne se montrent jamais complètement réalisés dans les faits, — alors, non seulement s'évanouissent, il me semble, les principales difficultés que présente l'étude d'Austin, mais encore paraissent évidentes en elles-mêmes plusieurs propositions émises par ce dernier et contre lesquelles les commençants risquent beaucoup de se heurter.

Je suppose le lecteur assez familier avec le traité d'Austin pour qu'il me suffise de mentionner quelques-unes de ces propositions, sans y ajouter les développements nécessaires pour les établir avec une précision rigoureuse. Les voici :

La jurisprudence est la science du droit positif.

Les lois positives sont les commandements adressés par les souverains à leurs sujets, imposant à ceux-ci un devoir ou la condition d'obligés ou une obligation, et les menaçant d'une sanction ou pénalité en cas de désobéissance à ce commandement.

Un droit est la faculté ou le pouvoir conféré par le souverain à certains membres de la communauté d'appliquer la sanction à un cosujet qui ne remplit pas un devoir.

Or, toutes ces conceptions de loi, de droit, de devoir et de châtiment se rattachent à la conception primordiale de Souveraineté, exactement comme les derniers anneaux d'une chaîne se raccrochent aux anneaux supérieurs. Mais, dans le système d'Austin, la Souveraineté a pour tout attribut la force, et par conséquent la notion qu'on y puise de la loi, de l'obligation et du droit ne les représente que sous l'aspect exclusif de résultats d'une force coercitive. La sanction occupe ainsi la première et la plus importante place dans ces séries de notions, et son caractère déteint sur toutes les autres.

Personne n'a jamais fait, je pense, difficulté de reconnaître que les lois, pourvu qu'elles émanent de législatures régulières, offrent le caractère que leur attribue Austin. Mais un certain nombre de personnes, et même des esprits supérieurs, se sont inscrits en faux contre cette assertion que toute la somme des règles légales non édictées par cet organe de l'État connu sous le nom conventionnel de législature, sont des commandements du souverain. On a souvent prétendu que le droit coutumier de tous les pays qui n'ont pas codifié leurs lois, et en particulier le droit coutumier anglais, ne doit pas au souverain son origine, et l'on a émis là-dessus plusieurs théories qu'Austin rejette dédaigneusement comme énigmatiques et inintelligibles. Si Hobbes et lui arrivent à faire place dans leur système à des corps de lois tels que notre *Common-law*, c'est en s'appuyant sur une maxime qui importe essentiellement à ce système : *Ce que le souverain permet, il le commande.* Avant d'être corroborées par les Cours de justice, les coutumes ne sont que de la « morale positive, » des règles qui puisent leur force dans l'opinion ; mais dès qu'elles sont appliquées par les tribunaux, elles deviennent commandements du souverain, communiqués par l'entremise des juges, qui sont ses délégués ou représentants. A cette théorie, il est une réponse meilleure qu'Austin n'en serait peut-être convenu : c'est qu'elle repose sur un simple artifice de langage et qu'elle attribue à l'action des Cours de justice un mode et des motifs dont celles-ci n'ont aucunement conscience. Mais quand on a nettement compris que, dans ce système, on n'associe à la notion de souverain d'autres idées que celles de force ou de pouvoir, la proposition que tout ce que les souverains permettent, ils le commandent, devient plus aisément intelligible. Ils commandent, car étant censés posséder une force irrésistible, ils pourraient à chaque instant opérer des changements sans limites. Le droit coutumier consiste en leurs commandements, car ils peuvent l'abroger, le retoucher ou le rétablir à volonté.

Cette théorie peut très bien se soutenir comme théorie; mais sa valeur pratique et la mesure dans laquelle elle se rapproche de la vérité diffèrent beaucoup suivant les temps et les pays. Il y a eu des communautés politiques indépendantes, et l'on pourrait démontrer, en cherchant bien de par le monde, qu'il en est encore où le souverain, bien que jouissant d'un pouvoir sans limites, ne rêve jamais d'innover et estime que les personnes ou les groupes proclamant et appliquant les lois sont autant que lui-même des rouages nécessaires de l'organisation sociale. Il y a eu aussi des sociétés politiques indépendantes où le souverain a joui d'un pouvoir coercitif illimité et a épuisé les innovations, mais où c'eût été faire violence à toute notion associée à celle de loi que de regarder les lois comme des commandements du souverain. Le tyran d'une cité hellénique réunit souvent tous les caractères reconnus par Austin à la Souveraineté; et cependant c'était donner en partie la définition courante du tyran que de dire qu' « il bouleversait les lois. » Qu'on le comprenne donc bien : s'il est possible de mettre la théorie d'accord avec de tels faits, c'est seulement en forçant les termes, en prenant les mots et les propositions dans un sens différent de l'ordre d'idées qu'ils éveillent habituellement.

Avant de montrer avec quelque développement, dans le prochain chapitre, comment l'histoire limite la portée pratique de la théorie d'Austin, je crois utile de répéter qu'à mon avis, si ce dernier avait adopté la méthode de discussion qui me semble la bonne, si l'examen de la Souveraineté avait précédé celui des conceptions qui en dépendent, les propositions qu'il a émises relativement à ces dernières auraient été jugées pour la plupart non seulement acceptables, mais évidentes en soi. On regarde ici la loi comme une force réglée, simplement parce que la force est l'unique élément qu'on a reconnu constitutif de la notion primordiale d'où dérivent toutes les autres. La seule doctrine de cette école de juristes qui soit repoussée par les légistes perdrait son apparence paradoxale si l'on posait en principe, — proposition théoriquement incontestable en soi et manifestement conforme à la vérité historique, — que ce que le souverain pourrait changer, mais qu'il ne change point, il le commande. Cet accommodement aurait, il me semble, un autre avantage : il entraînerait des modifications dans le procédé suivant lequel Austin étudie la morale. Mais c'est là un sujet qu'on ne peut traiter ici d'une façon complète. J'en dirai cependant un mot.

La proposition qui a choqué plus d'un lecteur d'Austin, c'est, — je ne prétends pas la reproduire autrement qu'en langage vulgaire, — que la sanction des préceptes moraux, comme tels, repose dans la désapprobation que nos semblables manifestent en nous les voyant enfreindre. On l'interprète quelquefois en ce sens que le seul motif d'obéir aux lois de la morale, c'est la crainte d'une pareille désapprobation. Traduire ainsi le langage d'Austin, c'est en méconnaître absolument le sens; mais si l'ordre de discussion que je préconise avait été suivi, cette méprise n'aurait jamais pu, je crois, devenir possible.

Supposons qu'Austin ait complété son analyse de la Souveraineté et des conceptions qui en dérivent immédiatement : la loi, le droit et l'obligation juridiques. Il lui resterait à étudier cette grande quantité de règles auxquelles les hommes obéissent en fait, qui ont quelques-uns des caractères de la loi, mais qui ne sont point, comme celle-ci, imposées par des souverains à des sujets, ni corroborées par la sanction émanée du pouvoir souverain. Il appartiendrait naturellement au juriste philosophe d'étudier ces règles, car les souverains étant, dans son hypothèse, des supérieurs *humains*, sont, comme êtres humains, soumis à ces règles. Austin les a effectivement étudiées à ce point de vue dans quelques-unes de ses pages les plus attachantes. Tout en insistant sur ce point que la Souveraineté est de sa nature incapable d'une limitation légale, il admet pleinement que des règles extrêmement impérieuses, bien que ce ne soient pas des lois, empêchent les souverains de promulguer certains commandements et les déterminent à en promulguer d'autres. La Couronne et le Parlement britanniques sont, à cet égard, souverains, — une aristocratie souveraine, comme il les aurait appelés, — mais, quoique cette aristocratie puisse, en principe, faire tout ce qu'il lui plaît, ce serait mentir outrageusement à toute expérience que de soutenir qu'elle le fait réellement. Les règles nombreuses réunies en corps de principes constitutionnels l'empêchent de faire certaines choses; les règles nombreuses qualifiées usuellement de morales l'empêchent d'en faire d'autres.

Quels sont les caractères communs de cet ensemble de règles qui opèrent sur les hommes, sur les souverains comme sur les autres? Austin appelle celles-ci, on le sait, « morale positive; » il en place la sanction dans l'opinion ou le blâme de toute la communauté, qui en suit la violation. Bien comprise, cette proposition est d'une vérité évidente; car ce qu'elle exprime, c'est que le blâme universel est l'unique sanction commune à toutes ces règles. La règle qui empêche la Couronne et le Parlement de déclarer le meurtre légal et celle qui les empêche de permettre à la reine de gouverner sans ministres, ont pour lien commun la pénalité qui en menace l'infraction, c'est-à-dire la désapprobation énergique de la majorité des Anglais; et c'est principalement d'avoir une sanction quelconque, qui efface toute distinction entre ces deux règles et les lois proprement dites. Mais quoique la crainte de l'opinion soit un motif d'obéir à ces deux règles, il ne s'ensuit pas du tout que ce soit l'unique motif. On reconnaîtra, en général, que cette crainte est le principal, sinon le seul motif de l'obéissance aux règles constitutionnelles; mais en convenir, ce n'est pas nécessairement se prononcer sur la sanction complète des lois morales.

Ce qui est vrai, c'est que le système d'Austin est compatible avec toute doctrine morale; et si Austin paraît affirmer le contraire, il faut, je crois, en chercher la raison dans sa foi profonde en la vérité de son propre *credo* moral, qui, ai-je besoin de le dire, était l'utilitarisme sous sa forme première. Je ne prétends pas nier, après tout, que l'étude attentive d'Austin ne puisse modifier les idées du lecteur sur la morale. La discussion de l'éthique se poursuit chez lui, comme beaucoup d'autres, à travers une grande obscurité de pensée, et il n'est pas contre ces ténèbres de spécifique plus souverain que de donner un sens absolument précis et invariable aux termes fondamentaux qu'on rencontre sur son chemin, et de les employer avec ce sens comme pierre de touche pour démasquer les équivoques. Le service inestimable que rend l'école analytique à la jurisprudence et à la morale, c'est de leur prêter une terminologie rigoureusement fixée et invariable. Mais rien absolument n'autorise à penser que pour étudier avec intelligence et goût ce système on doive être nécessairement un utilitaire.

Je démontrerai ci-après sur quel point se rencontrent réellement, d'après moi, le système d'Austin et la philosophie utilitaire. Toujours est-il que le culte de cette philosophie, joint à une ordonnance selon moi vicieuse, est responsable des imperfections les plus graves qui déparent la *Détermination du domaine de la jurisprudence*. Les deuxième, troisième et quatrième chapitres de ce livre sont consacrés à un essai d'identification de la loi divine et de la loi naturelle, — pour autant que ces derniers termes signifient quelque chose, — avec les lois réclamées par la théorie de l'utile. On trouve dans ces chapitres des observations justes, intéressantes, précieuses; mais l'identification qu'ils se proposent d'établir est absolument gratuite et ne mène à rien. Ecrits, je n'en doute pas, avec l'intention honorable d'aider à prévenir ou à dissiper des préjugés, ils ont déchaîné contre le système d'Austin une foule de préventions dans le camp des théologiens comme dans celui des philosophes. Et cependant, si, après avoir examiné la nature de la Souveraineté et du droit positif, Austin, suivant l'ordre que j'ai indiqué, s'était ensuite enquis de la nature des lois divines, il aurait été amené à rechercher jusqu'à quel point les caractères des « supérieurs humains » appelés souverains peuvent être attribués à un législateur tout-puissant et non humain, et combien de conceptions relevant de la souveraineté humaine il convient de regarder comme contenues dans les commandements de ce législateur. Mais je doute fort que de telles recherches eussent paru bien à leur place dans un traité comme celui d'Austin. Ce qu'il y a de mieux à dire, c'est que ce genre de discussion appartient, non à la philosophie du droit, mais à la philosophie de la législation. Le juriste proprement dit n'a rien à voir avec un type idéal quelconque de loi ou de morale.

CHAPITRE XIII.

LA SOUVERAINETÉ ET LES EMPIRES.

Le mot *loi* est venu jusqu'à nous étroitement associé à deux notions, celles d'*ordre* et de *force*. Cette association d'idées, dont l'antiquité est fort haute, se retrouve dans une multitude d'idiomes, et l'on s'est souvent demandé laquelle de ces deux notions connexes a dû précéder l'autre, laquelle vient la première dans l'enchaînement de nos concepts.

Avant les juristes analytiques, on aurait répondu qu'en somme la loi impliquait au préalable l'ordre. « Le mot *loi*, dans sa signification la plus générale et la plus compréhensive, désigne une règle d'action et s'applique indistinctement à toute espèce d'action, soit de corps vivants, soit de corps inertes, soit d'êtres intelligents, soit d'êtres privés de raison. Ainsi l'on dit les lois du mouvement, de la gravitation, de l'optique, de la mécanique, aussi bien que les lois de la nature et les lois des nations (1). » C'est en ces termes que Blackstone commence ce chapitre *De la nature des lois en général*, qui a en quelque sorte décidé la vocation de Bentham et d'Austin en inspirant à leur esprit une répulsion invincible.

Mais les juristes analytiques professent sans hésiter que la notion de force est antérieure à la notion d'ordre. Une loi véritable, disent-ils, c'est-à-dire le commandement irrésistible d'un souverain, prescrit certains actes ou certaines omissions à un ou à plusieurs sujets placés ensemble et sans distinction par ce commandement sous le coup d'une obligation légale. Ce caractère, — qui s'attache en fait à la plupart des lois proprement dites, — de contrainte exercée sur un certain nombre de personnes sans distinction, pour qu'elles accomplissent ou n'accomplissent pas certains actes déterminés d'une façon générale, a fait étendre par métaphore le mot *loi* à tout ce qui est uniforme ou invariablement successif dans le monde physique, dans les opérations de l'esprit ou dans les actions

---

(1) *Law of nations*, droit des gens. — N. du T.

humaines. Employé dans des expressions telles que *loi de la gravité, loi de l'association des idées* ou *loi de la rente,* le mot *loi* est pour les juristes analytiques un terme détourné de sa vraie signification et pris inexactement au figuré dans une acception trop étendue. L'espèce de dédain avec lequel ils en parlent est même très digne de remarque.

Mais si l'on peut attribuer à un mot une dignité et une importance quelconque, peu de termes sont, je crois, plus élevés et plus considérables aujourd'hui que celui de *loi*, dans le sens de succession invariable de phénomènes physiques, intellectuels et même politico-économiques. Le mot *loi* figure avec cette acception dans un grand nombre d'idées modernes dont l'élaboration ne peut guère se passer de son concours. On croirait difficilement, de prime-abord, que l'expression de *règne de la loi*, dans le sens où elle a été rendue populaire par le livre du duc d'Argyll, aurait beaucoup déplu à Austin; son langage en fait cependant un peu douter et nous rappelle mieux que jamais que si ses principaux ouvrages n'ont guère plus de quarante ans, il n'en écrivait pas moins à une heure où l'observation et l'expérience n'avaient pas encore donné à nos idées l'essor qu'elle sont pris par la suite.

Il est très difficile de vérifier si en effet, dans toutes les langues, le mot *loi* a le sens propre de commandement d'un souverain et s'il a été appliqué dans un sens dérivé aux phénomènes régulièrement successifs de la nature. Rien ne prouve du reste que, s'il en était réellement ainsi, ce résultat affirmatif nous dédommagerait suffisamment d'un pareil labeur. La principale difficulté proviendrait de ce que les deux notions qui sont associées en fait à celle de loi agissent et réagissent l'une sur l'autre dans tout le cours de l'histoire des idées philosophiques et juridiques. On a indubitablement vu dans l'ordre de la nature l'effet d'un commandement souverain. Nombre d'esprits auxquels on peut faire remonter beaucoup d'idées modernes ont conçu les atomes de matière dont est composé l'univers comme obéissant aux commandements d'un Dieu personnel exactement comme des sujets obéissent aux commandements d'un souverain par crainte d'une sanction pénale. D'autre part, une fraction importante du monde civilisé a puisé dans la contemplation de l'ordre qui règne dans la nature physique l'idée qu'elle se fait de la loi. L'histoire entière du droit s'est ressentie de la fameuse théorie romaine d'une loi naturelle, théorie composée au fond de deux éléments : l'un, d'origine grecque, consistant dans le sentiment antique d'un certain ordre, d'une certaine régularité dans la nature physique; l'autre, d'origine romaine, consistant dans le sentiment antique d'un certain ordre, d'une certaine régularité dans les coutumes du genre humain. Il est inutile de reprendre ici la preuve que j'ai essayé d'en donner il y a quelques années (1).

On n'a pas le droit de blâmer les hommes ou les communautés humaines d'employer les mots dans tous les sens qui leur plaisent ou en leur attribuant autant de significations qu'il leur convient ; mais celui qui se livre à des recherches scientifiques a pour devoir de distinguer les uns des autres les différents sens d'un terme important, de choisir celui qui est propre au sujet qu'il traite et d'employer invariablement ce mot, durant ses recherches, avec cette acception, à l'exclusion de toute autre.

Les lois dont on a aujourd'hui à s'occuper, en étudiant la jurisprudence, sont évidemment, soit les commandements actuels des souverains, — en entendant par là cette partie de la communauté qui est douée d'une force coercitive

---

(1) V. l'*Ancien droit*, ch. III. — N. du T.

insurmontable, — soit les coutumes du genre humain que l'axiome : *Ce que le souverain permet, il le commande*, aide à comprendre sous la formule : *une loi est un commandement*. Suivant l'école analytique, la loi n'est associée à l'ordre qu'en vertu de la condition nécessaire de toute vraie loi, qui est de prescrire une catégorie d'actes ou d'omissions, ou un certain nombre d'actes ou d'omissions en général; la loi qui prescrit un seul acte n'étant pas une vraie loi, mais un commandement dit *accidentel* ou *particulier*. Ainsi définie et limitée, la loi forme la matière et le sujet de la jurisprudence telle que la conçoivent les juristes analytiques.

Je ne m'occupe en ce moment que des fondements de leur système, et voici les questions que je désire débattre dans ce chapitre. La force qui contraint à obéir à une loi a-t-elle toujours été d'une telle nature qu'on pût raisonnablement l'identifier à la force coercitive du souverain? Les lois ont-elles toujours eu ce caractère de généralité par où seulement elles se rapprochent, dit-on, des lois physiques ou des formules générales qui énoncent les phénomènes de la nature? C'est se laisser entraîner, pensera peut-être le lecteur, à travers un bien vaste champ d'investigations! Mais il reconnaîtra, j'en suis sûr, quand nous serons au bout, que celles-ci ne manquent ni d'intérêt ni d'importance et qu'elles mettent en lumière les bornes assignables, en certains cas, non à la rigueur théorique, mais à la valeur pratique des spéculations que nous avons discutées.

Je reviens à la Souveraineté telle que la conçoivent les juristes analytiques. Ceux qui ont lu Austin se rappellent sans doute l'examen auquel il se livre de plusieurs gouvernements existants, ou, — comme il aurait dit, — de plusieurs formes de supériorité et d'infériorité politiques, dans le but de déterminer dans chacune le siège exact de la Souveraineté. Cette page compte parmi les plus intéressantes de ses œuvres, et il n'a nulle part fait preuve de plus de pénétration et d'originalité. Le problème s'est beaucoup compliqué depuis Hobbes et surtout depuis les premiers écrits de Bentham. Homme de parti en Angleterre, Hobbes observait avec le regard perçant du savant les phénomènes politiques du continent. Or les situations politiques offertes à son observation, — abstraction faite de l'Angleterre, — se limitaient au despotisme et à l'anarchie. Mais à l'époque où écrivait Austin, l'Angleterre, que Hobbes regardait sans doute comme le champ de bataille réservé à l'assaut de ses théories, était devenue depuis longtemps une *monarchie tempérée*, — expression presque aussi déplaisante aux disciples de Hobbes que la *chose* l'était elle-même à celui-ci, — et l'influence de la Révolution française commençait en outre à se faire sentir. La France avait fini par devenir une monarchie tempérée, et la plupart des autres Etats du continent présentaient les symptômes précurseurs de ce régime. Le mécanisme politique si compliqué des Etats-Unis fonctionnait de l'autre côté de l'Atlantique, de même qu'en Europe les systèmes plus compliqués encore des confédérations suisse et germanique. Il devenait donc bien plus difficile d'analyser les sociétés politiques pour y déterminer le siège de la Souveraineté. Austin a fait preuve dans cette analyse d'une pénétration qui ne sera jamais surpassée.

Il admet pleinement l'existence de communautés ou d'agrégations humaines d'où nulle analyse ne saurait abstraire une personne ou un groupe répondant à la définition qu'il donne de la Souveraineté. Comme Hobbes, il reconnaît là sans difficulté un état d'anarchie. Là où cet état se rencontre, la question de la Souveraineté est vivement débattue. Austin en donne un exemple, celui-là même que Hobbes eut toujours présent à l'esprit : le conflit entre Charles Ier et son Parlement. Un fin critique de Hobbes et d'Austin, que je puis bien nommer, M. Fitzjames Stephen, soutient qu'il existe un état d'anarchie *dormante*, — réserve faite sans doute dans le but de classer des situations comme celle des Etats-Unis avant la guerre de sécession. Le siège de la Souveraineté faisait là, depuis des années, l'objet d'une ardente controverse, orale ou écrite, et plus d'un Américain éminent a dû sa réputation à des mesures qui établissaient un compromis transitoire entre des principes notoirement opposés, ajournant ainsi un conflit néanmoins inévitable. Il est en effet très possible qu'on s'abstienne délibérément de débattre une question encore pendante, et je ne vois, quant à moi, aucune objection contre l'appellation d' « anarchie dormante » appliquée à cet équilibre momentané.

Austin admet encore la possibilité théorique d'un état de nature. Il n'y attache pas l'importance qui lui appartient dans les spéculations de Hobbes et de ses disciples, mais il en reconnaît l'existence partout où plusieurs hommes ou plusieurs groupes, trop peu nombreux pour être politiques, ne sont pas encore placés sous une autorité commune ou habituellement en exercice. Ces groupes, trop peu nombreux pour être politiques, sont l'exception la plus remarquable admise par Austin au principe que la Souveraineté est universelle dans le genre humain. « Supposons, » dit-il, « qu'une seule famille de sauvages vive dans un isolement absolu de toute autre communauté, et que le père, le chef de cette famille isolée, soit habituellement obéi par la mère et les enfants. Puisqu'il n'existe aucune communauté limitrophe et plus considérable, la société formée par les parents et les enfants est évidemment une société indépendante ; et puisque tous ses membres obéissent habituellement au chef, cette société indépendante formerait une société politique si le nombre de ses membres n'était pas extrêmement limité. Mais puisque le nombre de ses membres est extrêmement limité, on devrait, je crois, la regarder comme une société à l'état de nature, c'est-à-dire comme une société composée de personnes qui ne sont pas à l'état de sujétion. Si l'emploi de ces termes ne devait pas friser le ridicule, on pourrait appeler cette société une société *politique* et indépendante, le père ou chef qui commande, un *monarque* ou *souverain*, et la mère et les enfants qui obéissent, des *sujets*. » Et alors Austin emprunte à Montesquieu le principe que « le pouvoir politique implique nécessairement l'union de plusieurs familles. »

Il suit donc de ce passage qu'une société peut être trop petite pour que la théorie lui soit applicable. Dans ce cas, Austin le dit, l'emploi de sa terminologie serait ridicule. J'indiquerai sans doute plus tard la portée de ce recours au sentiment que nous avons de l'absurde, *criterium* ordinairement bien dangereux ; mais, pour le moment, je prie seulement de noter ce qu'il y a de sérieux dans la proposition admise par Austin, car l'autorité qu'elle concerne, celle du patriarche ou *paterfamilias* sur sa famille, est, — du moins suivant une théorie moderne, — l'élément ou le germe d'où s'est graduellement développé tout pouvoir permanent de l'homme sur l'homme.

Des études scientifiques à peine commencées au temps d'Austin, — auteur moderne néanmoins dans un sens, — nous ont cependant révélé tout un ordre de faits auxquels il est au moins difficile et bien peu sûr d'appliquer les principes de ce dernier. Ce n'est point par engouement des exemples tirés de l'Inde que je vais en emprunter encore un à ce pays, mais c'est parce que j'y trouve sur la matière le précédent le plus récent. Mon exemple, c'est la province indienne appelée Pundjab, *le pays des cinq rivières*, dans l'état où elle était près d'un quart de siècle avant son annexion à l'empire anglo-indien. Après toutes sortes de phases d'anarchie active ou *dormante*, elle tomba sous la domination assez solidement fondée d'une oligarchie mi-religieuse et militaire : celle des Sikhs. Les Sikhs eux-mêmes furent ensuite dominés par un chef appartenant à leur caste, Runjeet-Singh. A première vue, nulle personnification plus complète de la souveraineté conçue par Austin que ce Runjeet-Singh. C'était un parfait despote. Partout, sauf accidentellement sur ses frontières sauvages, il faisait régner un ordre absolu. Il pouvait tout commander ; la moindre infraction aurait été punie de mort ou de mutilation ; ses sujets le savaient tous fort bien. Et cependant je doute que durant toute sa vie il ait jamais fait un commandement qu'Austin pourrait appeler une loi. Il prélevait à titre de revenus une part considérable des produits du sol. Il dévastait les villages qui s'opposaient à ses exactions et il massacrait des multitudes d'hommes. Il levait de grandes armées. Il avait tout ce qui est essentiel au pouvoir et il l'exerçait avec tous ses attributs. Mais il ne fit jamais une loi. Les règles auxquelles se conformaient les mœurs de ses sujets provenaient de coutumes immémoriales ; elles étaient appliquées par des tribunaux domestiques, dans les familles ou dans les communautés de village, c'est-à-dire dans des groupes pas ou guère plus considérables que ceux auxquels il serait absurde, de l'aveu même d'Austin, d'appliquer ses principes.

Je ne prétends pas un seul instant que l'existence d'une telle société politique invalide la théorie d'Austin comme théorie. On se débarrasse des objections qu'on lui pose à l'aide de la maxime déjà citée : *Ce que le souverain permet, il le commande.* Le despote des Sikhs permettait aux chefs de famille et aux anciens du village de prescrire des règles ; donc ces règles étaient ses commandements et des lois véritables. Une réponse du même genre serait assez concluante si elle s'adressait à un légiste anglais qui refuserait d'admettre que le souverain en Angleterre ait jamais commandé la *Common law*. La Couronne et le Parlement la commandent, parce que la Couronne et le Parlement la permettent ; et la preuve qu'ils la permettent, c'est qu'ils pourraient la modifier. Et de fait, depuis que l'objection s'est produite, la *Common law* a été largement entamée par les actes du Parlement: il est même possible que de nos jours elle finisse par devoir aux actes législatifs toute sa force obligatoire. Mais il ressort de l'exemple que j'ai emprunté à l'Orient, que Hobbes et ses disciples auraient pu mieux prendre en considération la difficulté éprouvée par les vieux légistes au sujet de la *Common law*. Jamais Runjeet-Singh ne songea ni ne put songer à changer les lois civiles sous lesquelles vivaient ses sujets. Il croyait probablement, avec autant de sincérité que les anciens eux-mêmes qui les appliquaient, à l'indépendance de la force obligatoire de ces règles. Un légiste occidental ou indien à qui l'on dirait que Runjeet-Singh édictait ces lois, se sentirait blessé dans ce sentiment de l'absurde auquel Austin croit légitime d'en appeler. Dans un cas comme celui-là, la théorie reste vraie, mais la vérité en est exclusivement littérale.

Comme on doit le penser, je ne me suis pas arrêté par pure curiosité à un petit nombre de cas extrêmes auxquels on n'appliquera pas, sans forcer les termes, la théorie de la Souveraineté et celle de la loi, qui en découle. On peut d'abord prendre le Pundjab sous Runjeet-Singh comme le type de toutes les communautés orientales à l'état natif pendant leurs rares intervalles d'ordre et de paix. Elles ont toujours connu le régime despotique, et les despotes placés à leur tête, quelque durs et cruels que fussent leurs commandements, ont toujours rencontré une obéissance implicite. Mais ces commandements, sauf ceux qui organisaient le mécanisme administratif pour le prélèvement des impôts, n'étaient pas de vraies lois ; ils appartenaient à l'espèce de commandements qu'Austin appelle accidentels ou particuliers. Ce qu'il y a de sûr, c'est que l'unique dissolvant des coutumes locales et domestiques dans les régions sur lesquelles nous possédons quelques notions précises, n'a pas été le commandement du souverain, mais le commandement supposé de la divinité. L'influence des traités brahmaniques sur le droit et la religion a toujours été puissante dans l'Inde, où elle a sapé les vieilles lois coutumières, et, sous certains rapports, elle l'est devenue encore davantage, comme j'ai essayé de le montrer antérieurement, sous la domination anglaise.

L'état politique et social que j'ai représenté comme propre à l'Orient ou à l'Inde est, dans nos recherches, — il importe de le remarquer, — un indice bien plus sûr de la condition primitive de la plus grande partie du monde que l'organisation sociale moderne de l'Europe occidentale, telle qu'elle se montre à nos regards,

Il n'est peut-être pas déraisonnable de penser que la Souveraineté était plus simple et plus facile à discerner dans le monde ancien que dans le monde moderne. « Dans tous les Etats dont nous connaissons l'histoire, en Grèce, en Phénicie, en Italie, en Asie, » — écrit ce critique de Hobbes et d'Austin que j'ai déjà cité, — « il y avait un souverain quelconque dont l'autorité, tant qu'elle durait, était absolue; » et, ajoute-t-il, « si Hobbes avait essayé d'écrire une histoire imaginaire de l'humanité, il n'en aurait pas retracé une plus appropriée à son dessein que celle de la fondation et de l'établissement de l'Empire romain. » J'écarte pour le moment ce qui concerne l'Empire romain; on verra tout à l'heure pourquoi. Mais si l'on considère attentivement les empires qui, par leur étendue territoriale, ressemblent tout à fait à celui des Romains, on reconnaîtra que, bien compris, ils sont très loin d'être conformes au *Grand Léviathan* imaginé par Hobbes. Les annales des Juifs nous apprennent quelque chose des empires assyrien et babylonien, et les annales des Grecs nous font connaître aussi quelque chose des empires mède et perse. On y voit que c'étaient, en somme, des empires percepteurs de tributs. On sait qu'ils prélevaient sur leurs sujets des redevances énormes. On sait qu'à l'occasion de guerres de conquête, ils levaient de grandes armées parmi des populations répandues sur d'immenses territoires. On sait qu'ils exigeaient l'obéissance la plus implicite à leurs commandements accidentels, et qu'ils punissaient la désobéissance avec la dernière rigueur. On sait que les monarques placés à leur tête détrônaient constamment de petits rois, et déportaient même des communautés entières. Mais malgré tout, il est évident qu'en somme ils se mêlaient très peu de la vie journalière, religieuse ou civile des groupes auxquels appartenaient leurs sujets. Ils ne légiféraient pas. Le *statut royal* et *rigoureux édit* qui nous a été conservé comme échantillon de la « loi des Mèdes et des Perses qui ne change point, » n'est pas du tout une loi dans l'acception juridique moderne du mot. C'est ce qu'Austin aurait appelé un « commandement particulier, » une intervention soudaine, intermittente et temporaire au milieu de nombreuses coutumes anciennes généralement laissées intactes. Ce qui est encore plus instructif, c'est que le fameux empire athénien appartenait au même genre de souveraineté que l'empire du Grand-Roi. L'assemblée populaire faisait à Athènes de véritables lois pour ceux qui résidaient sur le territoire de l'Attique ; mais l'autorité d'Athènes sur les cités et les îles qui lui obéissaient était évidemment celle d'un empire percepteur de tributs, et non point législateur.

On voit assez la difficulté d'employer à l'égard de ces grands gouvernements la terminologie d'Austin. Comment celle-ci induirait-elle à penser clairement qu'il faut parler de la loi judaïque comme édictée à une certaine époque par le Grand-Roi, à Suse ? La règle capitale des juristes analytiques, — *ce que le souverain permet, il le commande*, — reste littéralement vraie ; mais contre son application à un cas semblable, il faut en appeler à un tribunal supérieur dont Austin accepte la juridiction ; le sens de l'absurde.

Me voilà maintenant en mesure d'exprimer mon opinion sur les limites qu'il convient d'assigner, dans l'ordre des faits, au système des juristes analytiques, si l'on veut, je ne dis pas qu'il soit une vérité théorique, mais qu'il ait une valeur pratique. On peut distinguer dans le monde occidental, objet exclusif de leur observation, deux genres de transformation. Les Etats de l'Europe moderne se sont formés autrement que les grands empires de l'antiquité, — sauf un seul, — et que les empires et les royaumes modernes de l'Orient. D'un autre côté, l'Empire romain a introduit dans le monde un nouvel ordre d'idées relatives à la *législation*. Si ces changements ne s'étaient pas produits, le système analytique ne serait jamais sorti, je crois, du cerveau de ses auteurs; et là où ces changements n'ont pas eu lieu, il ne sert de rien, à mon sens, d'appliquer ce système.

On peut assigner d'une façon à peu près générale pour origine, aux communautés politiques appelées Etats, l'agglomération de groupes dont le premier n'a jamais été plus restreint que la famille patriarcale. Mais ces groupes ont cessé de bonne heure de s'agglomérer dans les communautés qui se formèrent avant l'Empire romain et dans celles qui en ressentirent peu ou point l'influence. On rencontre partout des traces de ce procédé. Les hameaux de l'Attique s'agglomèrent pour former l'Etat athénien, et l'Etat romain primitif est fondé par l'agglomération des petites communautés établies sur les collines du Latium. Dans les communautés de village de l'Inde se révèle la présence d'éléments moindres qui se sont combinés pour leur donner naissance. Mais ces groupements primitifs s'arrêtent de bonne heure. Plus tard, des communautés politiques ayant avec l'Empire romain une ressemblance apparente, et possédant un territoire très étendu, sont fondées par une communauté qui en conquiert une autre, ou par un chef qui, à la tête d'une communauté ou tribu, subjugue des populations entières. Mais en dehors de l'Empire romain et de son influence, la vie locale individuelle des petites sociétés enclavées dans ces grands Etats n'était ni éteinte ni même paralysée. Elle se continuait comme la communauté de village indienne s'est continuée, et sous les formes les plus brillantes ces sociétés restèrent essentiellement organisées sur ce dernier type.

Mais les Etats du monde moderne se sont formés d'une façon toute différente. Les petits groupes ont été bien plus complètement broyés et absorbés par les plus grands, qui eux-mêmes se sont dissous dans de plus grands encore, et ceux-ci ont disparu dans d'autres aux dimensions encore plus vastes. La vie locale, les coutumes villageoises n'ont pas partout, il est vrai, également perdu leur vigueur. Il y en a plus en Russie qu'en Allemagne, plus en Allemagne qu'en Angleterre, plus en Angleterre qu'en France. Mais en somme, qui dit Etat moderne dit assemblage de fragments beaucoup plus petits que ceux qui contribuèrent à former les empires primitifs, et beaucoup plus semblables les uns aux autres.

Il serait téméraire de désigner avec assurance où est la cause et où est l'effet; mais cette trituration plus complète dans les sociétés modernes des groupes qui menaient jadis une existence indépendante, s'est opérée, sans aucun doute, en même temps que croissait l'activité législative. Toutes les fois que l'état primitif d'une race aryenne nous est révélé par des documents historiques ou par les débris de ses anciennes institutions, l'organe qui correspond dans ce groupe élémentaire à ce que nous appelons *la législature* est parfaitement reconnaissable. C'est le *conseil de village*, tantôt responsable, tantôt irresponsable de la corporation entière des villageois, tantôt rejeté au second plan par l'autorité d'un chef héréditaire, mais jamais entièrement annihilé. De cet embryon sont sorties les plus célèbres législatures du monde : à Athènes, l'ἐκκλησία; à Rome, les *comices*, le *sénat* et le *prince*; chez nous, le *Parlement*, type et aïeul de toutes les *souverainetés collégiales*, — comme les appellerait Austin, — du monde moderne, ou, en d'autres termes, de tous les gouvernements où le souverain pouvoir est exercé par le peuple ou partagé entre le peuple et le roi. Si l'on examine cependant cet organe de l'Etat dans sa forme embryonnaire, on reconnaîtra que, de toutes ses facultés, la faculté législative est la moins apparente et la moins énergique. On ne distingue pas en effet les unes des autres, — je l'ai déjà fait observer, — dans l'état intellectuel contemporain du *conseil de village*, les diverses faces du pouvoir de celui-ci ; l'esprit ne voit aucune différence bien tranchée entre faire une loi, promulguer une loi, punir une infraction à la loi. S'il faut définir par des qualifications modernes les pouvoirs de ce corps archaïque, on dira que c'est du pouvoir législatif qu'on a la notion la plus confuse, et que c'est le pouvoir judiciaire qu'on comprend encore le mieux. Les lois auxquelles on obéit passent pour avoir toujours existé, et l'on confond des coutumes toutes nouvelles avec des coutumes réellement anciennes.

Les communautés de village de la race aryenne n'exercent donc pas un vrai pouvoir législatif, tant qu'elles demeurent soumises aux influences primitives. Ce pouvoir n'est pas davantage exercé, dans aucune des acceptions du mot, par les souverains des grands Etats maintenant confinés en Orient, qui conservent presque intacts les groupes locaux primitifs. La législation, telle que nous l'entendons, semble avoir partout accompagné la cessation de la vie locale. Comparez la communauté de village hindoue, dans l'Inde, et la communauté de village teutonique, en Angleterre. La première est, de toutes les institutions du pays qui ne sont pas modernes et d'importation britannique, de beaucoup la mieux définie, celle dont le caractère est le plus tranché et l'organisation la plus complète. Quant à l'autre, l'ancienne communauté anglaise, on peut assurément en découvrir les traces; mais il faut s'aider de la méthode comparative, interroger les documents juridiques et historiques de plusieurs siècles, pour en avoir l'intelligence et en rétablir complètement l'organisme.

On ne peut s'empêcher de rapprocher de quelques autres phénomènes des deux pays la vitalité si différente de cette institution. Dans l'Inde, les Mogols et les Mahrattes ont passé sur les communautés de village après une longue suite de conquérants; mais tout en les englobant dans un empire nominal, ils ne leur ont imposé d'autres obligations permanentes que le paiement d'une taxe ou d'un tribut. Si, en de rares occasions, ils essayèrent de convertir par la force les populations conquises, il n'y eut tout au plus de changé dans les villages que les temples et les rites religieux ; les institutions civiles restèrent intactes. En Angleterre, le conflit entre le pouvoir central et le pouvoir local a eu des destinées bien différentes. La loi royale, les Cours royales ont été constamment en lutte contre la loi locale et les Cours locales, et la victoire de la loi royale a eu pour résultat la longue série d'actes du Parlement fondés sur ses principes. Il faut voir dans cette transformation progressive l'énergie de la législation, énergie toujours croissante jusqu'à ce qu'enfin l'ancien droit complexe du pays ait presque entièrement disparu, et que les vieilles coutumes des communautés indépendantes aient dégénéré en coutumes de manoirs ou en simples usages dépourvus de sanction légale.

C'est de l'Empire romain que sont parties, — il y a bien des raisons de le croire, — les influences qui ont provoqué, immédiatement ou ultérieurement, la formation d'Etats puissamment centralisés et déployant une grande activité législative. Ce fut également le premier grand Etat qui ne se contenta point de lever des impôts et qui entreprit en outre de légiférer. Ce progrès a été l'œuvre de plusieurs siècles. S'il me fallait en marquer par une date le point de départ et l'épanouissement, je les placerais par à peu près, l'un à la promulgation du premier *edictum provinciale*, l'autre à l'extension du droit de cité à tous les sujets de l'Empire; mais nul doute que les premiers symptômes de ce changement ne se soient produits beaucoup plus tôt, et que le progrès ne se soit continué sous certains rapports beaucoup plus tard. Une énorme quantité de coutumes diverses, abrogées et remplacées par de nouvelles institutions, tel a été le résultat. Considéré sous cet aspect, l'Empire romain est dépeint avec précision dans la prophétie de Daniel. Il a dévoré, mis en pièces et foulé aux pieds tout le reste.

L'invasion des Barbares dans l'Empire répandit parmi les communautés qui y étaient comprises une foule d'idées primitives, d'origine tributive ou villageoise, dont le fonds s'était déjà perdu. Aucune société, directement ou indirectement influencée par Rome, n'a néanmoins tout à fait ressemblé aux sociétés formées sur ce modèle plus ancien, qui s'est perpétué, grâce à l'immobilité de l'Orient, jusqu'à ce jour où nous pouvons l'étudier. Dans tous les États de la première catégorie, la Souveraineté est plus ou moins associée au pouvoir législatif, et la jurisprudence que l'Empire laissait après soi traçait nettement à ce pouvoir, dans un nombre considérable de pays, la direction dans laquelle il devait s'exercer. Le droit romain, qui avait été presque entièrement expurgé des plus anciennes notions juridiques, fut notoirement le grand dissolvant de toutes les coutumes locales.

Il y a ainsi deux types d'une société politique organisée. Dans le plus ancien, la grande masse des hommes tirent des coutumes de leur village ou de leur cité la règle de leur vie; mais ils obéissent incidemment, quoique très implicitement, aux commandements d'un maître absolu qui lève des taxes, sans jamais légiférer. Dans l'autre type, le seul qui nous soit bien familier, le souverain légifère avec une activité toujours croissante sur des principes qui lui sont propres, tandis que les coutumes et les idées locales se hâtent de plus en plus vers leur déclin.

En passant de l'un à l'autre de ces systèmes politiques, les lois ont subi, il me semble, dans leur caractère, une altération sensible. Ainsi la *force*, qui est l'arrière-garde de la loi, ne peut plus porter le même nom qu'en outrant les termes. On ne suit pas le droit coutumier, — sujet à propos duquel toutes les remarques d'Austin me paraissent relativement stériles, — comme on obéit à une loi promulguée. Quand la coutume est en vigueur dans de petites régions et parmi de petits groupes naturels, elle a pour sanction pénale, en partie l'opinion, en partie la superstition, mais par-dessus tout un instinct presque aussi aveugle et inconscient que celui qui préside à certains mouvements de notre corps. On ne saurait croire combien peu il faut se contraindre pour se conformer à l'usage. Mais dès que les règles à suivre émanent d'une autorité placée en dehors du petit groupe naturel, et n'en faisant point partie, leur caractère diffère absolument de celui de la coutume. Elles n'ont plus pour elles ni la superstition, ni peut-être l'opinion, ni à coup sûr aucun entraînement spontané. Aussi la force qui se tient derrière la loi devient-elle simplement une force coercitive à un degré absolument inconnu dans les sociétés du type tout à fait primitif. Bien plus, cette force doit agir, dans plusieurs communautés, à une très grande distance de l'ensemble des personnes qui sont passibles de son action, et le souverain qui la gouverne a plutôt affaire à de grandes catégories d'actes et à de grandes classes de personne qu'à des actes isolés et à des individus. Parmi les conséquences de cet état de choses forcé, se trouvent plusieurs des caractères que l'on tient quelquefois pour inséparables de la loi : son impartialité, son inflexibilité, sa généralité.

De même que la notion de *force* associée aux lois, celle d'*ordre* s'est aussi, je crois, altérée. Rien de plus monotone, dans les groupes sociaux élémentaires formés par les hommes de race aryenne, que la routine des coutumes villageoises. Le despotisme de l'autorité paternelle remplace cependant, au sein des familles qui forment ensemble la communauté de village, le despotisme de la coutume. Au delà du seuil de chaque maison règne la coutume immémoriale aveuglément obéie ; en deçà, règne la *patria potestas* exercée par un homme semi-civilisé sur sa femme, son enfant et son esclave. Aussi, pour autant que les lois sont des commandements, doivent-elles être associées, dans les idées contemporaines de ce stage social, moins à la notion d'un ordre invariable qu'à celle d'un caprice impénétrable, et conçoit-on mieux les hommes de ce temps prenant plutôt pour type de la régularité la succession des phénomènes naturels, — du jour et de la nuit, de l'été et de l'hiver, — que les paroles et les actes des supérieurs qui jouissaient sur eux d'un pouvoir coercitif.

La *force*, qui suit la loi, n'a donc pas toujours été la même. L'*ordre*, qui l'accompagne, n'a pas été non plus toujours le même. Ce n'est que peu à peu que la loi s'est revêtue des attributs qui lui semblent essentiels, non seulement aux yeux du vulgaire, mais aussi aux regards pénétrants des juristes analytiques. Sa généralité, sa subordination à la force coercitive du souverain, elle les doit au grand développement territorial des Etats modernes, à la désagrégation des groupes inférieurs qui les composent et surtout à l'exemple et à l'influence de Rome, avec son assemblée populaire, son sénat et son prince, laquelle s'est distinguée de très bonne heure de tous les autres Etats et pouvoirs, en pulvérisant d'une façon absolue tout ce qu'elle a absorbé.

On a prétendu quelquefois que si les grands systèmes philosophiques n'ont pas devancé de plusieurs siècles l'époque où ils ont vu le jour, il ne faut voir là qu'un pur accident. C'est une assertion insoutenable en ce qui concerne le système des juristes analytiques; ceux-ci n'auraient pu le concevoir avant que les temps n'eussent été mûrs pour leur doctrine. Qu'est-ce que le système de Hobbes, sinon le résultat d'une généralisation que son époque lui offrait une occasion unique d'opérer, puisque dans

toute la vigueur de son intelligence il a vécu
autant sur le continent qu'en Angleterre, voyageant d'abord en qualité de précepteur et fuyant
ensuite comme exilé la guerre civile. Des gouvernements en voie de centralisation rapide,
des juridictions et des privilèges locaux en pleine
décadence, de vieux corps historiques, comme
les parlements de France, tendant à devenir
pour l'époque des foyers d'anarchie, enfin le
pouvoir royal devenu l'unique garantie de l'ordre, tels étaient, indépendamment de la politique anglaise dont il s'est occupé avec toute l'ardeur d'un homme de parti, les phénomènes qu'il
eût à observer. Ceux-ci formaient une partie
des résultats tangibles des guerres auxquelles
mit fin la paix de Westphalie. L'antique activité
locale, si diverse en ses manifestations, de la
société féodale ou quasi-féodale, était partout
languissante ou supprimée. Si elle avait persisté, on peut être à peu près certain que le système de ce grand penseur n'aurait jamais vu le
jour ; on a entendu parler d'un *village Hampden*, mais il est impossible de concevoir un *village Hobbes*.

A l'époque où écrivait Bentham, les conditions propres à inspirer le système analytique
de jurisprudence s'accusaient encore plus net-

tement. Un souverain qui était une démocratie commençait, et un souverain qui était un despote terminait la codification des lois de la France. Aucun exemple aussi frappant n'avait traduit jusque-là dans le monde moderne l'axiome que ce que le souverain permet, il le commande, puisqu'il pouvait à chaque instant substituer un commandement exprès à une permission tacite, — et rien n'avait jamais révélé non plus d'une façon aussi saisissante l'immense portée, et, en somme, l'avantage considérable des résultats qu'on pouvait attendre du développement de l'activité des souverains dans le domaine de la législation proprement dite.

Aucuns génies d'un ordre également transcendant n'ont aussi absolument répudié l'histoire que Hobbes et Bentham, et ne paraissent, — à moi du moins, — estimer au même degré que le monde a toujours été plus ou moins tel qu'ils l'ont connu. Bentham ne pouvait s'empêcher de croire que l'application imparfaite ou à contre-sens de ses principes avait produit des résultats qu'ils étaient loin de poursuivre ; et je ne connais pas d'exemple plus frappant de la perversion du sens historique, que l'idée, — naturelle toutefois pour l'époque, — qu'a eue Hobbes de comparer les corporations privilégiées et les groupes locaux organisés aux parasites que la physiologie, alors en train d'accaparer la mode, montrait vivants dans les organes internes du corps humain. On sait aujourd'hui que ces groupes, — s'il faut absolument emprunter des exemples à la physiologie, — sont plutôt comparables aux cellules primordiales où se forme le corps humain.

Mais si bien des choses que l'histoire seule peut expliquer ont échappé aux regards des juristes analytiques, ils en ont en revanche aperçu bien d'autres que distinguent confusément de nos jours ceux qui se laissent emporter, pour ainsi dire, par le courant de l'histoire. La Souveraineté et la loi, considérées en fait, n'ont revêtu que peu à peu l'aspect sous lequel elles ont répondu à l'idée que s'en étaient formée Hobbes, Bentham et Austin; mais elles y répondaient déjà à l'époque de ces derniers, et cette conformité tendait constamment à devenir plus étroite. Ceux-ci purent ainsi employer une terminologie juridique, dont l'un des mérites fut d'être rigoureusement fixe et invariable, et l'autre de ne comporter, — tout en n'étant pas l'expression absolue de la réalité, — que des inexactitudes trop légères pour la discréditer, et dont l'insignifiance s'accentue avec le temps. Aucune conception de la loi et de la société n'a jamais écarté tant d'erreurs incontestables. La force dont disposaient les souverains s'exerçait amplement en fait par les lois telles que les entendaient ces juristes ; mais elle agissait indistinctement, sans décision, en commettant de nombreuses méprises et des négligences énormes. Les premiers, ceux-ci comprirent tout ce que, uniformément et hardiment appliquée, elle serait capable de produire. La suite a témoigné de leur sagacité. Je ne connais pas une seule réforme législative opérée depuis Bentham qu'on ne puisse attribuer à son influence. Mais une preuve encore plus saisissante de la clarté introduite dans les idées par ce système, même en son premier état, nous est fournie par Hobbes. Dans son *Dialogue sur les coutumes* (1), il plaide l'alliance du droit et de l'équité, l'enregistrement des titres de la propriété foncière et la promulgation d'un code pénal systématique, — trois mesures qui sont en ce moment même à la veille de passer en Angleterre au nombre des faits accomplis.

Un point capital dans le mécanisme des Etats modernes, c'est la vigueur des législatures. Je

---

(1) *Dialogue of the Common Laws.*

ne crois pas, ai-je dit, que sans cela Hobbes, Bentham et Austin auraient pu imaginer leur système; et partout où cette vigueur laisse à désirer, leurs idées ne sont jamais, à mon sens, bien comprises. L'indifférence relative avec laquelle les ont traitées les publicistes allemands s'explique, pour moi, par la date relativement récente de l'activité législative en Allemagne. On ne saurait toutefois disserter sur le rapport entre la législation et la théorie analytique de la loi, sans avoir présent à l'esprit ce que Bentham et Austin ont ajouté de leur propre fonds, avec tant de retentissement, aux spéculations de Hobbes, en les combinant avec la doctrine ou théorie de l'utilité, — du plus grand bonheur du plus grand nombre, considéré comme fondement du droit et de la morale. Eh bien ! quel est maintenant le rapport, philosophique ou historique, entre la théorie utilitaire et la théorie analytique de la loi ? Je n'ai certainement pas la prétention, surtout en terminant un chapitre, d'épuiser un sujet aussi ardu et aussi vaste ; je veux simplement en dire quelques mots.

Ce qu'il y a de plus intéressant, suivant moi, dans l'utilitarisme, c'est qu'il présuppose la théorie de l'*égalité*. Le plus grand nombre, c'est le plus grand nombre d'hommes pris individuellement ; « un doit uniquement compter pour un, » dit énergiquement Bentham à maintes reprises. L'objection la plus concluante à sa doctrine serait en effet de nier l'égalité, — comme je l'ai moi-même entendu faire dans l'Inde par un brahmane qui invoquait le droit catégoriquement reconnu au brahmane par sa foi religieuse d'être vingt fois aussi heureux que le commun des mortels. Or, comment cette hypothèse fondamentale de l'égalité, — qui place les théories de Bentham bien loin, je le remarque en passant, d'autres systèmes avec lesquels on veut leur faire partager le reproche de prendre pour base l'égoïsme pur, — comment ce postulat s'est-il présenté à l'esprit de Bentham ? Il a parfaitement et plus clairement que personne constaté qu'en fait les hommes ne sont pas égaux ; il a dénoncé comme un sophisme anarchique la prétendue égalité naturelle des hommes. Comment donc a-t-il pu faire de l'égalité le point de départ de sa célèbre doctrine sur le plus grand bonheur du plus grand nombre ?

Cette doctrine, — je me hasarde à le croire, — n'est rien de plus qu'une règle pratique de législation, et c'est sous cet aspect que Bentham l'a primitivement conçue. Supposez une communauté nombreuse et suffisamment homogène ; supposez un souverain dont les commandements prennent la forme législative; supposez à cette législature beaucoup de vigueur effective et virtuelle : — le seul principe possible, le seul concevable qui puisse diriger en grand la législation, c'est celui du plus grand bonheur du plus grand nombre. C'est là, en effet, pour la législation, une condition qui, à l'instar de certaines caractéristiques de la loi, résulte de ce que, dans les sociétés politiques modernes, le pouvoir souverain agit à distance sur les sujets, et se trouve, à cause de cela, obligé de ne point tenir compte des différences, même réelles, qui existent entre les unités sociales.

Bentham n'était en réalité ni un juriste ni un moraliste dans le sens propre de ces mots. Il ne raisonne pas sur le droit, mais sur la législation. En y regardant de près, on découvrira en lui un législateur, même en morale. Sans doute, on dirait quelquefois, à l'entendre, qu'il interprète des phénomènes moraux ; mais, au fond, il veut les modifier ou les rétablir conformément à la règle d'action issue de ses méditations sur la législation. C'est en transportant ainsi cette règle du domaine de la législation dans celui de la morale, que Bentham a donné, selon moi, leur vraie raison d'être aux justes critiques dirigées contre son analyse des phénomènes moraux.

FIN.

TABLE.

Introduction.. I
Préface du traducteur. xi
Préface de l'auteur. 1

CHAPITRE PREMIER.
Nouveaux matériaux pour l'histoire des institutions primitives. 5

CHAPITRE II.
L'ancien droit irlandais. 34

CHAPITRE III.
La parenté considérée comme fondement des sociétés. 81

CHAPITRE IV.
La tribu et la terre.. 123

CHAPITRE V.
Le chef et l'aristocratie.. 49

CHAPITRE VI.
Le chef et la terre. 184

CHAPITRE VII.
Anciennes divisions de la famille. 230

CHAPITRE VIII.
Comment naissent et se propagent les idées primitives. 278

CHAPITRE IX.
Formes primitives de la procédure. — *Droit romain et droit teutonique*. 309

CHAPITRE X.
Formes primitives de la procédure. — *Droit brehon et droit hindou*. 345

CHAPITRE XI.
Histoire primitive du régime des biens de la femme mariée. . 379

CHAPITRE XII.
La souveraineté. 421

CHAPITRE XIII.
La souveraineté et les empires. 456

ERRATUM.

Page v, ligne 20, au lieu de :
La *fintiu* pouvait fort bien se composer de biens meubles, il n'est peut-être pas rigoureusement prouvé qu'elle comprît toujours des immeubles; etc.
Lire :
La *fintiu* pouvait fort bien comprendre des biens meubles, il n'est peut-être pas rigoureusement prouvé qu'elle se composât exclusivement d'immeubles; etc.

Page 199, ligne antépénultième, au lieu de :
Le bétail proportionné à un veau de la valeur *d'une saie, avec ce qui l'accompagne*, etc.
Lire :
Le bétail proportionné à un veau de la valeur d'un sac avec son contenu, etc.

Il s'agit, dans le passage cité du *Cain Aigillne*, d'un sac de froment valant un *screpall* ou trois *pence*.
Nous sommes redevable de cet éclaircissement et de cette rectification à l'obligeance de M. d'Arbois de Jubainville.

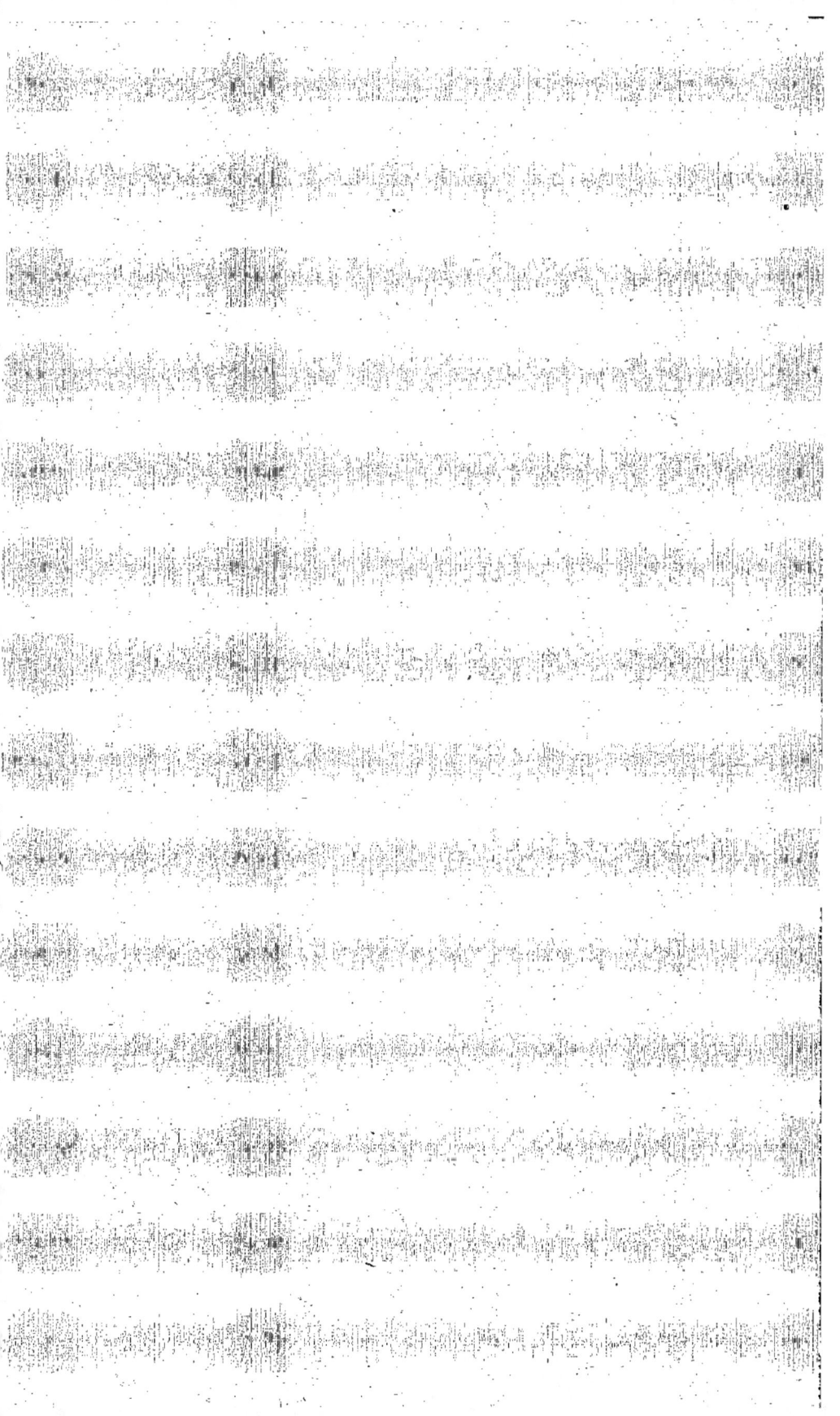

www.ingramcontent.com/pod-product-compliance
Lightning Source LLC
Chambersburg PA
CBHW071403230426
43669CB00010B/1432